DICTIONNAIRE
HISTORIQUE
ET ARCHÉOLOGIQUE

DU

DÉPARTEMENT DU PAS-DE-CALAIS

PUBLIÉ PAR LA

Commission départementale des Monuments historiques.

Arrondissement de Béthune.

TOME III.

ARRAS

SUEUR-CHARRUEY, IMPRIMEUR-LIBRAIRE-ÉDITEUR,

31, PETITE-PLACE, 31.

1879

DICTIONNAIRE

DU

PAS-DE-CALAIS

DICTIONNAIRE HISTORIQUE
ET ARCHÉOLOGIQUE
DU
DÉPARTEMENT DU PAS-DE-CALAIS

PUBLIÉ PAR LA

Commission départementale des Monuments historiques.

Arrondissement de Béthune.

TOME III.

ARRAS

SUEUR-CHARRUEY, IMPRIMEUR-LIBRAIRE-ÉDITEUR,
31, PETITE-PLACE, 31.
1879

CANTON DE LENS

LENS.

SECONDE PARTIE.

Cette partie sera consacrée aux travaux défensifs de la ville, à ses monuments, édifices, établissements et institutions ; elle sera terminée par une courte biographie locale.

FORTIFICATIONS ET PORTES DE LA VILLE. — Les fortifications étaient certainement bien anciennes, car on les voit déjà mentionnées dans une charte de 1070. (*Le Mire et Foppens*, *Op. dipl.*) Dans sa *Notice*, Bultel avance qu'elles furent élevées en 1028 par le comte de Flandre Bauduin à la Belle-Barbe. D'abord protégée par ses vastes marais et par ses deux châteaux, la ville fut bientôt entourée de fossés garnis de pieux. Plus tard, une enceinte fut construite ; c'étaient d'épaisses murailles de grès et de briques, baignées par des fossés aussi larges que profonds. Ces murs étaient flanqués de tours rondes percées de meurtrières et couronnées d'un parapet avec mâchicoulis ; un rempart intérieur y était adossé. Les fortifications furent souvent ébranlées et ébréchées dans les fréquentes attaques de la place ; aussi furent-elles réparées maintes fois ; le siége de 1557 leur porta un coup funeste. Enfin, la ville fut démantelée en 1648, peu après la bataille de Lens, par les ordres de Louis XIV, malgré les représentations et les vives instances des habitants. Une partie des matériaux provenant de la démolition servit à la construction de la citadelle d'Arras. (*Michaud, Mémoire ; Arch. du Pas-de-Calais.*) Il ne resta plus dès lors que le rempart, les fossés et les portes; mais c'était assez pour que le monarque laissât à Lens le titre et les priviléges de ville fermée, et qu'il y plaçat un gouverneur honoraire. (*Bultel, Notice; Harbaville, Mém. hist.*) Nous possédons sept plans, gravés ou dessinés vers 1648, représentant exactement la ville avec ses fortifications et un dessin de 1709, qui la figure après le démantèlement, entourée seulement de fossés.

Entre les tours étaient placées trois portes munies de vantaux et de herses; c'étaient celles d'Arras ou de Béthune, de Lille ou de Pont-à-Vendin, de Douai ou d'Hénin-Liétard. Près de chacune se trouvait un corps de garde. D'après l'obituaire de Lens, une des portes s'appelait *Peskebeuf*, en 1326. Un dessin des portefeuilles de M. Wallet, déposés à la Bibliothèque de la ville de Douai, offre une vue de la porte d'Arras telle qu'elle existait en 1818.

On voyait encore, en 1781, un corps de garde sur la place et une grande caserne près de l'emplacement du château, qui dépendaient du domaine du roi. (*Reg. aux délibérations.*) La caserne existe encore ; nous en parlerons ci-après.

CHATEAU DU SOUVERAIN. — Les Romains établirent de bonne heure un poste militaire à Lens, position qui réunissait les conditions les plus avantageuses. Ils y élevèrent ensuite un château, commencement de celui qui occupe la première place dans l'histoire de la ville. Cette antique origine est surabondamment prouvée par de nombreuses découvertes faites dans les décombres, de ciments, de matériaux, de poteries et d'objets divers ayant appartenu à la période romaine. Cette forteresse, que des changements successifs et des reconstructions partielles avaient rendue plus habitable, devint sous les Francs et les Carlovingiens une résidence royale où l'on frappa monnaie. Plus tard elle fut souvent le séjour des comtes de Flandre, des comtes d'Artois et des ducs de Bourgogne, tout en restant une propriété royale.

Le château était la citadelle et la place forte de Lens. Il présentait quatre côtés flanqués de six grosses tours et avait deux portes avec tourelles, l'une donnant sur la ville, l'autre sur la campagne, en regard du village d'Avion. (*Harbaville, Mém. hist.*) De larges fossés entouraient cette forteresse dont deux ponts-levis et des herses complétaient la défense. Les espaces entre les tours étaient occupés par des murs de sept pieds et demi d'épaisseur. (*Arch. du Nord, Comptes de Lens.*)

L'intérieur du château comprenait, au XIV° siècle, l'hôtel du souverain, en face de la porte principale ; la demeure du bailli ; un bâtiment à étage, bâti en grès et en pierres blanches, composé de caves, cellier, cuisine, salles, chambres et greniers au blé et à l'avoine ; une salle d'audience ; des prisons ; une vaste cour ; un jardin ; une terrasse ; enfin une chapelle. En 1474, un boulevard extérieur était établi devant la porte de sortie. (*Ibidem.*)

Après avoir été bien des fois restauré, agrandi, relevé et fortifié, le château fut reconstruit en grande partie au XIII° siècle. Depuis le commencement du siècle suivant jusqu'au milieu du XVII°, pris et repris sans cesse par les armées belligérantes, il finit par n'être plus qu'un immense monceau de débris. Une vue de 1648 nous a conservé l'aspect de ses ruines vraiment imposantes. Sur l'emplacement de la résidence des souverains on a construit des casernes et établi une place pour les fêtes publiques.

Des terrassiers employés, en 1867, à des travaux de déblaiement en cet endroit, y trouvèrent le squelette d'un homme de forte stature. Il était assis, et à ses pieds étaient rivés des fers ou entraves avec chaîne ; à côté se voyait une courte épée dite miséricorde, arme du XVI° siècle. Dans le *Bulletin de la Commission des Antiquités du Pas-de-Calais*, nous avons rendu compte de cette singulière trouvaille, féconde en suppositions.

Dans les décombres du château ou dans les alentours on a trouvé des boulets et des balles, des fragments d'arbalète, des pièces d'arquebuse et d'autres armes à feu, des poignards, des parties de sabre et d'épée, des fers de lance, des bouts de flèche, des chausse-trapes et divers objets de toute espèce.

CHATELLENIE. — Comme la plupart des chefs militaires des villes et cantons du nord de la France, les grands feudataires qui furent à la fois comtes de Boulogne et de Lens, avaient profité de l'anarchie et du désordre qu'avaient produits les terribles invasions normandes pour s'emparer de l'autorité du souverain. A quelque temps de là les châtelains, qui furent pour ainsi dire leurs successeurs, devinrent aussi des [seigneurs féodaux, chefs de la châtellenie, commandèrent la forteresse comtale et protégèrent le pays qui l'entourait.

Parlons d'abord du château. Près de la collégiale, sur une éminence, grande motte faite de main d'homme, d'où l'on voit toute la ville et ses environs, s'élevait le château des comtes de Lens, qui fut ensuite celui des châtelains. C'était une forteresse environnée de grands fossés toujours remplis d'eau, et défendue par les remparts de la ville, qu'entouraient de gros murs flanqués de lourdes tours couronnées de créneaux et percées de meurtrières. Elle avait une entrée avec pont-levis, et, au dehors, une issue par une poterne, et pouvait correspondre avec le château principal par de larges souterrains cintrés, solidement maçonnés, dont il reste une partie. Le château diminua d'importance au fur et à mesure que les châtelains perdirent de leur prestige et de leur autorité. Faute d'entretien, il tomba bientôt en ruine et cessa d'être habité, puis il fut démoli.

L'étendue de la châtellenie, telle qu'elle était constituée au commencement du XIIIe siècle, nous est connue par un document bien précieux que renferme un cartulaire de Philippe-Auguste, reposant aux Archives nationales. Voici quelles en étaient les limites : du côté d'Arras, jusqu'à un lieu, aujourd'hui inconnu, nommé *Molusin*, et vers Neuville-Saint-Vaast et Thélus ; du côté de Bailleul-sir-Berthoult, jusqu'à ce village ; du côté de Brebières, jusqu'à *Macumpière*, lieu inconnu ; du côté du pays de Mélantois, jusqu'à Moncheaux, près de Mons-en-Pévèle, jusqu'à Roost-Warendin et Bersée ; du côté de Douai, jusqu'à Lauwin-Planque, Esquerchin et Hénin-Liétard ; du côté de Pont-à-Vendin, jusqu'à son écluse ; du côté de La Bassée, jusqu'à la porte de cette ville et jusqu'à Pomereau, hameau d'Aubers ; du côté de Béthune, jusqu'à l'écluse de Beuvry et jusqu'à Nœux ; du côté de Saint-Pol, jusqu'à la chaussée d'Estrée-Cauchy.

La châtellenie de Lens avait sous sa dépendance plusieurs seigneurs feudataires. Ces vassaux étaient soumis à certains devoirs féodaux envers le châtelain : ils lui prêtaient foi et hommage ; lui devaient l'aveu, le dénombrement et le relief ; lui fournissaient des subsides et prenaient les armes pour la défense de la châtellenie. Enfin ils formaient la cour du châtelain et venaient y siéger en qualité de pairs dans les plaids tenus sous sa présidence pour discuter les affaires communes et rendre la justice.

Ces pairs, au nombre de douze, étaient les seigneurs de Souchez, d'Hulluch, de Sainghin-en-Weppes, de Rœult à Avion, de Vendin-le-Vieil, de Billy-Montigny, d'Aix, de la Cauchiette à Violaines et de Ledinghem.

Après avoir été possédée pendant près de quatre siècles par la maison de Récourt, la châtellenie fut exposée en vente à la poursuite des créanciers de la succession de François de Récourt, troisième du nom, et adjugée, en 1694, à Eugène Dubois, écuyer, sieur de Zebbe, conseiller et secrétaire du roi. Elle appartint ensuite à Jean-François-Joseph de Saluces, marquis de Saluces et vicomte de La Thieuloye, qui la vendit, en 1719, à Eugène-Marie de Béthizy, chevalier, marquis de Mézières, lieutenant général des armées du roi et gouverneur d'Amiens. (*Arch. du Pas-de-Calais*.) D'après une exposition en vente de 1685 et la vente de 1719, titres reposant aux Archives du Pas-de-Calais, la châtellenie comprenait encore alors : 1° une motte près de la collégiale, où avaient été autrefois le château et la maison du châtelain ; 2° deux moulins à moudre blé, l'un à eau, l'autre à vent ; 3° le droit de travers, des rentes seigneuriales et foncières ; 4° le bois Rigaut contenant 200 mesures ; 5° la mouvance de plusieurs terres à clocher, notamment de celles d'Allouagne, Givenchy-lez-La-Bassée, Méricourt, Annequin, Verquigneul, Bunette, Cauroy et La Vacquerie.

Le *Cri de guerre* des châtelains de Lens était : *Boulogne,* en souvenir du comté. Leur *Devise : La lenteur avance souvent plus.* Les *Armes* de la châtellenie et de la maison de Lens étaient : *écartelé d'or et de sable* ; celles de la maison de Récourt portaient :

bandé de vair au chef d'or. (Ms. de la Bibl. de Lille; Roger, Arch. hist.; le même, Nobl. et chev.).

Sceaux. — Suivant le Mémoire historique et critique cité ci-devant, le sceau du châtelain Eustache portait un aigle entouré de ces mots : 𝔖𝔦𝔤𝔦𝔩𝔩𝔲𝔪 𝔗𝔞𝔰𝔱𝔢𝔩𝔩𝔞𝔫𝔦 𝔡𝔢 𝔏𝔢𝔫𝔰, et celui de Jean, l'un de ses fils, le figurait à cheval avec un écu aux armes de Lens. D'après ce mémoire, leurs descendants auraient adopté ce dernier type pour leur sceau et l'aigle pour le contre-scel ; ceci manque d'exactitude, comme on le verra par la description suivante de sceaux de châtelains :

1° Sceau rond de 72^{mm}, de Bauduin. ✠ 𝔖'𝔅𝔞𝔩𝔡𝔲𝔦𝔫𝔦 𝔗𝔞𝔰𝔱𝔢𝔩𝔩𝔞𝔫𝔦 𝔡𝔢 𝔏𝔢𝔫𝔰. Type équestre avec bouclier portant un écartelé plain. Contre-scel : écu à l'écartelé plain, entouré d'une orle d'annelets.

2° 1482. Sceau rond de 43^{mm}, de Jacques Ier. Ecu à l'écartelé plain, écartelé de trois bandes, penché, timbré d'un heaume cimé d'un cygne, supporté par deux chèvres. Contre-scel dont la légende est illisible : bannière chargée d'un écusson aux armes de la fasce. (*Demay, Inventaire des sceaux de la Fl.*).

3° 1536. Sceau rond de 46^{mm}, de Jacques III. 𝔖 : 𝔍𝔞𝔠𝔮𝔲𝔢𝔰 : 𝔅𝔞𝔯𝔬 : 𝔡𝔢 : 𝔏𝔦𝔯𝔮𝔲𝔢𝔰 : 𝔢𝔱 : 𝔗𝔥𝔞𝔰𝔱𝔢𝔩𝔞𝔦𝔫 : 𝔡𝔢 : 𝔏𝔢𝔫𝔰. Ecu plain, écartelé de trois bandes à la bordure, timbré d'un heaume cimé d'un cygne et d'un bélier affrontés et issants. (*Ibidem.*)

BAILLIAGE. — Le bailliage de Lens, dont l'origine est fort ancienne, était certainement un des plus importants de l'Artois. Les localités soumises à sa juridiction s'élevaient à plus de cent; elles sont comprises aujourd'hui d'abord dans l'arrondissement de Béthune, puis dans ceux d'Arras, de Saint-Pol, de Lille et de Douai. On en trouve la liste à la suite des *Coutumes d'Artois.*

Le bailliage, tribunal qui jugeait au nom et sous la présidence du bailli, exerçait la juridiction domaniale et féodale, et ressortissait immédiatement au conseil d'Artois. Il se composait en dernier lieu d'un grand bailli, en même temps chef de la ville, d'un lieutenant général, d'un procureur et d'un greffier, tous nommés par le Roi. C'est en leur qualité d'hommes de fiefs qu'ils pouvaient remplir les fonctions de juges. (*Bultel, Notice d'Artois.*)

Les plaids du bailliage se tinrent longtemps dans les dépendances du château ; là se trouvaient aussi les prisons. Comme, en 1500, la forteresse menaçait ruine, les plaids eurent lieu à l'échevinage. Il en résulta bientôt de grands inconvénients ; aussi décida-t-on que la salle serait reconstruite ; elle le fut sur la place devant le château. (*Arch. du Nord.*) En 1641, le roi d'Espagne Philippe IV avait autorisé le bailliage à siéger à Douai tant que Lens serait occupé par les Français. (*Arch. nat., Coll. Colbert.*) Lorsque cette dernière ville fut soumise à la France, le 3 octobre 1647, ce monarque transféra les officiers du bailliage à Douai, où ils exercèrent leur juridiction jusqu'en 1660. (*Maillart, Cout. gén. d'Artois.*)

Représentant du souverain, le bailli était investi par lui de pouvoirs fort étendus ; aussi était-ce un personnage important ; il pouvait commander la noblesse de son ressort quand elle était appelée pour l'arrière-ban. Chef de la justice seigneuriale, il faisait rendre la justice ; à cet effet, il convoquait les hommes de fief et les cottiers en nombre suffisant pour juger les affaires. Indépendamment de son traitement, il jouissait, à titre d'émolument d'office, du jardin et des prés du château, qui contenaient 12 mencaudées. Quant aux hommes de fief, il ne leur était dû de dépens que quand ils jugeaient hors les jours de cour. (*Arch. du Nord.*)

La ville de Lens, à la fois le siége d'un bailliage et celui d'un échevinage, avait une coutume distincte pour chacune de ces juridictions ; nous n'avons à nous occuper ici que de la première. La coutume du bailliage remontait à l'origine de ce tribunal ; elle fut revue en 1507 et rédigée en 22 articles. On y lit qu'au seigneur appartient la haute, moyenne et basse justice, laquelle est exercée par le bailli et par les prévôt, échevins et hommes féodaux qui jugent à sa conjure. Ce seigneur a droit à ce qui revient à tout haut justicier, selon les coutumes tant du bailliage que du comté d'Artois et de la prévôté de Beauquesne. Les dix feudataires, s'ils sont justiciers, peuvent en leur propre nom ou par leurs baillis conjurer leurs hommes et exercer la justice selon la forme en vigueur dans la châtellenie et au comté d'Artois. Dans ce cas, ils ont droit à ce qui appartient au seigneur vicomtier. Cette coutume, qui concerne surtout le régime féodal, a été reproduite par M. Bouthors dans son ouvrage *Coutumes locales du bailliage d'Amiens*. Mentionnons encore un livre imprimé à Douai en 1658, par Laurent Killam : *Ordonnance, styl et manière de procéder au bailliage de Lens-en-Arthois*.

Il ne sera pas sans intérêt de rappeler ici quelques condamnations prononcées par le bailliage. En 1378, un grand criminel, déjà banni d'Artois et de Flandre, François Bochet, coupable de plusieurs meurtres, venait d'être pris à la suite d'un nouveau crime. Il fut condamné à mort par le bailliage et pendu la nuit suivante dans le bois de Lens, où son corps fut gardé par huit sergents, de crainte qu'il ne fût enlevé par des bannis réfugiés à Arleux-en-Paluel. Le supplicié était-il clerc ? c'est ce que prétendit l'évêque d'Arras, qui lança l'interdit contre la ville et excommunia le bailli, le lieutenant et les officiers du bailliage. De là des plaintes amères et des démarches auprès du prélat, qui ne consentit à lever la peine qu'à des conditions humiliantes. (*Arch. du Nord, Dom. de Lens.*) Ce n'était pas tout : des bannis, Français et Artésiens, formés en bandes qui infestaient les environs d'Arleux, menacèrent le bailli, les officiers et sergents du bailliage de les brûler vifs dans leurs demeures. Le bailli à la tête de 58 cavaliers marcha vers ces malfaiteurs pour les prendre, mais il ne put les atteindre ; la nuit venue, il se mit en embuscade. Les bandits se réunirent au son de la cloche d'alarme et se jetèrent sur le bailli et ses gens qui ne durent leur salut qu'à la fuite. Nous n'avons appris rien de plus sur ce sujet dans les comptes du domaine de Lens, auxquels nous empruntons ces détails et ceux qui suivent.

Un nouvel interdit était, en 1379, fulminé contre Lens parce que le bailliage voulait prendre par la faim un meurtrier réfugié dans l'église de Saint-Léger de cette ville. Du reste les conflits entre l'officialité et le bailliage étaient assez fréquents.

La justice infligeait, en 1391, une singulière punition à Agnès Duflos qui avait fait écrire sous de faux noms des lettres diffamantes. La coupable, affublée d'une coiffure en forme de mitre, fut exposée, trois jours de fête, attachée à une échelle avec écriteau. Quatre ans après, une condamnation semblable était portée contre Vincent Boullenghier « pour avoir juré villain sére-ment. »

Ce serait à n'en pas finir s'il fallait rappeler les principales sentences du bailliage ; abrégeons donc notre récit. En 1478, une femme, qui a occis deux de ses enfants non baptisés, est brûlée vive par le maître des hautes œuvres d'Arras. — En 1498, on arrête Gilles Du Bois et sa femme, porteurs de huit livres de fausses mailles, qu'ils déclarent avoir achetées à un inconnu dans la ville de Valenciennes. Ils sont condamnés au bannissement et verront brûler et anéantir ces singulières monnaies sur le marché. — En 1500, l'incendiaire d'une maison habitée meurt par la corde. — En 1574, un prétendu sorcier est poursuivi, mais heureusement on ne trouve pas de charges suffisantes pour le condamner ; il est relaxé. — En 1591, un jeune homme de 16 ans à peine est convaincu de sortilége ; à cause de son âge, il est seulement condamné à tenir sur l'échafaud une torche ardente en la main, à avoir un chapeau d'étoupes brûlé sur la tête et à être banni pour toujours. (*Arch. du Nord.*) Nous croyons inutile de relever d'autres condamnations prononcées pour sortiléges et maléfices.

Voici la longue liste des baillis, telle que nous l'ont fournie de patientes recherches : 1277. Huon de Saint-Omer. — 1291. Jean Croton. — 1296. Ernoul Caffet. — 1302. Ansel d'Anvin, chevalier. —1312. Jean de Roisin, chevalier. —1312. Waroqué de Corbehem. — 1319. Jean Le Fèvre.— 1320. Enguerran de Mastaing. — 1323. Jean Fauvel de Wadencourt. — 1328. Gilles de Bléty. — 1332. Jean de Chartres. — 1347. Willaume d'Arras, chevalier. —1350. Etienne Bosquet. — 1352. Pierre de Cohem, chevalier. — 1365. Philippe Blondel, seigneur de Canleu, écuyer. — 1387. Gilles du Chastel. — 1397. Evrard Le Chièvre. — 1404. Jean Le Plé de Nielles. — 1410. Guillaume Bonnier ou de Bonnières, chevalier.— 1416. Jean Doré, vicomte de Condé. — 1431. Jean de Quielencq, chevalier, conseiller et maître d'hôtel du duc de Bourgogne. — 1434. Gilles Nazais, chevalier. — 1445. Bertrand de Mazingarbe.

— 1447. Jean de Hingettes, seigneur des Aubeaux. — 1453. Jean de Saint-Pierre-Maisnil, chevalier, seigneur de Fretin et d'Audainville, conseiller et chambellan du duc de Bourgogne, dont on voit la belle pierre tumulaire au musée de Douai. —1464. Philippe de Bourbon, écuyer, seigneur de Duisans, conseiller et chambellan du duc, capitaine du château de Lens. — 1481. Jacques de Goy, chevalier, seigneur d'Auby, conseiller et chambellan du duc de Bourgogne, capitaine du château de Rupelmonde. — 1483. Michel de Belleforière, chevalier, seigneur de Belleforière et de Noyelles-Godault, chambellan de Charles VII. — 1492. Jacques de Coupigny, écuyer, seigneur d'Hénin-Liétard, conseiller et chambellan de l'archiduc d'Autriche, capitaine du château de Lens. — 1496. Pierre de Wignacourt, dit Daury. — 1505. Antoine de Lallaing, seigneur de Montigny. — 1510. Charles de Bernemicourt, écuyer, seigneur de La Thieuloye, Frévin, Ruitz et Bracquencourt, panetier de l'archiduc. — 1545. François de Bernemicourt, chevalier, seigneur de Frévin et autres lieux, capitaine du château de Lens. — 1556. Robert de Bernemicourt, décédé en cette année. — 1556. Lambert de Warluzel. — 1570. Jacques de Germigny, seigneur de ce lieu, chevalier. — 1577. François de Noyelles, écuyer, seigneur de Court-au-Bois. — 1578. Jean de Bonnières, chevalier, baron d'Auchy. — 1615. Jean de Montmorency, baron des Watines, gouverneur de Lens ainsi que les cinq suivants. — 1623. Gilles de Lières, baron du Val et de Berneville. 1633. Guillaume de Montmorency, chevalier, seigneur de Neuville-Vitasse. — 1638, Jacques de Bernemicourt, chevalier. — 1647. François d'Hénin-Liétard, chevalier, seigneur de Courcelles-lez-Lens et de Noyelles-Godault. — 1655. Antoine de Bassecourt, chevalier du Saint-Empire, seigneur de Beaulieu, sergent général de bataille et mestre de camp. — 1663. Alexandre de Joyeuse.— 1663. De Montgobert, qui prend les titres de grand bailli de Lens et d'Hénin-Liétard, et de capitaine des ville et château de Lens, comme le feront tous les suivants. — 1673. Jean-Etienne de Valicourt. — 1683. Charles-Albert le Hardi, écuyer, seigneur de Famars. — 1692. Charles-Liévin de Valicourt. — 1693. Louis de Valicourt, écuyer, seigneur d'Ambrines, grand prévôt des maréchaux de France, en Artois. — 1700. François-Joseph de Beauvoir, seigneur de Séricourt et de Monchy-Breton, nommé grand bailli héréditaire de Lens et d'Hénin-Liétard. — 1713. Pierre-Valentin-François Crugeot, seigneur du Jourdain, lieutenant de la gouvernance d'Arras. — 1734. Valentin-François-Joseph Crugeot, son fils, seigneur de Gribersart. — 1737. Ferdinand-Louis-Joseph Lefebvre, beau-fils du précédent, seigneur de Lassure. — 1759. Lefebvre de Lassure ou de Lessus. — 1780. Le fils de ce dernier, écuyer. (*Arch. du Nord; Arch. du Pas-de-Calais; Bibl. nat., Coll. Colbert; Arch. comm. de Douai; Corresp. de l'emp. Maximilien; A. de la Fons, Recueil de notes; Communications de M. Amédée de Ternas.*)

Sceaux du Bailliage. — Les Archives nationales conservent un sceau très-curieux et fort intéressant du bailliage de Lens, quoiqu'il n'ait gardé que le commencement de sa légende : — ✠ Sigill. Ce sceau, de l'an 1228, est de forme ronde et il a 68 ^{mm} ; il représente le château royal tel qu'il devait être alors. C'est une forteresse construite en grès avec porte, murs et tours à créneaux. A l'intérieur on distingue, au centre, une haute tourelle à côté d'un bâtiment à pignon avec rosace quadrifoliée ; à droite s'élève le donjon, forte tour carrée et à gauche une espèce de pavillon avec toit triangulaire. Le contre-scel rond, de 32 ^{mm}, se compose d'un écu à trois fleurs de lis dans un encadrement de grènetis entre deux lignes.

Le sceau et le contre-scel du bailliage, qui étaient en cuivre, se trouvant usés, furent, en 1424, remplacés par d'autres en argent, forgés et gravés à Paris pour 8 livres 14 sols parisis. (*Arch. du Nord.*) Le nouveau sceau est rond et il a 43 ^{mm}. La légende en minuscules gothiques porte : Scel de le baillie de Lens. Ecu d'Artois accosté d'un écusson aux armes de France et d'un écusson au lion ; il est supporté par deux lions et accompagné d'un renard en pointe. Ce sceau a été publié par M. Demay dans son bel ouvrage : *Inventaire des sceaux de la Flandre.*

1730. Signet ovale de 30 ^{mm} sur 25. *Scel du baillage de Lens* Ecusson ovale aux armes d'Artois sur un cartouche découpé, de.

style Louis XV, cimé d'un porcelet ou plutôt d'un sanglier, souvenir des anciennes chasses royales.

ECHEVINAGE. — Il faudrait remonter aux temps anciens pour trouver l'origine de la municipalité de Lens. Les échevins étaient juges et administrateurs ; ils recevaient les actes et contrats, comme on le voit déjà en 1255. (*Van Lokeren, Chartes et documents.*) Ils étaient choisis parmi les plus notables du lieu qu'ils habitaient. Sous Charlemagne et ses premiers successeurs, ils furent nommés tant par le comte et l'envoyé de l'empereur, que par le peuple. La première mention que nous trouvions des échevins de Lens n'est que de 1196. (*Arch. du Nord, Fonds d'Anchin.*) En 1228, le maire et les échevins s'engagent à défendre contre tous le roi Louis IX et sa mère, régente du royaume. (*Teulier, Layettes du trésor des Chartes.*) Pendant la féodalité le souverain et le comte ou le châtelain ne prirent plus une part ostensible à l'élection échevinale, qui fut confiée aux seuls habitants de la ville. Plus tard ce furent les échevins qui nommèrent leurs successeurs à l'expiration de leur exercice, qui durait 14 mois. (*Coutume locale de* 1507.)

Au siècle dernier, l'échevinage se composait d'un maire ou maïeur, de 4 échevins électifs, d'un procureur syndic, par provision du roi, d'un greffier et d'un argentier, l'un et l'autre électifs et servant à vie, ainsi que d'un prévôt aussi électif, qui se renouvelait comme les échevins. L'échevinage gérait et administrait les affaires de la ville ; il y exerçait la haute, moyenne et basse justice ; il se réunissait trois fois par semaine. Il était indépendant du bailliage, dont la juridiction s'étendait sur tout son ressort. (*Bultel, Notice d'Artois ; Mémoire concernant le droit de nommer les maire, éch. et autres off. mun. de la ville de Lens, manusc. de notre coll.; Reg. aux actes de résol. de la ville de Lens.*) Le registre au renouvellement du magistrat nous a conservé l'ancienne formule du serment que le maïeur et les échevins prêtaient encore en 1739. Il est à remarquer que les deux serments sont les mêmes.

Franchises. — On ne saurait préciser l'époque où Lens fut

affranchi et érigé en commune ; quant à ses franchises et libertés, elles se développèrent avec le temps ; elles lui furent assurées par plusieurs souverains. Il est à regretter que les documents sur cette matière nous fassent défaut ; les anciens titres et spécialement le premier *Livre blanc*, qui constatait les droits et priviléges de la ville, ont été consumés dans les guerres du XIV° siècle. (*Arch. nat., Add. au dénomb. de* 1396.)

Coutume et Justice. L'échevinage avait sa coutume particulière, qui comprenait 45 articles ; elle fut revue et rédigée en 1507. Parmi les signataires on remarque le seigneur du lieu, le lieutenant, le procureur fiscal du bailliage, le receveur du domaine et du bailliage, le bailli du chapitre, l'ancien maïeur et le maïeur en exercice, plusieurs échevins, les curés des églises de Saint-Léger et de Saint-Laurent, ainsi que le chapelain de la chapelle de Sainte-Barbe. Voici les principales dispositions de cette coutume : Le maire et les échevins de Lens y exercent la haute, moyenne et basse justice sous le ressort du parlement de Paris. — Attribution et dévolution de biens entre les époux et leurs héritiers. — Transmission des biens par succession ou vente. — La mort saisit le vif ; les héritiers à égal degré succèdent par tête, sans droit d'aînesse. — Juridiction échevinale en matière tant criminelle que civile. — Nul ne peut être arrêté ou détenu sans l'intervention des échevins. — Le bourgeois accusé de coups et blessures reste libre moyennant caution. — Il n'y a pas d'arrestation pour dette et la confiscation n'a jamais lieu. — Toute exécution appartient aux officiers du comte d'Artois. — Les officiers royaux ne peuvent agir sans l'assistance de la justice locale. — Lorsqu'un étranger épouse la fille d'un bourgeois, la ville a droit au sixième de la dot si les biens donnés sont situés en l'échevinage. — A l'expiration de leur exercice, qui dure 14 mois, le maire et les échevins élisent d'autres maires et échevins pour un temps égal. (*Bouthors, Cout. loc.*) En 1745, le magistrat et la communauté de Lens supplièrent le roi d'ordonner qu'à l'avenir les bourgeois et habitants de la ville eussent pour loi la coutume générale de la province d'Artois. (*Reg. aux actes de résol.*)

Nous trouvons dans le Recueil manuscrit de notes historiques recueillies par M. de la Fons un détail qu'il est bon de relever. En 1643, le receveur de la ville paie 24 sols pour achat de 4 douzaines de *jetz* ou jetons destinés aux comptes. La modicité de la dépense fait supposer que ce jeton n'était pas propre à la ville.

En 1756, l'échevinage exerçait encore la haute, moyenne et basse justice, ainsi que la police ; il connaissait des matières consulaires et ressortissait au bailliage de Lens. (*Maillart, Cout. gén. d'Artois.*)

Le lieu de justice était situé près de l'ancienne route d'Arras à Lille, vers Harnes. A la fin du XVe siècle, le gibet fut abattu et démoli par les Allemands quand le roi des Romains vint loger à Lens ; il fut rétabli en 1500. Quatre ans après, on reconstruisit le lieu patibulaire ; on y plaça trois piliers surmontés de trois drapeaux de cuivre aux armes de l'archiduc, du comte d'Artois et de la ville. (*Arch. du Nord, Dom de Lens.*)

HÔTEL DE VILLE ET MAIRIE. — L'ancien hôtel de ville, assez voisin de la collégiale, était situé près du château fort ; il était même compris dans son enceinte dont l'enclos était, du reste, fort étendu. L'une des portes de la forteresse s'ouvrait sur la place, sous l'hôtel de ville.

Après la destruction du château, l'hôtel de ville fut rebâti sur la place, où se trouve la mairie. C'était, d'après les Mémoires du Père Ignace et celui du chanoine Michaud, un petit édifice à deux étages avec double escalier. Un perron de quelques marches servait de base à un portique en pierres sculptées, soutenu sur le devant par deux belles colonnes de pierre. On y remarquait une bretèque, où se lisaient les sentences et jugements des magistrats. Au-dessus se voyait le beffroi avec balcons, petit clocher hexagone en bois, qui logeait la cloche de la ville. Tel était l'extérieur du monument. L'intérieur se composait, au rez-de-chaussée, de quelques places qui se répétaient à l'étage. Cet hôtel etait occupé par les deux juridictions de la ville ; dans le bas se tenait la chambre échevinale et le greffe ; le haut était affecté au service du bailliage. Un dessin de cette construction se voit à la bibliothèque de la ville de Douai dans les cartons de M. Wallet.

La mairie, reconstruite en 1822, d'après les plans de l'architecte Deletombe, d'Arras, n'est plus en rapport avec l'importance toujours croissante de la ville. La distribution de ce modeste édifice est très-simple : au rez-de-chaussée, un perron de douze marches donne accès à un vestibule avec lequel communiquent le bureau du secrétaire, la salle des archives, le cabinet du maire et le logement du concierge. Un large escalier conduit à l'étage qui se compose de la salle d'audience de la justice de paix, où sont tendues d'anciennes tapisseries, et d'une salle de concert dont les extrémités sont en hémicycle. La façade n'offre rien de remarquable.

HALLE ÉCHEVINALE ET MARCHÉS. — Quoique nous ne trouvions la halle mentionnée qu'au XIVe siècle, nous supposons que son établissement remonte au moins au siècle précédent. C'était un marché couvert en grande partie, qui comportait des magasins, des appentis et des étaux. Certain jour de la semaine, depuis huit heures du matin jusqu'à midi, l'on y exposait en vente toutes sortes de marchandises, nommément draps, toiles, cuirs, chaussures, merceries, grains, graines, viande, poisson et épiceries. (*Arch. nat.*, *Dénombrement de 1396* ; *Arch. du Nord.*)

On a déjà vu que Louis XI avait porté défense à tout marchand de trafiquer à deux lieues de la ville avant d'avoir, pendant trois jours, exposé sa marchandise en halle. L'an 1541, les maïeur et échevins sollicitèrent de Charles-Quint l'autorisation d'établir en leur ville une étape de grains, avec obligation aux cultivateurs de trois lieues à la ronde d'y apporter le produit de leurs récoltes. Cette demande fut rejetée sur les observations des villes voisines. Sept ans après, le magistrat proposa d'établir une foire et un marché, mais il n'y parvint point davantage, l'échevinage de Douai s'y étant opposé. (*Tabl. chron. des Arch. de Douai.*) Les calamités dont Lens fut si longtemps le théâtre ruinèrent le commerce de la ville, et la halle finit par n'être plus qu'un monceau de décombres.

Par lettres patentes de 1661 et de 1663, Louis XIV créa deux marchés mensuels qui devaient se tenir les premier et troisième vendredis. Le monarque autorisa en même temps la ville à construire une nouvelle halle couverte et à y percevoir des droits de place, pour en acquitter la dépense. (*Arch. du Pas-de-Calais, Rég. aux commissions; Bibl. d'Arras, Rép. des reg. aux mémoriaux.*) En 1744, il y avait déjà deux marchés par semaine : les mardis et vendredis. Une foire annuelle avait lieu le 8 octobre depuis 1549. (*Michaud, Mém.*) En 1775, un franc marché se tenait le premier mercredi de chaque mois pour la vente des chevaux, bestiaux et denrées. (*Mém. ms sur l'Artois.*)

La ville avait autrefois une mesure aux grains qui lui était particulière ; on en voit la forme dans une curieuse vignette à la plume, placée en tête d'un compte de 1454, dessin d'autant plus intéressant qu'il donne une idée exacte des costumes de Lens à cette époque. Cette vignette représente un sergent ayant entre les mains un sac qu'il tient ouvert avec les dents et dans lequel une femme s'apprête à verser un boisseau plein de blé de rente due au domaine. (*Arch. du Nord.*)

La halle, qui sert de marché aux grains, comprend deux bâtiments parallèles de 50 mètres de longueur, séparés par une allée à ciel ouvert. C'est un marché couvert, avec vastes remises pour les grains. Une partie des bâtiments fut, pendant quelques temps, à usage de caserne.

Près de là se trouve une caserne de gendarmerie, construite au siècle dernier ; elle se compose d'un rez-de-chaussée avec grande toiture en mansarde. La porte d'entrée, placée à l'extrémité d'une impasse, est en pierre blanche et présente un portique à pilastres doriques, orné d'un entablement à triglyphes et d'un fronton triangulaire. Une autre caserne vient d'être bâtie dans la rue de la Paix, pour une seconde brigade de gendarmerie, qui s'y établira prochainement.

Armoiries. — Les armes du corps du magistrat étaient : *d'azur à un château donjonné de trois tours d'or, la porte garnie de la herse de même, et accosté de deux fleurs de lis également d'or.* Celles de la ville sont : *d'argent à la tour d'or, maçonnée de sable et accostée de deux fleurs de lis aussi de sable.* (*Borel d'Hauterive,*

Armorial d'Artois; F. *Le Sergeant de Monnecove, Armorial des villes.)*

Sceaux de l'échevinage. — 1308. Sceau rond de 49ᵐᵐ. ✠ S' : le 𝔐aieur : de : 𝔏ens. Porte de ville, surmontée d'un donjon crénelé et flanqué de deux tours à deux étages aussi crenelés. Le contre-scel de même forme et de 21 ᵐᵐ, offre la légende 𝕮te S' le 𝔐aieur de 𝔏ens, qui contient une porte sommée de trois tourelles, celle du milieu dominant les deux autres.

1398. Sceau rond de 51ᵐᵐ. ✠ Se novum scabinorum de 𝔏ens. Ad causas. Porte de ville, surmontée d'une tour et flanquée de deux autres tours à deux étages ; elle est ouverte et munie de sa herse. Deux fleurs de lis accostent cette partie de l'édifice.

Vers 1700. Sceau rond de 75ᵐᵐ. Entre deux grandes fleurs de lis une porte de ville, cintrée et ouverte, surmontée d'une tour crénelée et flanquée de deux tours. Le haut de la porte est occupé par un objet indéterminé servant à sa défense. En exergue on lit dans un double cercle : *Lens en Artois*.

Etablissements charitables. — Maladrerie. — Cet hôpital, établi pour les lépreux, les pestiférés et les incurables, était situé à certaine distance de la ville, sur une éminence à l'angle de la route d'Arras. (*Ancien plan.*) Cette ladrerie paraît avoir été fondée au xiiᵉ siècle par un châtelain de Lens. Une sentence épiscopale de 1210 cite la chapelle des Lépreux. En 1320, Mahaut, comtesse d'Artois, donna 10 livres tournois à la maladrerie. *(Arch. du Pas-de-Calais.)* Suivant le dénombrement de 1396, les châtelains devaient annuellement 3 mencauds de blé à la même maison. Un arrêt de la chambre royale, du 16 mai 1675, condamna les maïeur, échevins et hommes de loi à se départir de leurs prétentions sur les biens de la maladrerie en faveur de l'ordre de Saint-Lazare. (*Arch. nat., Coll. Moreau.*) Enfin, par lettres patentes de 1698, Louis XIV ordonna la réunion des biens et revenus de la maladrerie à ceux de l'hôpital du Bourg, mesure qui détermina la fermeture de l'établissement. (*Arch. de l'hospice civil.*)

L'Hôpital de la Chaussée, connu autrefois sous le nom

d'hôpital de la Cauchie, était situé près de la ville sur le chemin de Lille à Arras, à l'extrémité du faubourg. (*Le P. Ignace, Dict.*) Il était ancien, car un titre de 1262 le cite au sujet de messes célébrées dans sa chapelle. En 1320, un legs de 10 livres tournois lui est fait par la comtesse Mahaut. (*Arch. du Pas-de-Calais.*) Cet hôpital fut supprimé en vertu des lettres-patentes mentionnées ci-dessus, suivant lesquelles ses biens et revenus devaient être réunis aussi à ceux de l'hôpital du Bourg.

HÔPITAL DU BOURG. — Cet établissement, commencement de l'hospice actuel, fut fondé dans le XIII° siècle. Il reçut de nombreuses et importantes libéralités des princes, des châtelains et d'autres bienfaiteurs, aussi s'enrichit-il rapidement. Nous pourrions mentionner divers dons et legs qu'il recueillit, mais ces citations nous mèneraient trop loin. On a déjà vu que, par lettres-patentes de 1698, les biens et revenus de l'hôpital de la Chaussée et de la maladrerie avaient été réunis à ceux de l'hopital du Bourg. Des religieuses de l'ordre de Saint-François, établies à Lens, en 1555, sous le nom de sœurs grises, dirigeaient cette maison où étaient soignés les malades et infirmes envoyés par le magistrat. Au milieu du siècle dernier, cet hôpital était administré par le premier président et par le procureur général du conseil d'Artois; il avait été reconstruit en 1700. (*Michaud, Mém.; Hennebert, ouvrage cité.*)

HOSPICE. — Cet établissement, qui n'est autre que l'hôpital du Bourg, nommé, en 1792, hospice de l'Egalité, n'offre rien de bien remarquable sous le rapport architectural. La disposition en est très-simple : une cour d'entrée est précédée d'une loge de portier. Trois côtés sont occupés par des bâtiments. A droite est le quartier affecté à l'administration, à l'économat, à la communauté des religieuses franciscaines, chargée du service, et à la chapelle. Les bâtiments de gauche et ceux du fond, divisés en deux quartiers, sont destinés aux vieillards des deux sexes, qui ont leurs cours spéciales et un vaste jardin de la longueur de l'établissement. Une heureuse disposition des galeries facilite les communications entre les diverses parties de cette maison hospitalière, où l'on a établi depuis quelques années une salle de bains ouverte au public. Les revenus de l'hospice s'élèvent à 34,000 francs et ceux du bureau de bienfaisance à 25,000.

Béguinage. — Une communauté de béguines existait à Lens au XIIIᵉ siècle ; en 1273, Marguerite, comtesse de Flandre, lui léguait 60 sols. (*Arch. du Nord, Ch. des comptes.*) Cette institution, sur laquelle nous manquons de renseignements, paraît n'avoir eu qu'une courte existence.

Etablissements religieux. — Eglise collégiale et son chapitre. — Ce sujet demanderait tout un volume, nous devons le traiter en quelques pages. L'église, érigée sur l'emplacement d'une antique chapelle et sur les fondements d'une première église, fut commencée, en 1028, par Eustache dit A l'Œil, comte de Boulogne et de Lens, et terminée par son fils Eustache aux Grenons, qui, en 1070, fondait et dotait le chapitre, avec le concours d'Ide, sa pieuse épouse. Ce temple, élevé à la vierge Marie, était si important qu'à cette époque on l'appelait basilique ; peu d'années après, il fut incendié par le feu du ciel, mais il fut bientôt restauré. (*A. Le Mire, Op. dipl.; Michaud, Mém. sur la ville de Lens; Le P. Ignace, Mém.*).

Les parties anciennes qui subsistèrent jusqu'à la Révolution, quoique fortement endommagées, étaient le chœur et la tour. Le vaisseau fut reconstruit plusieurs fois. Le chœur, autour duquel on pouvait circuler, renfermait de belles stalles pour les chanoines et le clergé ; sa voûte, qu'on admirait, était en cul-de-lampe. Le vaisseau bien éclairé comprenait trois nefs élevées, voûtées comme le chœur ; elles étaient soutenues par des colonnes monolithes, hautes de 16 pieds. La nef principale avait été reconstruite au commencement du siècle dernier. La tour assez élevée était carrée, large et simple. Plusieurs chapelles séparées par des colonnes, formaient le pourtour du chœur. On y remarquait celle de Sainte-Catherine, celle de Sainte-Madeleine et celle de la bienheureuse Ide, où se trouvait incrustée dans une colonne une inscription en cuivre relatant une fondation de 1425. En 1472, on y voyait aussi les autels de prime, de Saint-Vulgan, de Notre-Dame de Salve, de Saint-Etienne et de Saint-Nicoles. (*Arch. du Pas-de-Calais, Fonds de N.-D. de Lens; Michaud, Mém.*).

Le monument ne fut pas épargné dans les pillages et les dévastations qui désolèrent si souvent la ville ; plusieurs fois il fut livré aux flammes, notamment en 1478. Dans sa détresse, le chapitre eut recours aux quêtes pour réparer les désastres ; l'an 1483, il en fit une avec l'autorisation du roi Charles VIII et, douze ans après, une permission semblable lui était accordée par l'empereur Maximilien d'Autriche. En 1501, l'évêque d'Orléans annonçait aux abbés, abbesses, religieux et prêtres de son diocèse que tous les chanoines de Lens venaient avec les reliques de leur collégiale en ruine, quêter pour la rétablir. En même temps le prélat donnait 40 jours d'indulgence à ceux de ses diocésains qui contribueraient à cette bonne œuvre. (*Même source.*)

A l'aide de ces collectes la partie moyenne de l'édifice, qui était la plus endommagée, put être reconstruite. Mais les siéges des années 1556, 1557, 1582, 1642 et 1647 causèrent encore des dégâts considérables au monument. En 1705, un arrêt du conseil d'Etat permit au chapitre d'emprunter du séminaire douaisien de Notre-Dame de la Foi 12,000 livres pour réparer son église. On employa cette somme à cet effet, toute insuffisante qu'elle fût. La tour était réédifiée en cette année. Au milieu du siècle dernier, l'édifice menaçait ruine, aussi Louis XVI autorisait-il, en 1777, un nouvel emprunt de 20,842 livres pour les travaux les plus urgents. (*Arch. du Pas-de-Calais ; Mémoires ms. sur l'Artois.*) Mais à quoi servaient ces réparations quand déjà grondait au loin l'ouragan révolutionnaire qui devait anéantir bientôt le monument tout entier !

Des fouilles faites depuis plusieurs années sur l'emplacement de la collégiale par le propriétaire actuel du fonds, lui ont procuré une quantité considérable de débris et de matériaux. Dans cet amas se sont trouvés de beaux fragments de colonnes en pierre de Tournai, dont les caractères architectoniques assignent à la reconstruction de l'édifice le commencement du XIII° siècle. C'est ce qu'établissent sûrement les pattes ou feuilles de base, si bien profilées et si nettement posées aux angles, la forme et l'ornementation des chapiteaux, ainsi que la base des colonnes multiples gracieusement disposées en faisceaux. Ce sont des restes imposants qui donnent une belle idée de ce qu'était la collégiale. Les fouilles ont aussi fait découvrir plusieurs tombeaux de chanoines ; elles renfermaient toutes des calices funéraires en étain.

Les chanoines vivaient séparément ; ils eurent, jusqu'à la Révolution, des habitations distinctes, à proximité de leur église. Le chapitre, qui suivait la règle de saint Augustin, se composait de 12 chanoines au nombre desquels était ordinairement le doyen, bien que son titre ne fût attaché à aucune prébende ; tous étaient à la nomination du souverain, qualifié prévôt de la collégiale. (*Le P. Ignace, Mém.* ; *Bultel, Notice d'Artois.*) Les prébendes, très-recherchées, étaient ordinairement accordées à des ecclésiastiques distingués par leur mérite ou leur naissance. La collation appartint d'abord aux comtes de Boulogne, puis aux souverains de l'Artois, enfin aux rois de France. Si nous avions plus d'espace, nous mentionnerions d'intéressantes nominations à ces bénéfices, renseignements que fournissent les *Opera diplomatica* d'Aubert Le Mire, les cartulaires des Archives du Nord et du Pas-de-Calais, ainsi que la *Correspondance de l'empereur Maximilien*.

La collégiale avait aussi 18 chapelains. Le chapitre était curé primitif des trois paroisses. Pendant 8 jours, à partir de la procession générale, il avait le droit d'être maître de la ville et il pouvait tenir plaids et audiences à l'hôtel de ville durant la foire. (*Arch. du Pas-de-Calais ; le P. Ignace, Mém.*) Il élisait en assemblée capitulaire ses députés aux états d'Artois ; il en avait un en 1688 et deux en 1747. (*Arch. du Pas-de-Calais ; Bultel, Notice d'Artois.*)

La collégiale possédait un grand nombre de reliques précieuses. Quelques-unes, notamment une parcelle de la vraie croix, lui avaient été envoyées de Syrie par Godefroy de Bouillon. En 1247, le comte d'Artois Robert Ier prit soin de faire ouvrir, en présence du légat apostolique et de l'évêque d'Arras, le coffret qui renfermait ces reliques, et de les faire exposer à la vénération des fidèles.

Les reliques, objets sacrés, ornements et effets d'église qui appartenaient à la collégiale au xve siècle sont décrits dans trois inventaires de cette époque publiés récemment par M. Richard, achiviste du Pas-de-Calais, d'après les titres de son riche dépôt, dans une intéressante notice intitulée : *Le trésor de la collégiale de Notre-Dame de Lens au* xve *siècle*. On y voit figurer notamment 56 reliques, des reliquaires, châsses et coffrets de grande valeur, des crucifix, calices, coupes et fioles, des bénitiers, encensoirs, lampes et chandeliers, des livres précieux, des bannières et fanons, ainsi que de riches vêtements sacerdotaux. Au nombre des reliques de la collégiale se trouvaient le corps de saint Vulgan, second patron de cette église, une grande partie de celui de saint Chrysole, évêque martyrisé à Comines, une partie du chef de saint Lambert, évêque de Tongres, et deux os de saint Willibrord, apôtre de la Frise. (*De Raisse, Hierog. belg.*) Ces restes vénérés étaient renfermés dans des châsses anciennes, particulièrement ceux de Vulgan et de Chrysole, reliquaires restaurés, le premier en 1445, et le second, l'année suivante. (*Arch. du Pas-de-Calais, N.-D. de Lens.*) On ne saurait se figurer le nombre, l'importance et la richesse des objets que la collégiale était parvenue à réunir dans l'espace de sept siècles et demi. Il ne fallut à la Révolution qu'un jour ou deux pour tout anéantir !

Les reliques de la collégiale étaient en grande vénération dans toute la contrée, aussi venait-on les honorer de toutes parts ; citons un exemple : En 1495, Jean Portebien, chapelain de l'église de Saint-Nicolas, de Douai, ordonne par testament un pèlerinage à Notre-Dame de Lens. (*Communication de M. l'abbé Dehaisnes.*) La dévotion particulière à saint Vulgan a été l'objet de plusieurs médailles, dont la plupart ont été publiées dans notre *Numismatique béthunoise*.

Dès le xiiie siècle, on brûlait une fois par an devant les reliques ou les statues des saints des cierges qu'offraient le roi, le comte d'Artois et les pairs du châtelain. Au xve, on voyait chaque année une cinquantaine de ménétriers et de porteurs de cierges, tous coiffés de chapeaux ornés de fleurs, se diriger en procession vers la collégiale et y offrir, selon l'ancien usage, ces cierges allumés. (*Arch du Nord, Domaine de Lens.*) En 1770, cette pratique s'était modifiée : les chanoines vêtus de surplis et portant aumusse, recevaient, précédés d'un ménétrier, les cierges qui allaient brûler devant les saints pendant l'année. (*Richard, Le trésor de la coll.*)

N'oublions pas de dire qu'au moyen âge on représentait chaque année dans l'église des mystères religieux, nommément celui de la résurrection du Christ. (*Ibid.*).

Notons, d'après les Archives du Pas-de-Calais, (*Fonds du chapitre de Lens*), quelques faits concernant la collégiale. 1177. Philippe d'Alsace crée en faveur de cette église, pour le vin et le pain du sacrifice, une rente de 15 sols sur les revenus de Bapaume. — 1192. Philippe-Auguste confirme cette fondation. — 1206. Le châtelain constitue au profit de la collégiale une rente de 10 livres à prélever sur ses moulins pour l'entretien d'un cierge qui doit brûler jour et nuit devant l'image de la Vierge. — 1207. L'évêque d'Arras confirme cette disposition. — 1275. Fondation d'une chapelle de Sainte-Catherine. — 1326. Autre fondation d'une chapelle à laquelle est attaché un chapelain. — 1499. Institution d'une confraternité de Saint-Nicolas-des-Clercs. — 1504. Erection d'une autre charité de Saint-Nicolas, dont les chanoines seront les administrateurs.

La principale association religieuse de la collégiale était la confrérie ou charité de Notre-Dame-des-Varlets, établie l'an 1226, renouvelée en 1326, en 1441, puis postérieurement, instituée en l'honneur de Dieu, de la sainte Vierge et de saint Vulgan. Elle se composait d'un prévôt, de quatre maïeurs et de simples confrères assez nombreux. Elle offrait annuellement à l'église 10 cierges et une grande chandelle qui était allumée tous les jours à la première messe et tous les dimanches et fêtes solennelles à la grand'messe. Lorsqu'un confrère décédait, son corps était porté en terre par les maïeurs. (*Arch. du Pas-de-Calais.*) Comme on le voit, cette confrérie rappelait en même temps celle de Notre-Dame des Ardents, d'Arras, et celle de Saint-Eloi, de Béthune.

Les armes du chapitre étaient : *d'argent, à une bande écartelée d'azur et d'or*, et celles de la communauté des chapelains : *d'argent, à une bande de gueule, chargée d'une croisette d'or.* (*Borel d'Hauterive, Armorial d'Artois.*)

Sceaux.—Les Archives départementales du Pas-de-Calais nous offrent deux sceaux curieux de la collégiale, dont M. Richard a donné le dessin dans sa notice déjà citée ; en voici la description :

XIII° siècle. — Sceau ovale de 88 ᵐᵐ sur 61. S' Sce Mariæ Lensis eccl. La sainte Vierge debout et presque de face, avec auréole, mais sans couronne, vêtue d'une longue robe et d'un large manteau, tient un globe crucifère dans la main droite et une fleur de lis dans l'autre.

XIV° siècle. — Sceau rond de 37 ᵐᵐ. S Beate Marie Lessensis ad… La vierge Marie avec voile, couronne et auréole, tenant l'enfant Jésus et un globe, et placée devant un autel orné d'un dais ; de chaque côté l'on voit un ange portant un chandelier garni d'un cierge allumé. Le contre-scel, de même forme, n'a que 23 ᵐᵐ. L'agneau portant la croix-étendard est au centre d'un riche encadrement autour duquel on lit : Agnus Dei qui tollis.

EGLISE PAROISSIALE DE SAINT-LÉGER. — Cette église, sous le vocable de saint Léger, évêque d'Autun, martyrisé, en 678, dans une forêt de l'Atrébatie, est mentionnée pour la première fois en 1070. (*A. Le Mire, Op. dipl.*) Cet ancien et vaste édifice élevé à l'extrémité de la place fut érigé par les puissants comtes de Boulogne et de Lens ; il était solidement bâti en pierres de taille, avait une belle tour et trois nefs que séparaient des piliers. Si l'on en juge par le dessin qu'en a donné, en 1647, de Beaulieu dans une vue de *Lens en Artois*, la tour était assez remarquable. Elle se divisait en quatre étages dont le premier offrait un large portail à plein cintre, surmonté de deux grandes fenêtres de même forme ; un clocher la terminait. Deux tourelles carrées, avec toit en forme de flèche, s'appuyaient contre la tour.

Le châtelain devait à la fabrique de l'église une rente en blé et un cierge de 12 livres en cire, placé chaque année devant les statues des saints, le samedi de la Trinité. (*Dénomb. de 1396.*)

L'église fut parfois l'asile des criminels : nous lisons qu'en

1397, sur l'ordre du bailli et de plusieurs conseillers du duc de Bourgogne, 16 sergents vinrent assiéger le *Moustier de Saint-Léger*, où s'étaient réfugiés des malfaiteurs qui avaient commis un meurtre. (*Arch. du Nord.*) Cette église fut exposée à tous les dangers dans les guerres et les siéges qui désolèrent la ville; elle fut détruite en grande partie dans les années 1647 et 1648. Comme, vers la fin du XVII° siècle, la tour menaçait ruine, on résolut d'en renouveler la base, œuvre bien difficile dont se chargea maître Anselme, architecte remarquable de Douai, qui s'était déjà distingué dans des travaux du même genre. Il suspendit en effet la partie supérieure de la tour et le clocher, mais il mourut pendant l'entreprise. Son successeur ayant négligé ou méprisé les moyens qu'il avait employés, la tour et son clocher s'écroulèrent. Plus tard ils furent reconstruits entièrement. (*Le P. Ignace, Add. aux mém.*)

La nouvelle église, élevée sur l'emplacement de l'ancienne, a été reconstruite au moyen de ses propres ressources et avec le concours zélé de ses paroissiens, sous la direction des frères Leclercq, d'Aire-sur-la-Lys. La première pierre fut posée le 28 mai 1776, et la bénédiction du monument eut lieu le 18 janvier 1780. (*Même ouvrage.*)

Avant 1789, l'église de Saint-Léger était la principale paroisse de la ville; elle en est la seule depuis le rétablissement du culte. Cette paroisse dépendait de la collégiale, qui se chargeait de l'entretien du chœur. Les processions, autres que celles en l'honneur du saint patron, étaient faites par le doyen de la collégiale, assisté de son chapitre. Le curé portait l'aumusse dans les cérémonies religieuses, où il avait rang entre le plus jeune chanoine et le chapelain le plus âgé. (*Quest. dioc.*)

Pendant la Terreur, la maison de Dieu fut changée en temple de la Raison; les fêtes civiques y furent célébrées et les clubs y tinrent leurs bruyantes séances, dans l'une desquelles un jeune homme fut tué d'un coup de feu par un forcené. Plus tard, l'église servit de fabrique de poudre et de magasin au fourrage; elle fut rendue au culte après le concordat. (*Même document.*)

Donnons une courte description de cet édifice important, composé d'une tour, d'un beau vaisseau et d'une abside. La première partie de la façade, où l'on arrive par un portail ogival précédé de deux marches, se termine par un entablement placé à la hauteur de la corniche extérieure de la nef principale. La seconde partie est d'ordre ionique; des pilastres accouplés accompagnés de contre-pilastres à refends reposent sur des piédestaux entre lesquels sont des balustres. Au centre est une fenêtre cintrée décorée d'impostes et d'autres accessoires. La troisième partie est d'un ordre composite; des entrelacs placés entre les piédestaux des pilastres remplacent les balustres. L'entablement est surmonté de la balustrade d'une plate-forme sur laquelle est établie la partie octogonale de la tour, couronnée d'un dôme aussi octogonal.

Sur les façades latérales on remarque le soubassement en grès, les contre-forts construits en briques et pierre, qui reçoivent la retombée des arcs-boutants de la nef principale et les fenêtres à arcs surbaissés avec encadrement en pierre blanche.

Entrons dans l'église, qui comprend trois nefs. La principale a 10 mètres de largeur et chaque bas côté 5 mètres 50 cent., ce qui donne 21 mètres pour l'ensemble. La longueur, depuis l'entrée jusqu'au fond de l'abside, est de 45 mètres, la tour exceptée. La hauteur de la grande nef est de 18 mètres et celles des autres sont de 10. Depuis l'entrée jusqu'au chœur, l'église est divisée en 5 travées. Les colonnes de la nef centrale sont de l'ordre dorique; leurs bases reposent sur des dés octogones et leurs chapiteaux reçoivent la retombée d'arcades surbaissées, décorées d'archivoltes et de clefs. L'entablement dorique avec triglyphes est surmonté d'un étage percé de fenêtres à arcs surbaissés; il est orné de pilastres à panneaux. Chaque bas côté est éclairé par 5 fenêtres à arcades surbaissées, qu'encadrent des chambranles unis sur les trumeaux correspondant aux colonnes de la nef principale; des pilastres à panneaux reçoivent la retombée des arcs doubleaux des nefs latérales. De belles boiseries de style Louis XV ornent les murs. Le lambris qui les recouvre jusqu'à la hauteur des appuis de fenêtre est formé de panneaux à moulures droites ou contournées, décorées d'écailles, d'agraffes, de palmettes et de cartouches. Les confessionnaux se raccordent avec ces lambris.

Le maître-autel est celui de la collégiale ; il se compose de marbres riches et variés, sculptés avec goût et ampleur ; c'est une pièce importante du meilleur style de l'époque de Louis XVI. Le rétable en chêne, sorti des ateliers de M. Buisine, de Lille, se termine par une niche où l'on a placé une grande statue de la Vierge, provenant de la collégiale.

Les autels latéraux, sous les invocations de la Vierge et de saint Joseph, sont entièrement modernes, ainsi que ceux de l'extrémité des bas côtés, placés sous la protection de saint Vulgan et des quarante martyrs du Japon. Notons les beaux vitraux du chœur et des nefs latérales, exécutés par deux artistes renommés : MM. Lorin et Lavergne ; ils se distinguent par l'élégance et la pureté du dessin, par la richesse et l'harmonie des couleurs. Parmi les tableaux, mentionnons de bonnes copies de Rubens et de Van Dyck, et deux originaux représentant, l'un une sainte Madeleine, l'autre le supplice des quarante martyrs. Avant la Révolution, l'église possédait beaucoup d'objets précieux qui furent enlevés, en 1791, par ordre du district, notamment un beau buste reliquaire en argent de saint Léger ; ils furent brisés, puis envoyés aux monnaies de Lille et de Paris pour y être monnayés.

EGLISE DE SAINT-LAURENT. — Cette église, longtemps celle d'une paroisse importante qui s'étendait dans le faubourg de ce nom, s'élevait près du chemin de La Bassée, sur une petite éminence, au milieu d'un grand cimetière clos de murs. Elle existait déjà en 1070, comme le prouve un diplôme rapporté par Aubert Le Mire dans ses *Opera diplomatica*, document suivant lequel elle fut alors accordée par Liébert, évêque de Cambrai, au chapitre de Notre-Dame de Lens. Cet édifice à une nef reposant sur des piliers, était bâti en pierres de taille ; détruit presque entièrement en 1648, il fut réédifié en 1664, mais dans de moindres proportions. La tour carrée, placée entre le chœur et la nef, était assez élevée et terminée par une flèche ; elle renfermait trois belles cloches du XV° siècle avec inscriptions gothiques. (*Le P. Ignace, Supp. et Add. aux Mém.*) Comme cette tour et son clocher manquaient de solidité, le conseil d'Artois ordonna, en 1741, qu'ils seraient démolis et reconstruits, travaux qui furent exécutés sans retard. (*Arch. du Pas-de-Calais.*) Un demi-siècle après, l'église était vendue et disparaissait sous le marteau révolutionnaire.

COUVENT DES RÉCOLLETS. — En 1208, saint François d'Assise fondait l'ordre des Franciscains ou Frères mineurs; 19 ans après, un de ses disciples, Pacifique, honoré par l'Eglise comme bienheureux, établissait à Lens un monastère de cet ordre, qui paraît avoir été le premier de ceux de nos contrées. Il y mourut et y fut inhumé. Sur sa tombe on plaça plus tard cette inscription : *Sub hoc lapide recondita servantur ossa sacra Beati Pacifici ordinis minorum qui ipse primus fuit provinciæ Franciæ minister*, (*Gazet, L'hist. eccl. du Pays-Bas.*) Le couvent reçut bientôt de nombreuses libéralités qui lui permirent de se développer; dès 1259, Mahaut de Béthune lui léguait 100 sols. (*Hautcœur, Cart. de l'abb. de Flines.*) Dans la suite les religieux se soumirent à la stricte observance de saint François et prirent alors le nom de Récollets.

Le couvent était situé dans le faubourg; il fut, en 1582, incendié par les troupes du duc d'Alençon.(*Harbaville, Mém. hist.*) On se contenta de le réparer. Des lettres patentes de 1688 autorisèrent les religieux à vendre le terrain sur lequel il était bâti, pour leur permettre de continuer la construction d'une église et d'un couvent à Bapaume. (*Arch. du Pas-de-Calais.*)

Le monastère avait été transféré, en 1614, dans l'intérieur de la ville de Lens, près de la collégiale ; il était établi dans un vaste terrain que les religieux avaient acquis quatre ans auparavant de Robert Lemaire, seigneur de Honnaux. (*Arch. du Nord, 47ᵉ reg. des chartes.*) D'après une vue de 1647, déjà citée, il était peu élevé et comprenait une église avec flèche au centre et quelques bâtiments. Il fut reconstruit entièrement en 1732 et dans les deux années suivantes; la nouvelle église, longue de 116 pieds et large de 31, n'avait qu'une nef. (*Le P. Ignace, Add. aux Mém.; Michaud, Mém.*)

Les Récollets, au nombre de 30, vivaient de quêtes. Ils s'occupaient principalement de prédications; ils prêchaient dans les églises de Lens pendant l'Avent et le Carême, ce qui leur pro-procurait, de la part de la ville, des vivres et du chauffage. (*A. de la Fons Recueil de notes.*) Quelques années avant la Révolution, ces religieux étaient au nombre de 34. En 1792, la municipalité, sur l'avis du directoire du district d'Arras, leur enjoignit de tenir fermées les portes extérieures de leur oratoire « de ma-nanière que personne autre que les religieux et leur commensaux n'assiste aux messes et offices que les religieux pourront y célébrer. » C'était la fermeture et l'abandon du couvent, qui fut évacué peu après, puis vendu et entièrement détruit.

COUVENT DES SŒURS GRISES. — Les religieuses de cette maison, du tiers ordre de saint François, formaient une filiation des Sœurs noires de Saint-Pol. Elles furent reçues, l'an 1555, à l'hôpital du Bourg pour y soigner les malades et les infirmes. (*Michaud, Mém.*) Quatre ans après, elles prenaient la direction de cet établissement ; plus tard elles se construisaient auprès un couvent composé d'une petite église et de quelques bâtiments. Ces constructions revêtaient le caractère de l'architecture espagnole; ce qui en reste a subi de telles modifications que le style en a disparu. On y remarque à l'extérieur le millésime 1592 sur une clef d'arcade en grès.

En 1775, le couvent se composait de 30 sœurs. (*Mémoires ms sur l'Artois.*) Il fut fermé en 1790, lors de la suppression des monastères.

CHAPELLES ISOLÉES. — Elles étaient au nombre de quatre. La première, consacrée à Notre-Dame de Bon-Secours, fut érigée dans le faubourg de Saint-Laurent par un fermier nommé Plichon. La seconde, celle du bienheureux Pacifique, fut construite aux frais des Sœurs grises, près d'une fontaine, à l'extrémité du marais. La troisième, celle de l'Epinette, était placée sur le chemin de Méricourt. (*Le P. Ignace, Mém.*) La quatrième, celle de Saint-Eloi, se trouvait au bout de la chaussée du côté de l'hôpital du Bourg. (*A. de la Fons, Recueil de notes.*)

CALVAIRE. — Elevé au siècle dernier sur une éminence formée

par un amas considérable de débris du château principal, le calvaire était l'objet d'une grande dévotion. Il disparut en 1849 ; l'éminence ayant été nivelée en cette année par les ouvriers de l'atelier communal.

INSTRUCTION PUBLIQUE. — ECOLE DE LA COLLÉGIALE. — L'obituaire de Notre-Dame mentionne déjà dans la première moitié du xiv° siècle l'existence de ces écoles, en remémorant un de leurs écolâtres et un de leurs recteurs. On y voit aussi que les classes étaient tenues alors dans une maison dite des Ecoles, sise derrière le château du châtelain, près de la poterne. Cette maison d'éducation, dont le chapitre prenait soin, était dirigée par un chanoine ; elle admettait gratuitement des élèves auxquels elle enseignait les lettres et les sciences. Elle fut fermée dans la première moitié du xviii° siècle.

COLLÉGE. — La ville de Lens posséda alors un collége fort bien tenu par des ecclésiastiques séculiers, qui y enseignèrent avec succès les humanités jusqu'à la philosophie ; aussi en est-il sorti nombre d'élèves qui furent prêtres, religieux et avocats. Les professeurs étaient nommés par l'évêque et reçus par le magistrat ; leur traitement était payé par la ville qui avait l'administration et l'inspection de cette maison. (*Bultel ; Notice d'Artois ; Registre aux actes de résolution de la ville de Lens.*) Comme cet établissement, situé rue de Lille, menaçait ruine, il fut, en 1749, reconstruit et agrandi ; en 1777, il y était fait des changements importants. Ce collége fut fermé en 1790 ; trois ans après, il servait d'hôpital et d'étape entre Lille et Arras pour le transport des blessés et des malades. (*Registre aux actes de résol.*) Il ne reprit sa destination que vers 1809, sous la direction de professeurs laïcs qui y enseignèrent le français, le latin, l'histoire, la géographie et les mathématiques. (V. *Prospectus et Exercices publics.*) Quelques années après, ce collége était fermé ; plus tard, il devint l'école communale des garçons, tenue par des frères maristes dont le nombre s'élève à douze.

A la fin de la première partie, nous avons cité les autres maisons d'éducation que la ville possède.

Canal et Rivage. — *La Souchez,* cours d'eau qui prend sa source à Ablain-Saint-Nazaire, conserve son nom depuis ce village jusqu'à Lens ; là elle devient plus importante, ce qui a permis de la canaliser à partir de cette ville. Elle se jette avec une pente douce dans le canal de la Haute-Deûle à Courrières. La seconde partie s'est souvent appelée *la Deûle ;* cependant elle a été plus connue sous le nom de la Souchez, comme la première.

C'est en 1070, dans deux chartes rapportées par Aubert le Mire en ses *Opera diplomatica,* qu'il est pour la première fois question, non précisément de cet affluent, mais d'un moulin qu'il faisait mouvoir dans l'un des faubourgs de la ville. Trois siècles après, on comptait quatre moulins à eau ; c'étaient ceux de Peskebeuf, de la Poterne, de Mollaines et d'Arondelle. Après les comtes de Lens, les châtelains jouirent de plusieurs droits sur la Souchez : ils pouvaient autoriser l'établissement de moulins, de coupures et de prises d'eau ; les saules plantés sur une partie de la berge leur appartenaient. Le dénombrement de 1396, qui nous a fourni ces détails, nous apprend aussi que la rivière devait avoir dix pieds de largeur et sept de profondeur, et que les riverains étaient tenus de laisser libre un chemin sur le bord, pour que le châtelain et ses gens y exerçassent plus facilement toute police.

Dans un mémoire émané, en 1587, du maïeur et des échevins de Lens, on prétendait que le rivage existait depuis plus de trois cents ans, quoiqu'il y eût eu des interruptions dans le libre cours de la rivière. (*Arch. du Nord.*)

L'année suivante, la ville percevait un péage. En 1619, le magistrat de Lille et celui de Lens concluaient un accord pour améliorer la navigation de cette rivière et du canal qui reliaient les deux villes. Par suite, Lens devait établir trois sas, le premier à Courrières et les deux autres à Harnes. Cette ville avait droit aux trois huitièmes des droits perçus, dont le surplus revenait à celle de Lille. (*Reg. de la ville de Lens; Bibl. nat., Coll. Colbert; A. de la Fons, Rec. de notes.*) En 1620, une autre convention était faite entre les deux villes pour le curage et l'entretien de leurs canaux. Nous passerons sous silence les autorisations données successivement pour le maintien des droits et pour l'exécution de travaux propres à rendre la Deûle plus navigable. (*Bibl. nat., Coll. Colbert; Arch. du Nord, Registre des Chartes.*)

Le rivage de Lens était situé derrière l'hôpital du Bourg, dont il n'était séparé que par la muraille de la ville. De ce côté, la rivière était surtout alimentée par des sources et des fontaines, plus loin elle recevait les eaux de la Souchez. Au milieu du siècle dernier, les bateaux ne pouvaient remonter ou descendre la rivière que deux fois la semaine. La ville entretenait la première des trois écluses. (*Le P. Ignace, Mém. et Additions aux Mém.*)

La guerre de la succession d'Espagne porta un coup funeste au canal de Lens; en 1712, les digues furent rompues et les bassins détruits par ordre du maréchal de Montesquiou. (*A. de la Fons, Rec. de notes.*) Plus tard on fit bien les réparations les plus urgentes, mais elles ne suffirent pas; d'ailleurs la situation n'était plus la même : non-seulement le commerce entre les deux villes s'était ralenti, mais les routes avaient fourni des moyens de transport plus faciles et plus rapides. Le canal n'étant plus entretenu convenablement, une partie du lit de la rivière se combla bien vite. L'autorisation fut donnée, en 1778, au magistrat d'élargir le canal depuis le fossé de la ville jusqu'au rivage, mais ce travail ne paraît pas avoir été exécuté. En 1791, le conseil général de la commune demanda au département si le canal pouvait être rétabli ou s'il était indispensable d'en créer un nouveau. (*Arch. du Pas-de-Calais.*) Nous ne savons quelle fut la réponse, mais nous supposons qu'elle fut évasive.

Le projet de rétablissement du canal de Lens à Harnes fut repris plusieurs fois dans le cours de notre siècle, notamment en 1842 et surtout en 1870. En cette année, un rapport remarquable fut présenté au conseil municipal de la ville par une commission chargée d'étudier ce sujet si important. Enfin il est de nouveau question de cette canalisation : Le conseil général du département, vient d'émettre le vœu qu'un canal soit créé pour relier le bassin houiller du Nord et du Pas-de-Calais à Amiens, Paris et Rouen.

Une grande carte manuscrite des Archives du Pas-de-Calais, dressée en 1766 par ordre du duc de Choiseul, nous a conservé la figure exacte de la Souchez et du canal de Lens avec les fontaines, étangs et moulins.

MARAIS COMMUNAUX. — La communauté possédait trois marais, dont l'arpenteur Lenglet a dressé, en 1765, le plan qui est déposé aux Archives du Pas-de-Calais. L'un était traversé par le chemin d'Arras à Lille; le second, dit le Creux-Marais, était, par le canal, séparé du troisième qui s'appelait le Marais-Neuf. Ces terres fournissaient aux habitants de la ville de bons pacages pour leurs bestiaux ; à plusieurs reprises on y exécuta des travaux pour le dessèchement, ce qui permit d'en mettre une partie en culture. Il s'y trouvait aussi de grandes tourbières qui étaient affermées en 1751. Ces marais furent partagés, en 1791, entre tous les habitants, d'après les dispositions des édits du 14 juin 1764 et du 13 avril 1766, en vertu de la loi du 20 avril 1791, (*Registres de la ville.*) Ce sont depuis longtemps de bonnes terres à labour.

Les sources abondantes de ces marais, principalement la Fontaine des Cressonnières, alimentaient le rivage de la ville.

SOCIÉTÉ DES MINES HOUILLÈRES DE LENS. — Cette Compagnie, dont le siége est à Lille, bien que le centre de ses travaux d'exploitation soit à Lens, a été fondée en 1849. Sa concession de 1850, les extensions de 1854 et 1860, ainsi que la concession de Douvrin, acquise par elle en 1873, forment un périmètre de 6939 hectares, situés en très-grande partie dans l'arrondissement de Béthune. Cette surface s'étend sur les 18 communes suivantes : Annay, Avion, Bénifontaine, Douvrin, Eleu-dit-Leauwette, Haisnes, Hulluch, Lens, Liévin, Loison, Loos, Meurchin, Noyelles-sous-Lens, Pont-à-Vendin, Sallau, Vermelles, Vendin-le-Vieil et Wingles. Les concessions réunies de Lens et de Douvrin offrent une grande richesse houillère ; elles renferment toute la série des couches exploitées dans les bassins du Nord et du Pas-de-Calais.

La Compagnie de Lens exploite actuellement six fosses : Les n°s 1, 2 et 4 sont situés à Lens, le n° 3 est à Liévin, le n° 5 à

Avion et le n° 6 à Haisnes. Cette Société, la plus importante du bassin houiller du Pas-de-Calais, occupe près de 4000 employés et ouvriers; elle a produit, en 1877, 627,643 tonnes de charbon gras flambant. Signalons brièvement ses principaux travaux : Percement et exploitation de cinq puits, dont la profondeur varie de 230 à 300 mètres. — Reconstruction de celui de Douvrin. — Construction de 34 kilomètres de voie ferrée à grande largeur, sur rails en acier, réunissant les fosses entre elles au chemin de fer du Nord, à Lens et à Violaines, au magasin central et au rivage. — Installation de ce rivage, magnifique quai d'embarquement sur la Haute-Deûle à Vendin-le-Vieil. — Agréable habitation de l'agent général. — Demeure de l'ingénieur principal. — Vastes bureaux et dépendances.—Magasins, ateliers et remises.— 1300 maisons d'ouvriers, bâties tant à Lens qu'à Liévin, Vendin-le-Vieil, Haisnes et Douvrin. — Deux grandes écoles établies à Liévin, l'une pour les garçons, l'autre pour les filles et les enfants en bas-âge. Enfin belle église érigée en la même commune, assez vaste pour suffire aux besoins religieux de 3000 habitants qui ne tarderont pas à se grouper en ce lieu.

Avant de terminer notre aperçu, jetons un coup d'œil sur la fosse n° 5, qu'on voit non loin de la gare de Lens, construction grandiose d'un genre tout nouveau, bien faite pour attirer l'attention. Ce bâtiment considérable est presque entièrement en fer et en fonte, avec châssis vitrés. On ne pourrait se figurer que cette fosse a coûté près de trois millions, si l'on ne savait que le creusement du puits dont le diamètre est de $4^m 86^e$, a donné lieu aux plus grandes difficultés, par la présence d'une immense nappe d'eau qu'il a fallu vaincre au prix de sacrifices énormes.

MAISONS PARTICULIÈRES. — Il existe encore à Lens quelques constructions de style espagnol, qui datent du commencement du XVIIe siècle, et une partie de maison, attenant à l'église, dont le style hispano-flamand est d'un effet original.

Mais ce qui mérite une mention particulière, c'est l'élégante et agréable habitation que s'est construite, il y a peu d'années, M. Spriet, ancien maire de Lens. C'est un petit château, style renaissance, qui rappelle assez certaines demeures seigneuriales de la première moitié du XVIe siècle. Son heureuse situation, le jeu des tourelles octogones et des avant-corps, l'emploi bien combiné de la brique et de la pierre blanche, enfin une foule de détails d'architecture attirent l'attention des nombreux voyageurs qui traversent la ville.

BIOGRAPHIE. — C'est avec plaisir que nous voyons figurer le premier dans cette petite galerie d'hommes distingués, un agriculteur industriel qui a fait progresser, grandir et prospérer l'agriculture de notre contrée. DECROMBECQUE (François-Guislain), né à Lens le 28 frimaire an VI (17 décembre 1797) et mort en cette ville le 8 décembre 1870, a été surnommé le vétéran de la plaine de Lens et le zouave de l'agriculture. Sa longue expérience, ses vastes connaissances agronomiques et les résultats étonnants d'une grande culture sagement ordonnée, lui valurent la croix d'officier de la Légion d'honneur et le grand prix d'Agriculture à l'exposition universelle de 1867. L'éminent agronome était à son décès président du conseil d'arrondissement de Béthune et du cercle agricole d'Arras. Son nom restera justement célèbre. Ajoutons que l'un des fils continue dignement l'œuvre du père et peut aspirer à de nouveaux succès.

DELAVILLE (Louis), né en 1764 à Jouy-Sous-Telle (Oise) et mort en 1841 à Lens, ville qu'il a longtemps habitée, était un remarquable modeleur en terre cuite. Il a produit un grand nombre de statuettes, de portraits en buste et de médaillons; il excellait surtout dans les scènes villageoises. Ses compositions favorites étaient *Le bon et le mauvais ménage*; elles ont eu beaucoup de vogue et sont toujours fort recherchés par les amateurs.

EUSTACHE DE LENS naquit en cette ville vers 1170. S'étant destiné de bonne heure à l'état ecclésiastique, il entra, comme novice à l'abbaye de Vicogne, ordre des Prémontrés, où il reçut les ordres sacrés; il n'en sortit que pour être abbé du Val-Féry. Ensuite il administra l'abbaye du Val-Chrétien. Il se démit de ses dignités pour se livrer entièrement aux exercices de piété et à l'étude. Ce savant a composé de nombreux ouvrages dont nous indiquerons sommairement les principaux : *De metris ; De significationibus nominum* ; *De causis* ; *Seminarium Verbi Dei* ; *De tropis* ; *De mysteriis sanctæ scripturæ* ; *Cosmographia Moysis* ; *In canonem missæ* ; *In hymnos ab ordine præmonstratensi receptos* ; *In regulam S. Augustini* ; *Tractatus de SS. Trinitate.* Ces ouvrages, restés manuscrits, se conservaient pour la plupart à l'abbaye de Vicogne ; ils ont disparu dans le tourbillon révolutionnaire. Le fécond auteur doit encore avoir commenté la Genèse, l'Exode, le Deutéronome et les Paralipomènes. (*Waghenare. Scriptores ord. præm.* ; *Le Paige, Bibl. præm.* ; *Paquot, Mém. pour servir à l'hist. litt.*)

GRISONS (Jean-Baptiste-Lucien), né à Lens en 1750 et mort à Saint-Omer en 1815, fut bénéficier de la cathédrale de cette dernière ville, où il exerça longtemps la place de maître de chapelle. Il jouissait dans la contrée d'une grande renommée comme professeur de musique et comme compositeur ; il fut plusieurs fois chargé de diriger les fêtes à l'Etre suprême données à Saint-Omer. Parmi ses compositions on remarque un oratorio d'Esther, œuvre inédite dont le manuscrit original se trouve, dit-on, entre les mains de M. Vervoitte, organiste à Paris. On a supposé, mais sans trop de vraisemblance, que Rouget de Lisle s'est inspiré de la marche triomphale de cet oratorio pour la musique de la *Marseillaise*. (*V. Bulletin hist. de la Société des Ant. de la Morinie.*)

LEJOSNE (Robert), dont nous avons parlé dans notre notice de Leforest, village dont il devint le seigneur, était né à Lens, en 1371, de parents aisés. Licencié en lois et décrets, il se fixa à Amiens où il se fit remarquer comme avocat. Le roi d'Angleterre le nomma bailli de cette ville, vers 1420, le créa chevalier et le choisit pour un de ses conseillers. L'ambitieux parvenu, à qui l'on a reproché d'avoir fait mourir plus de 1900 Armagnacs pendant ses quinze années de fonctions, s'était acquis une fortune considérable ; il en usa largement pour se faire nommer gouverneur d'Arras, charge qu'il obtint du duc de Bourgogne. Notre personnage décéda, l'an 1463, en son hôtel à Arras, y laissant le lugubre souvenir de ses cruautés. (*J. Du Clercq, Mém.* ; *A. de Ternas, Notice sur le village de Leforest.*)

LESPAGNOL (Géry), né à Lens vers 1588, fut reçu docteur en théologie à l'université de Douai, dont il devint un des professeurs les plus distingués. Il fut aussi curé de l'église de Sainte-Croix, d'Arras, et se retira à Douai dans le couvent des Pères de l'Oratoire. Ce savant a publié les ouvrages suivants : *La vie de S. Philippe de Néri*; *Medicus animæ sive de curâ spirituali infirmorum*; *Le directeur spirituel*; *Préservatif contre les sectes et religions nouvelles*; *Institution de la Messe, avec les cérémonies*; *De obligatione prædicandi et audiendi verbum Dei*. (*Foppens, Bibl. belg.*; *Duthillœul, Bibl. douaisienne*; *Note de M. le baron Dard.*)

MICHAUD, qui vit le jour à Lens à la fin du XVIIe siècle ou au commencement du suivant, était chanoine de l'église collégiale de ce lieu. Il est l'auteur d'un *Mémoire sur la ville de Lens*, qu'il présenta, en 1744, à la Société littéraire d'Arras, travail intéressant, estimable et correct, mais trop concis, publié avec des notes par M. le chanoine Parenty, dans le VIe volume de la revue *Le Puits artésien*.

LE BIENHEUREUX FRÈRE PACIFIQUE, quoique étranger, appartient à Lens, puisqu'il habita longtemps cette ville et y finit ses jours vers le milieu du XIIIe siècle. C'était un trouvère impérial, surnommé le Prince des poëtes; converti par saint François d'Assise, il devint aussitôt son disciple. En 1216, le fervent franciscain vint prêcher dans nos contrées et bientôt s'élevèrent plusieurs maisons de son ordre, nommément celle de Lens, où il vécut et mourut en donnant l'exemple de toutes les vertus et d'une grande sainteté.

SAINT VULGAN. — Une foule d'auteurs, notamment : Arnould de Raisse, Gazet, Malbrancq, Molanus, de Castillion, Ghesquière, Hennebert, Dom Devienne et l'abbé Destombes se sont occupés de ce saint missionnaire irlandais, qui fut l'un des apôtres de la

Morinie et de l'Atrébatie dans la seconde moitié du vi⁰ siècle. Comme, dans la première partie de cette notice, nous avons parlé de ce saint en ce qui concerne la ville de Lens, nous croyons inutile de revenir ici sur ce sujet.

TROISIÈME PARTIE.

BATAILLE DE LENS. — C'est avec raison qu'on s'étonnerait de ne point trouver dans notre travail un récit assez détaillé de cette célèbre bataille. Nous avons cru devoir traiter préférablement ici ce sujet dans son ensemble, bien que des épisodes se rapportent particulièrement à plusieurs localités du canton. (1)

Louis XIV était parvenu au trône, en 1643, à l'âge de cinq ans, sous la régence de sa mère, Anne d'Autriche, et sous le ministère du cardinal de Mazarin. La guerre de trente ans, amenée surtout par les dissensions religieuses et par la puissance menaçante de la maison d'Autriche, durait toujours. La France, appuyée sur l'alliance des protestants d'Allemagne et d'autres pays, intervint ouvertement dans la lutte, en 1635 ; l'Espagne s'unit alors plus étroitement à l'Autriche. Pendant quelques années, les succès se balancèrent. La campagne de 1648 ne s'ouvrait pas pour la France sans de grandes inquiétudes : le peuple imputait à l'habile ministre d'avoir refusé une bonne paix avec l'Espagne. Soutenu par le parlement de Paris, il refusa de payer une partie des impôts ; aussi l'argent manquait-il partout. Des émeutes et des troubles s'ensuivirent ; c'était le commencement de la Fronde.

(1) Cette bataille mémorable a donné lieu à plusieurs rapports et récits dont nous indiquons ici les principaux : *Relation de la Bataille de Lens, gagnée par le prince de Condé, suivie de la liste des officiers de l'armée du Roi morts, blessés ou prisonniers en cette journée.* (Manuscrit encore inédit, qui est la minute ou la copie du rapport du général en chef, pièce importante déposée à la Bibliothèque nationale, n° 4145 du Fonds français.) — *Relation de la Bataille de Lens.* — *Liste des prisonniers faits sur les Espagnols, ensemble des noms de ceux qui sont morts ou ont été blessés en la fameuse Bataille de Lens.* — *La Bataille de Lens*, par La Peyreire. — *La Bataille de Lentz.* — *Additions aux Mémoires* du P. Ignace.

Il fallait cependant continuer la guerre. Encouragés par quelques succès et enhardis par les discordes intestines de la France, l'Espagne médita de s'emparer de la Champagne et de la Picardie. Elle envoya de nouvelles troupes à l'armée des Impériaux qui se trouvait en Flandre sous le commandement de l'archiduc Léopold d'Autriche, gouverneur général des Pays-Bas. Une armée française y était aussi réunie ; Mazarin lui avait donné pour chef le prince de Condé, le vainqueur de Rocroi, qui n'avait encore que 27 ans en 1648. Léopold divisa ses forces pour s'opposer aux marches du maréchal de Rantzau et pour mieux observer le jeune prince, qui venait d'investir Ypres; toutefois n'ayant osé forcer les lignes, il laissa prendre cette place. Peu de temps après, l'archiduc s'emparait d'Estaires, puis s'avançait vers l'Artois.

Condé ayant appris que Léopold était passé à Pont-à-Vendin dans l'intention de prendre Lens, résolut de le suivre pour lui livrer bataille. Ses troupes postées en deçà de la Lys arrivèrent le 18 août, vers le soir, à La Bassée et traversèrent le Neuf-Fossé la nuit suivante ; quelques heures après elles étaient dans la plaine. Le 19 le prince allait reconnaître l'ennemi, qui venait de s'emparer de Lens presque sans coup férir, et qui avait déjà placé plusieurs de ses escadrons sur les hauteurs dominant la place.

L'armée française ne comptait que 14,000 hommes dont 8000 d'infanterie et 6000 de cavalerie, et ne disposait que de 18 canons; mais elle avait pour chef Condé, qui fut plus tard surnommé le Grand, et pour principaux généraux le maréchal de Gramont, le duc de Châtillon, le général d'Erlach et le lieutenant-général Villequier.

L'armée des Impériaux, commandée par l'archiduc et par le général Beck, un des plus illustres capitaines de l'Europe, avait parmi ses généraux le prince de Salm et le comte de Fuensaldague. Elle était bien supérieure en nombre à l'armée française, puisqu'elle s'élevait à 18,000 hommes avec 38 canons. Déjà elle s'était emparée de fortes positions. L'aile droite composée de troupes espagnoles était placée sous la ville de Lens et défendue par des ravins et des chemins creux. Le corps de bataille était posté dans de petits bois bien retranchés naturellement, enfin l'aile gauche, composée de cette cavalerie lorraine si redoutable, occupait entre Aix et Souchez un lieu élevé qu'on suppose être la *Villa d'Uzon*, endroit fortifié de nombreux défilés.

Dans la certitude d'en venir aux mains, Condé avait arrêté, la nuit du 18 au 19, son ordre de bataille; il y recommandait à l'infanterie et à la cavalerie de se tenir sur la même ligne, en observant les distances et intervalles prescrits. En même temps il ordonnait à ses troupes de n'aller à la charge qu'au pas et de laisser l'ennemi tirer le premier, tactique dont Turenne avait usé avec succès, mais qu'on s'explique difficilement aujourd'hui. Le 19, à la pointe du jour, le prince venait avec son armée rangée en bataille occuper la hauteur la plus voisine de la ville, du côté de La Bassée, et bientôt après il s'avançait dans la plaine, vers Liévin et Grenay, pour y attirer l'ennemi ; toutefois il n'y eut alors que canonnades, escarmouches et ruses de guerre. Les Impériaux se trouvaient aussi rangés en ordre de bataille. Condé eût désiré camper dans cette position, afin de forcer Léopold à lui livrer bataille; mais les chevaux n'avaient bu ni mangé depuis seize heures. Il résolut de se retirer à deux lieues de là, vers Nœux, où ses troupes devaient trouver ce qui leur manquait et d'où il lui aurait été facile d'observer la marche de l'ennemi ; il espérait amener ainsi les Impériaux à abandonner leurs positions et à descendre aussi dans la plaine.

Le 20, les Français opérèrent en bon ordre leur périlleux mouvement de retraite en six colonnes par le chemin de Béthune. La réserve, formant avant-garde, se mit en marche dès l'aurore ; elle fut suivie de la seconde ligne à laquelle succédait la première; enfin l'artillerie s'avança à la tête de l'infanterie. Par ces dispositions la première ligne de l'aile droite, commandée par le prince lui-même, était la plus exposée, car elle se trouvait assez proche des cavaliers croates et lorrains, tout prêts à sortir de leur poste.

Beck s'était aperçu bien vite que dix bataillons commandés par le marquis de Noirmontier, maréchal de camp, qui devaient protéger la marche de l'arrière-garde française, restaient trop éloignés de l'infanterie. Comme il avait reçu l'ordre de poursuivre les Français, il fondit impétueusement avec les cavaliers croates et lorrains sur ces escadrons et cette infanterie, qu'il enveloppa et parvint à renverser.

Le corps de gendarmerie commandé par le jeune duc de Châtillon fut chargé de soutenir la ligne ; il faisait face à l'ennemi. Le régiment du duc d'Orléans formait la retraite sous les ordres du marquis de Noirmoutier et du comte de Brancas, mestre de camp ; vigoureusement attaqué par les Croates et les Lorrains, il soutint vaillamment leur choc ; cependant il finit par plier. Brancas, blessé, était fait prisonnier, et Noirmoutier n'échappait qu'en se frayant un passage l'épée à la main. Châtillon fondit alors avec les gendarmes sur les Croates et les Lorrains ; il parvint à les repousser jusqu'au milieu de l'éminence qu'ils occupaient précédemment. Mais ces cavaliers étaient bientôt soutenus par trois gros escadrons que l'archiduc avait lancés ; ils tombèrent ensemble sur les gendarmes avec tant de furie qu'ils les culbutèrent.

Dans cette conjoncture, Condé avait prudemment fait mettre en bataille sur une hauteur voisine celles de ses troupes qui se dirigeaient vers Nœux, et il avait placé huit escadrons dans la plaine pour soutenir, s'il était nécessaire, la retraite de Châtillon. Il parcourut les rangs de cette cavalerie en s'écriant : « Amis, souvenez-vous de Rocroi, de Fribourg et de Nordlingue. » Et l'on promit de mourir plutôt que de l'abandonner. Vaine promesse ! Le prince voulut mener sa cavalerie à la charge, mais il ne fut suivi que de bien peu des siens, la plupart s'étant retirés en désordre jusqu'à la seconde ligne et l'aile gauche de la première, postées sur la hauteur avec l'infanterie et le gros de la réserve. Il fut alors sur le point d'être fait prisonnier. Le jeune guerrier n'avait encore été exposé à un aussi grand danger ; frémissant de colère, il courut vers quatre de ses bataillons arrêtés devant un rideau de la plaine et parvint à les ramener en ligne. Ce fut assez pour arrêter les cavaliers ennemis qui crurent prudent de se retirer.

Le prince rejoignit aussitôt Gramont ; il résolut avec lui et avec les hauts officiers de son armée de livrer bataille sur-le-champ, d'après les dispositions déjà arrêtées entre eux. D'abord le faible succès de l'ennemi avait engagé l'archiduc à quitter sa position et à occuper avec son armée la hauteur sur laquelle les Français avaient campé la nuit précédente. Il se prépara donc aussi au combat, comptant sur la victoire.

Voici l'ordre de bataille de l'armée française : Le prince se choisit l'aile droite et se tint à la première ligne formée de neuf escadrons ; il voulait combattre encore à la tête du régiment de Vilette dont il avait apprécié la bravoure à Rocroi. Il avait ainsi sous ses ordres le lieutenant-général Villequier et les maréchaux de camp marquis de la Moussaye et d'Arnaud. La seconde ligne, composée de huit escadrons, fut placée sous le commandement du marquis de Noirmoutier. L'aile gauche fut confiée au maréchal de Gramont. La première ligne, qui comprenait neuf escadrons, eut pour chef le lieutenant-général La Ferte-Senetère ; la seconde, qui n'en comptait que sept, fut sous les ordres du maréchal de camp Le Plessis-Bélière. Entre les deux ailes se trouvait le corps de bataille, commandé par le duc de Châtillon sous les ordres duquel étaient les maréchaux de bataille Villemèle et Beauregard. Il était formé de deux lignes d'infanterie ayant chacune cinq bataillons, précédées de l'artillerie et suivies de six escadrons de gendarmes. Enfin le corps de réserve, formé de cinq escadrons, était commandé par le général d'Erlach.

Les Impériaux descendirent avec leurs seize bataillons et leurs soixante-deux escadrons dans la plaine, où ils se développèrent parallèlement aux Français, du côté de Lens et de Liévin, en s'étendant vers Grenay. Leurs dispositions furent les suivantes : L'aile droite, formée de cavalerie, fut placée sous le commandement du comte de Bucquoy et du prince de Ligne ; elle se composait de deux lignes, l'une sous les ordres du premier, l'autre sous ceux du second. L'aile gauche, également formée de cavalerie, eut comme chefs le prince de Salm pour la première ligne et le comte de Ligneville pour la seconde. Le centre comprenait, outre l'artillerie, l'infanterie conduite par le général Beck et le reste des troupes confié au général Fuensaldague. L'archiduc, pour tout observer, s'était mis à la tête de la cavalerie des Ordres, la plus ancienne et la meilleure de l'Espagne.

Un plan gravé par Nicolas Cochin et intitulé *Bataille de Lens*, fait connaître la position respective des armées en présence, l'indication des divers corps dont elles se composaient et les noms de leurs chefs. On y voit que les Impériaux s'étendaient surtout en deçà de Lens et de Liévin vers Bully et que les Français se trouvaient en face, du côté de Loos, ayant devant eux l'arbre historique de Grenay. Le même sujet est encore représenté par un autre plan beaucoup plus grand, mais moins fidèle dans les détails. Les planches gravées de ces deux vues font partie de la Calcographie du Louvre sous les n°s 2555 et 2556.

Le 20 août, vers huit heures du matin, l'armée française s'ébranla au son des trompettes et des tambours; elle marcha à l'ennemi, qui était encore sur les hauteurs. Le canon gronda de part et d'autre; bientôt les armées furent en présence et à si faible distance qu'à peine trente pas les séparaient. L'aile gauche des Impériaux tira, comme signal du combat, trois coups de fusil sur l'aile droite de l'armée royale. Condé commanda à ses troupes de s'arrêter et d'essuyer à bout portant la décharge de l'ennemi. Le prince de Salm s'avança au trot avec sa première ligne contre celle de Condé qui n'accélérait pas sa marche. Voilà les armées à quatre pas de distance! On eût dit que c'était un duel. Enfin, l'ennemi fit une décharge effroyable qui tua ou blessa tous les officiers et soldats placés en face. Condé et les siens répondirent aussitôt au feu; le prince se jeta l'épée à la main sur l'escadron qu'il avait devant lui. Toute la première ligne suivit l'exemple de son chef intrépide; elle chargea la première ligne des Lorrains avec tant d'impétuosité qu'elle la fit reculer.

A peine le prince fut-il dégagé de la mêlée, qu'il se prodigua partout, volant dans tous les rangs de son armée, où sa présence excitait le plus vif enthousiasme. Cependant, la seconde ligne de l'aile gauche de l'ennemi, qui avait soutenu la première, avait repoussé les Français et les avait ramenés à son tour jusqu'à leur seconde ligne de l'aile droite. Villequier et de la Moussaye furent alors faits prisonniers après des prodiges de valeur. Cette seconde ligne aspirait après sa revanche, aussi accueillit-elle avec joie l'ordre de soutenir la première, sous le commandement du marquis de Noirmoutier qui la conduisit vigoureusement à la charge. Soutenue par le prince lui-même, elle arrêta les efforts que l'ennemi tentait de ce côté.

Bientôt l'action devint générale. Suivant une relation française, « c'estoit un flux et reflux de troupes poussées d'un côté et repoussées de l'autre, tantost par les nostres et tantost par les ennemis. » Même courage et même furie pour se disputer la victoire. Dès qu'un de nos escadrons était rompu ou repoussé, Condé le ralliait et le ramenait à la charge. On ne saurait se faire une idée de ce que le jeune héros déploya de science, de génie, d'activité, de vaillance et d'intrépidité dans cette grande bataille. Il fit avancer le gros de sa réserve et aussitôt Léopold agit de même ; la mêlée devint alors terrible.

D'Erlach, électrisé par l'exemple de son chef, poussa avec une telle impétuosité sa cavalerie contre les Lorrains, qu'ils furent culbutés et forcés de prendre la fuite. C'est ce qui amena la déroute de l'aile gauche de l'ennemi et de son corps de réserve, et ce qui prépara la victoire ; aussi le grand Condé se plaisait-il à dire qu'une bonne partie du succès de la journée revenait à d'Erlach.

Gramont s'avança vers le comte de Bucquoy qui l'attendit sur un rideau ; après avoir essuyé le feu de ses soldats, il les chargea et les mit dans le plus grand désordre. Cependant un escadron français, qui cherchait à gravir ce rideau à l'endroit le plus élevé, ne put y parvenir. En ce moment La Ferté-Senetère tombait vivement sur un régiment de cavalerie espagnole, qu'il poursuivait jusqu'au gros de l'ennemi, en y augmentant la confusion.

La seconde ligne ennemie voulut soutenir la première, mais elle en fut empêchée par l'approche de Gramont que Le Plessis-Bélière venait de rejoindre avec notre seconde ligne. C'est ce qui compléta le désarroi du reste de l'aile droite de Léopold.

Deux bataillons des gardes françaises s'étaient emportés avec trop d'ardeur en attaquant un régiment espagnol ; pris en flanc, ils eussent été écharpés par un corps de cavalerie que l'archiduc commandait en personne, si Châtillon ne fût venu à leur secours avec les gendarmes. Sa troupe se jeta avec tant d'impétuosité sur l'ennemi qu'elle le força à battre en retraite. Le vaillant capitaine se retourna avec ses gardes sur l'infanterie conduite par Beck ; en même temps les bataillons français se ruaient sur ceux des ennemis qu'ils culbutaient sous les yeux de l'intrépide général espagnol, qui venait d'être blessé grièvement à l'épaule, d'un coup de mousquet.

L'archiduc cherche à rallier les forces qui lui restent ; il parcourt les rangs en désordre, déployant partout un courage intrépide ; mais toute résistance est désormais inutile. Ses deux ailes sont rompues et son corps de bataille a été enfoncé. C'est seulement alors qu'il se résigne à abandonner le champ de bataille, afin de ne pas tomber au pouvoir du prince. Toute sa cavalerie prend la fuite ; aussi ne reste-t-il plus qu'une partie de son infanterie ; elle cherche à se rallier et serre les rangs. Aussitôt elle est entamée par une charge et la voilà entourée de la cavalerie française, elle jette piques et mousquets, et c'est à genoux, les mains jointes, qu'elle implore la clémence du vainqueur. Le prince reçoit sa soumission et la fait prisonnière de guerre. Ainsi se termine la célèbre bataille, dont la durée, depuis le premier choc jusqu'au dernier, n'a pas été de plus d'une heure.

Les Français se mirent à la poursuite des fuyards, d'abord jusqu'au défilé de Lens et dans les marais environnants, puis jusqu'à Douai, où l'archiduc les avait devancés et où il fut en sûreté. Condé fit investir Lens ; là se trouvait le brave Villequier. La garnison, composée de 600 espagnols, se rendit aussitôt et fut faite prisonnière.

Un grand plan dessiné par de Beaulieu et gravé par Nicolas Cochin, belle composition dont la planche est conservée à la Calcographie du Louvre, nous donne une vue aussi animée que saisissante de la bataille au fort de l'action, quand déjà commençaient la déroute et la poursuite des fuyards. On y remarque la fuite de l'archiduc et la prise de Beck près du camp ennemi placé sur une éminence, entre Lens et Liévin.

Cette victoire si glorieuse n'imposa à la France qu'un sacrifice de 500 hommes tués ou prisonniers. Il en fut tout autrement du côté des Impériaux : leur défaite coûta 3000 morts et 5800 prisonniers dont 800 officiers, au nombre desquels étaient le fameux

Beck qui mourut le lendemain à Arras, autant de colère et de désespoir que de sa blessure, le prince de Ligne, général de cavalerie, et le comte de Saint-Amour, général de l'artillerie. Leur perte comprit de plus 120 drapeaux ou étendards, 38 pièces de canon, toutes les munitions, la plus grande partie des bagages et les ponts de bateaux. Tel fut le trophée de la victoire.

La France salua avec bonheur et allégresse cette journée mémorable. Elle était alors menacée non-seulement par l'Espagne, mais encore par les troubles de la Fronde et par d'autres factions intestines qui pouvaient causer la ruine de l'Etat. La victoire exerça la plus grande influence sur les événements de la minorité de Louis XIV : elle releva l'autorité royale, arrêta les desseins de l'ennemi et prépara la paix de Westphalie qui donna à la France l'Alsace et les Trois-Evêchés.

Dès le 26 août, un *Te Deum* solennel était chanté en actions de grâces à l'église de Notre-Dame, de Paris. On célébra la victoire de toutes parts et de toutes manières. Il parut plusieurs relations de la bataille et quelques poésies entre autres : *L'ode de Calliope, Ode sur la Bataille de Lens, par Sarrazin*, et *La gloire familière ou la description populaire de la Bataille de Lens*, composition en vers burlesques. Pour perpétuer le souvenir de ce triomphe, il fut frappé trois belles médailles que nous avons décrites dans notre *Numismatique béthunoise*; au revers elles portent en légende : LEGIONVM HISP. RELIQVIÆ DELETÆ, et en exergue : AD LENTIVM. M.DC. XLVIII.

On voit à Paris, au Cabinet des estampes, dans la collection de l'histoire de France et dans celle de Hennin plusieurs grandes et belles estampes aussi intéressantes que rares, ayant pour objet la bataille de Lens. Nous regrettons de ne pouvoir en indiquer ici que les titres, la description devant nous mener trop loin : *L'orgueil terrassé ou les victorieuses trophées de Lens.* — *Le triomphe royal de la victoire obtenue par les armes de Sa Majesté à la bataille de Lens.* — *La sanglante défaicte de l'armée espagnole en Flandre, proche de Lens.* — *La grande victoire obtenue par Monseigneur le prince commandant les armées de Sa Majesté près de Lens et la fuicte de l'archiduc Léopold.* — *Señor d'où te vient ce caprice*—. *Le Bek de l'Espagnol pris par les François en la bataille de Lens.* — *Le Tantale espagnol.*

Un tableau du Louvre représente la bataille de Lens ; c'est l'œuvre de Casanova, dont Diderot a fait un très-grand éloge, et qui a figuré avec honneur au salon de 1771. On remarque au Musée de Versailles deux autres tableaux sur le même sujet; ils ont été peints, l'un, en 1837, par Pierre Franque, et l'autre, en 1835, par Bruyères, d'après une toile de Martin, conservée dans la galerie de Chantilly.

En terminant, rappelons que l'Académie d'Arras a couronné, en 1821, une Ode sur la bataille de Lens, par M. Drouineau, de La Rochelle.

LIÉVIN.

Cette commune importante, la plus accidentée du canton, est traversée par la vallée de la Souchez. Elle s'est appelée *Lévin* jusqu'en 1515 ; dès lors elle eut invariablement le nom qu'elle porte aujourd'hui. Le village avait 60 feux en 1469 et n'en avait encore que 80 en 1730. Sa population était de 1047 âmes en 1804, de 1223 en 1820, de 1350 en 1831, de 1432 en 1846 et de 1941 en 1861 ; le nouveau recensement la porte à 5463, constatant ainsi une augmentation de 3522 habitants en quinze ans, différence considérable provenant surtout de l'établissement de quatre fosses houillères. La superficie territoriale est de 1235 hectares.

Malgré l'absence de tout titre, on peut avancer que l'emplacement de ce village était compris dans l'ancien pays de Gohelle. On y a souvent trouvé des antiquités ; ce sont des objets de toilette, des poteries, des tessons et des monnaies du Haut et du Bas-Empire, dont une grande partie fut recueillie par M. de Fontaine. Ces découvertes succcessives font présumer que la localité fut habitée sous la domination romaine ; toutefois son existence n'est constatée pour la première fois qu'en 1070. (*Le Mire et Foppens, Op. dipl.)*

Placé entre la grande route d'Arras à Béthune et celle d'Arras à Lens, et situé à trois kilomètres de la dernière ville, Liévin endura ainsi bien des malheurs. Il fut exposé sans cesse aux courses, aux pillages et aux dévastations des troupes dans les guerres cruelles qui désolèrent si longtemps l'Artois, et surtout dans les coups de main dirigés contre Lens, ville tant de fois prise et reprise. En 1214, le comte Ferrand, guerroyant contre Philippe-Auguste, ravagea cruellement Liévin. (*Ed. Le Glay, Hist. des comtes de Fl.*) Les années 1302 à 1304 furent encore plus funestes à ce village : les Flamands y mirent alors tout à feu et à sang En 1479, le roi Louis XI le fait saccager. En 1513, des Français et des Albanais prennent ou détruisent les récoltes, ils pillent les habitants et emmènent leurs chevaux et bestiaux. En 1557, le territoire est ravagé pendant le siége de Lens. En 1571, la misère est extrême. En 1635, des soldats allemands et autres commettent des rapines ; ils s'emparent des bestiaux et des grains. (*Arch. du Nord.*)

La célèbre bataille de Lens concerne tout particulièrement Liévin. Le grand Condé qui la gagna, le 20 août 1648, sur l'archiduc Léopold, avait placé des troupes sur une éminence du village, vers Lens, attendant l'ennemi échelonné sur les hauteurs qui s'étendent d'Aix à Souchez. Les armées en vinrent bientôt aux mains dans la plaine de Lens, notamment sur une grande étendue du territoire de Liévin. Le choc terrible qui assura la victoire à la France en mettant l'ennemi en pleine déroute, eut lieu, paraît-il, en ce village, à l'endroit nommé l'Arbre de Gain, où se trouve la troisième fosse de la Société houillère de Lens.

La guerre de la succession d'Espagne attira aussi des malheurs sur Liévin : en 1710 et 1711, les fréquents passages et séjours de troupes françaises et étrangères y causèrent de grands dégâts. En 1741, un violent incendie consuma la maison de plaisance du seigneur, le presbytère et 17 maisons ; les archives de l'échevinage devinrent alors la proie des flammes.

SEIGNEURIE. — Le fief principal, qui relevait directement et immédiatement du roi, à cause de son château de Lens, s'appelait la Paroisse ; il consistait en : motte autrefois bâtie et entourée d'eau, jardins, terres, censives et droits seigneuriaux. Ce domaine était dans la maison de Bourbon Carenci au xiv⁰ siècle ; Jean de Bourbon, comte de la Marche, en fut possesseur l'an 1386. Nous trouvons ensuite la liste qui va suivre : 1412. Le sire de Nédonchel dit Agnieux. — 1417. Henri de Nédonchel, son fils. — 1466. Jean de Nédonchel. — 1497. Charles de Nédonchel. — 1507. Jean de Nédonchel. — 1516. Charles de Nédonchel, écuyer. — 1564. Guislain de la Viesville, petit-fils du précédent. — 1581. Jean d'Estourmel, comme époux de Florence d'Enne, dame de la Viesville, sœur de Guislain. — 1584. Adolphe de Pamèle, en qualité de mari d'Anne de la Viesville. — Guislain de Pamèle, seigneur de Gothem. — 1620. Alard de Croix, chevalier sieur de Hanescamp et de Wismes, par acquisition faite avec son épouse Marguerite Le Petit. — François de Blocquel de Croix. — 1689. René-Antoine de Blocquel de Croix, écuyer, seigneur d'Angres en partie, de Bullecourt et de Wismes. — 1717. L'époux de Marie-Marguerite-Josèphe de Blocquel de Croix, Charles d'Aumale, seigneur de Norœuil, lieutenant-général des armées du roi. — 1756. Le comte Charles-François-Marie d'Aumale, lieutenant-colonel et ingénieur du roi, qui était, par sa terre, convoqué à l'assemblée des états d'Artois.—Philippe-Procope de Ligne. — 1777. Gilles-Xavier-Casimir de Fontaine. *(Archives du Nord et du Pas-de-Calais; Factums.)*

Le second fief important était la seigneurie vicomtière d'Auréaumont et de Méhault, relevant aussi du roi, à cause de son château de Lens, et comprenant : manoir, 46 mesures de terre, censives et droits seigneuriaux. Voici les possesseurs de ce domaine tels que nous les trouvons : 1396, Marie d'Avion, veuve de Caperon de Neuvireuil. — Simon Faverel. — 1416. Jacques Le Borgne, comme époux de Catherine Faverel, fille de Simon. — Colinet Le Borgne. — N. Le Borgne. — 1527. Nicolas Le Borgne. — 1584. Nicolas Le Borgne, son fils, écuyer, seigneur de Blaireville. — 1592. Pierre Le Borgne. — Jean Guelluy. — 1600. Michel Guelluy. — 1656. La dame de Diffelt, par acquisition. — Après une lacune notre liste se termine par René des Mauges, chevalier, seigneur de Préaux. *(Mêmes sources.)*

Notons encore les seigneuries de Maubuisson, de Latte et de Flamaincourt, ainsi que les fiefs de Sains et du Pascaut. L'abbé du Mont-Saint-Eloi avait aussi une seigneurie à Liévin, où il possédait une ferme avec 158 mesures de terre. *(A. de Cardevacque, L'Abbbaye du Mont-Saint-Eloi.)*

CHATEAU-FORT. — L'ancien château féodal, dont l'origine remonte sans doute au XIe siècle, a disparu depuis longtemps; en 1515, il n'en restait déjà plus qu'une éminence enclose de ossés. *(Arch. du Nord, Dom. de Lens.)* Cette forteresse, ébranlée dans les années 1302, 1479 et 1486, était tombée en ruines. On se figure aisément ce qu'elle fut, car elle devait être construite comme celles de la même époque, dont nous avons déjà parlé. Très-probablement, ce château se trouvait non loin de l'église, au lieu dit les Mottes, où l'on voit encore une éminence qu'entourent presque entièrement les eaux de la Souchez et de la Fausse Rivière, endroit d'où l'on a tiré beaucoup de matériaux, notamment d'énormes grès.

COUTUME. — Elle a pour titre : *Coustumes de la ville et seigneurie de Liévin sciutée au bailliage de Lens en Artois*, et a été rédigée en 1507. D'après l'article 1er, Jean de Nédonchel, dit Agnieux, seigneur du lieu, y a toute justice vicomtière. L'art. 2 porte qu'il est le seigneur principal et réputé le fondateur de l'église, que, de plus, il est le seul *ruyer* (voyer) avec le comte d'Artois. L'art. 3 détermine le droit d'issue. Enfin les art. 4 et suivants fixent les droits de l'aîné des enfants, ceux des puînés et de la femme survivante. *(Bouthors, Cout. loc.)* Il est à remarquer que Liévin dépendait en partie de la juridiction de la salle épiscopale d'Arras, qui ressortissait au conseil provincial d'Artois. *(Maillart, Cout. gén. d'Artois.)*

En 1777, fut ouverte une enquête pour la vérification des coutumes particulières de Liévin. *(Arch. du Pas-de-Calais.)*

EGLISE. — Jusqu'en 1789, cette église fut paroissiale et ne dépendit que d'elle-même, quoiqu'elle appartînt avec le cimetière et le presbytère à la puissante abbaye du Mont-Saint-Eloi, peu distante de Liévin. On manque de renseignements sur les édifices qui précédèrent le monument existant, lequel ne remonte qu'au XVIe siècle. Cette église, élevée sur une petite éminence entourée de murailles, est d'un aspect pittoresque.

Le vaisseau, de style ogival, a 20 mètres de longueur et 15 de largeur; il est divisé en trois nefs séparées de chaque côté par trois colonnes rondes et par deux autres engagées près du chœur et de la tour. Il y a ainsi, à droite et à gauche, quatre travées auxquelles répond un nombre égal de fenêtres ogivales percées dans les murs latéraux. Les colonnes, en grès, avec chapiteau et piédestal octogones sont réunies par des arcs en ogive. Les arcs doubleaux de la nef centrale retombent sur les chapiteaux de ces colonnes, et ceux des nefs latérales reposent sur ces chapiteaux et sur ceux des colonnettes en pierre blanche soudées après coup aux murs latéraux. Quant aux voûtes, elles sont simplement garnies de nervures en diagonale. Les autels des bas côtés, sculptés en chêne dans le style gothique, sont modernes; celui de gauche est sous l'invocation de la sainte Vierge, l'autre sous celle de saint Martin, patron de la paroisse. Les fonts baptismaux en grès sont intéressants; ils affectent la forme octogone et portent le millésime 1569 et un écusson aux armes du donateur. Dans le pavement se trouvent d'anciennes pierres tumulaires très-frustes et des tables de marbre mentionnant le décès de membres des familles de Fontaine et de Ligne, bienfaiteurs de l'église.

Le chœur, nouvellement restauré dans le style des autres parties du monument, est de la largeur de la nef principale et se termine en demi-octogone; il est éclairé par cinq fenêtres ogivales garnies de verrières.

Le clocher fort bas, que surmonte une toiture en charpente, de mauvais goût, est dépourvu de tout caractère architectural. Le portail à l'entrée de la tour est formé de pilastres de l'ordre toscan, avec entablement et fronton.

L'église, conservée, pendant la Révolution, comme salpêtrerie, fut rouverte aussitôt après le concordat. De ses trois cloches il ne resta que la moyenne. L'argenterie fut, en 1793, envoyée au district de Béthune ; elle consistait en : Remontrance, 2 calices, ciboire, 3 coupes, 2 patènes, cuiller, boîte aux saintes huiles, autre boîte, croix, 6 couronnes, 27 cœurs et 9 balles. *(Arch. du Pas-de-Calais.)*

La Compagnie des mines de Lens fait construire à Liévin, non loin de sa fosse n° 3, une église qui sera assez grande pour contenir 2000 personnes.

CHAPELLE. — Autrefois se trouvait au sommet du bois de Liévin une chapelle de la Vierge ou de Notre-Dame de Grâce, où l'on disait encore la messe au commencement du XVIII° siècle ; elle fut profanée, en 1710, par les troupes étrangères et n'était pas encore rétablie en 1733. *(Le P. Ignace, Mém.)*

DÎME. — Elle appartenait pour les six-septièmes à l'abbaye du Mont-Saint-Eloi, comme nous l'apprend un *Dictum sur procédure civile* de 1707 ; elle donna lieu à une contestation entre le monastère et dame Evrard du Rieux.

COMPAGNIE HOUILLIÈRE DE LIÉVIN. — Cette société dont la concession remonte seulement à 1862, ne contient que 7 kilomètres carrés ; elle s'étend sur Angres, Avion, Eleu-dit-Leauwette et Liévin. Cinq fosses sont exploitées ; la houille qui en provient est un charbon gras *nommé flénu*; il en a été extrait, en 1877, 157,988 tonnes, avec 1300 houilleurs. L'établissement a une voie ferrée reliée à la ligne des houillères, embranchement mesurant 5 kilomètres.

La compagnie a ouvert pour les enfants deux belles écoles qu'on peut citer en tout comme modèles, un asile bien approprié et un vaste ouvroir pour les jeunes filles.

La même société vient de faire construire pour son agent général une belle et vaste maison dans le style renaissance : cet édifice, qui ne manque ni de grandeur, ni d'élégance, a été exécuté sur les plans de M. Hannotin, architecte à Lille.

Notons que la compagnie houillère de Lens a ouvert à Liévin une fosse qui est en pleine exploitation ; c'est son n° 3.

Châteaux modernes. — On en voit deux dans le village même : le premier, occupé en été par M. Aronio de Romblay, fut construit, l'an 1742, sur les fondations de celui de messire René de Moges, seigneur du lieu, château consumé, l'année précédente, par le grand incendie dont nous avons parlé. C'est une habitation vaste et commode, mais d'une architecture fort simple, dont le beau parc, les jardins et les plantations font l'ornement et l'agrément.

Le second château, dont l'entrée touche à l'église, est la demeure de M. Jonglez de Ligne. Cette construction importante érigée récemment sous la direction de M. Mayeur, architecte à Arras, rappelle assez le moyen âge et la renaissance. Le mélange de la brique et de la pierre, le jeu des avant et arrière-corps, les tourelles, les créneaux, les fleurons et la toiture élevée donnent à l'édifice un caractère pittoresque. Le site est d'autant plus agréable que le bâtiment se trouve au milieu de belles pelouses relevées par des parterres de fleurs et de beaux massifs d'arbustes.

Statistique. — Liévin est traversé par la Souchez, cours d'eau venant d'Angres et se dirigeant sur Eleu-dit-Leauwette. Il compte trois hameaux : celui de Loos a 82 habitants, celui de *Saint-Martin* 53 et celui de *Rollincourt* 64. La commune renferme cinq écoles : deux sont communales et laïques, l'une pour les garçons, l'autre pour les filles; deux autres, ouvertes par la compagnie houillère de Liévin avec la même destination, sont tenues d'une manière remarquable ; la cinquième a été établie par celle de Lens, pour les filles. Liévin a un marché pour les denrées le mercredi de chaque semaine. Il possède, outre quatre fosses houillères, une fabrique de sucre, quatre moulins à eau pour la monture et un moulin à vapeur pour le même objet.

LOISON.

Ce village formait avec Harnes et Annay le comté de Harnes et la seigneurie de ce nom, domaine de l'abbaye de Saint-Pierre, de Gand. Longtemps il ne fut qu'une simple dépendance du chef-lieu du comté, sans avoir même le titre de village, qu'il ne prit qu'assez tard. Comme, pendant plus de huit siècles, ce lieu a eu les institutions, priviléges, droits et coutumes de son comté, nous renvoyons le lecteur à l'article de Harnes pour les faits généraux, afin de ne nous occuper ici que de ce qui l'intéresse particulièrement.

Loison, souvent appelé *Logeon* par les villageois, se trouve écrit : *Loyson* en 955 et 972, *Loison* en 964, 1037, 1067 et 1210, *Loisons* en 1214, *Loizons* en 1326 et *Loison-lez-Lens* en 1656. La superficie de ce village compris dans la plaine de Lens est de 335 hectares de terre peu fertile ; la partie du territoire qui longe la Souchez est encore marécageuse, malgré les desséchements successifs. La population était de 361 habitants en 1804, de 374 en 1820, de 408 en 1831, de 394 en 1846 et de 428 en 1861 ; elle est maintenant de 540.

Des découvertes ont révélé l'existence de ce village à des époques bien reculées. Dans le val s'étendant vers Courrières et sur le versant du marais on a trouvé des haches celtiques en silex et des monnaies gauloises. On y a découvert aussi des vestiges de constructions romaines, tels que carreaux et tuiles à rebords, ainsi que des monnaies du Haut et du Bas-Empire.

Comme Harnes, dont il dépendait, Loison a été compris dans la circonscription romaine et franque du pays de l'Escrebieux. Vers le milieu du vi^e siècle, saint Vaast vint y prêcher la parole divine et y fit ériger une chapelle, commencement de l'église placée sous l'invocation de cet illustre évêque de Cambrai et d'Arras.

Le peu d'importance de Loison laisse supposer que, malgré sa situation, ce lieu put échapper aux invasions normandes qui désolèrent notre contrée dans le cours du ixe siècle. Il était compris, au siècle suivant, dans le fisc de Harnes. Vers le milieu du même siècle, le comte de Flandre, Arnould le vieux, donne à l'abbaye de Saint-Pierre lez Gand Loison avec son église et ses dépendances. A quelque temps de là, Lothaire, roi de France, accorde à cette localité le privilège d'immunité, et, l'an 964, il confirme la donation d'Arnoul le vieux. En 972, le successeur de ce dernier, Arnoul le jeune, confirme à son tour la possession de Loison à la même abbaye. Ajoutons qu'en 1037, à la demande de Bauduin, de Lille, comte de Flandre, Henri Ier, roi de France, prenant le monastère sous sa sauvegarde, lui assure la possession de ses biens, notamment de Loison et de son église. (*Van Lokeren, Chartes et documents.*)

C'est au voisinage de Lens et du grand chemin qui conduisait de cette ville à Pont-à-Vendin qu'il faut attribuer la plupart des malheurs dont Loison fut frappé. Que de fois, depuis le XIVe siècle jusqu'au XVIIIe, des troupes envahirent ce village et y commirent des excès, des pillages et des dévastations ! Il en fut notamment ainsi en 1302, 1303, 1304, 1478, 1488, 1513, 1580, 1636, 1640, 1641, 1643, 1647, 1648, 1654, 1655 et de 1708 à 1713 ; nous pourrions rappeler toutes ces misères, mais l'espace nous fait défaut.

En 1623, Philippe IV, roi d'Espagne, amortit 120 rasières de terre situées à Loison et à Harnes, qu'Antoine de Hennin, évêque d'Ypres, allait donner à l'université de Douai, pour compléter la dotation d'un collége de théologie qu'il y avait fondé. (*Arch. du Nord, 58 reg. des chartes.*)

Citons un remarquable exemple de longévité : l'an 1745, un habitant de Loison, qui s'était marié cinq fois, y finissait ses jours à l'âge de 110 ans. (*De Marquette, ouv. cité.*)

Les notables de la commune rédigèrent et signèrent, en 1789, leur cahier de plaintes et doléances, dont l'original repose aux Archives du Pas-de-Calais. Ils expriment d'abord le vœu « que le ciel veuille permettre que la maison régnante reste à jamais sur le trône. » Ils demandent ensuite la suppression des droits de franc-fief, des corvées et des banalités ; l'uniformité des poids et mesures ; la liberté du commerce et le libre exercice de tout métier d'art mécanique.

SEIGNEURIE. — C'est l'abbaye de Saint-Pierre, de Gand, qui était le seigneur de cette terre, comprenant une ferme avec 112 mesures. (*Arch. du Pas-de-Calais, Rôle des vingtièmes.*) Les religieux de l'opulent monastère prétendaient qu'ils étaient les seuls seigneurs justiciers de Loison, comme dépendance de la *poesté* de Harnes. Cependant un fief qui, en 1574, appartenait au sieur de la Cocquerye, lui donnait droit à quelque justice en ce lieu. (*Demarquette, ouv. cité.*)

Signalons aussi la petite seigneurie des Wastines, sise à Loison et à Harnes. *(Ibid.)*

Il n'y avait qu'un échevinage pour les trois villages composant le comté ; comme on le voit déjà au XIII° siècle, Loison y était représenté par un échevin nommé juré. La justice se rendait à Harnes par les officiers de ce baillage ; le bailli avait un lieutenant à Loison. La coutume du comté, coordonnée et complétée en 1547, présente seulement de particulier pour ce village qu'il était dispensé d'employer le four banal du chef-lieu. (*Ibid.*)

EGLISE. — Loison était la plus petite des trois paroisses du comté de Harnes. On a vu qu'au VI° siècle, une chapelle y avait été érigée à la suite des prédications de saint Vaast. Déjà en 972, elle était remplacée par une église en l'honneur de cet apôtre de l'Atrébatie, donnée alors avec la paroisse par Arnoul le jeune au monastère du Mont Blandin. En 1070, Eustache aux Grenons, comte de Boulogne et de Lens, fut institué l'avoué de cette église dont il devint ainsi le défenseur. L'édifice était encore sans importance en 1110 ; d'ailleurs, il n'en eut jamais une bien grande, quoique le chœur appartînt au puissant abbé de Saint-Pierre, de Gand, comme seigneur spirituel. C'est en cette qualité que ce dignitaire nommait à la cure, laquelle, ayant un revenu inférieur à 24 ducats, était exempte des subsides ecclésiastiques. En 1455, le curé ne pouvant vivre avec le produit de son bénéfice, abandonna ses paroissiens et se fixa au bois de Harnes, près de la chapelle de Raucheflier, où il passa 20 ans. Ses successeurs ne paraissent pas avoir été mieux favorisés, surtout dans les années 1571, 1600 et 1688. En 1707, un vicaire remplaçait le curé en titre, qui était chapelain de Raucheflier et demeurait en ce lieu.

Mais revenons au monument lui-même, qui dépérissait rapidement. En 1623, le toit du chœur était si endommagé qu'il pleuvait sur l'autel ; en 1648, les dégâts commis par les troupes en campagne furent si grands que l'édifice menaça ruine : les piliers étaient tombés, les fenêtres brisées et la toiture abattue. L'abbé de Saint-Pierre et les paroissiens ne firent alors que les réparations les plus urgentes, en vue d'une reconstruction totale qui se fit attendre plus d'un siècle. En 1758, le village aliéna une partie de ses marais communaux pour le prix de 11,400 livres, à employer à cette reconstruction. (*Réfut. pour les états.*) L'année suivante, un religieux du monastère gantois posa la première pierre de la nouvelle église, encore placée sous l'invocation de saint Vaast ; elle fut rebâtie sur les fondations de l'ancienne et ne fut terminée que vingt ans après.

Le monument n'offre rien de remarquable ; il n'a qu'une nef, qui mesure 6^m 50^c sur 13^m ; le chœur se termine en demi-hexagone. La tour carrée, placée à l'entrée de l'édifice, est surmontée d'une petite flèche recouverte d'ardoises. On remarque bien dans cette église deux pierres tumulaires provenant de l'abbaye d'Annay, mais elles sont si détériorées qu'à peine y reste-t-il des traces de figures et d'inscriptions.

Lorsqu'en 1791, la municipalité dressa l'inventaire des objets d'argent que renfermait l'église, elle y trouva : une remontrance avec soleil d'or, deux ciboires, un calice, deux boîtes aux saintes huiles, cinq croix et trente *ex-voto* tels que cœurs et bagues ; le tout fut envoyé au district d'Arras. (*Arch. du Pas-de-Calais.*)

Dîme. — Elle paraît avoir été perçue, depuis le xie siècle jusqu'à la Révolution, au profit de l'abbaye de Saint-Pierre, de Gand.

Marais. — Loison possédait en particulier 113 mesures de marais communaux ; comme on l'a vu précédemment, il en aliéna, l'an 1758, une partie pour 11,100 livres. Le surplus fut, en 1779, partagé entre ses habitants. (*Réfut. pour les états; Arch. du*

Pas-de-Calais, Greffe du Gros de Lens.) En outre ce village avait avec Harnes et Annay d'importants marais communaux, indivis entre les trois localités. Bien souvent ces marais donnèrent lieu à de vives contestations; déjà au xiii° siècle, Loison se plaignait de ne pouvoir y faire paître paisiblement ses bestiaux.(*Cart. d'Annay*). Cependant les habitants des trois villages y avaient toujours pêché, coupé des herbes et tiré de la tourbe. L'indivision cessa suivant partage fait en vertu d'ordonnance royale de 1748. 45 ans après, Loison, qui avait déjà desséché en grande partie sa part de marais, en demanda le partage entre ses habitants, mais sa demande fut rejetée par le district d'Arras. (*Arch. du Pas-de-Calais.*)

LA SOUCHEZ. — Cette petite rivière traversait Loison et se jetait dans son marais, puis dans celui de Noyelles-sous-Lens. Il y avait à Loison un bassin avec pont et un moulin à eau qui existait déjà à la fin du xiv° siècle ; c'est près de ce moulin que se faisait la jonction du canal de Lens avec la rivière. (*Le P. Ignace, Add. aux Mém.*) Le canal, comblé vers 1777, sert aujourd'hui de chemin entre Lens et Courrières.

NOTES STATISTIQUES. — Autrefois et surtout après le dessèchement des marais, tous les habitants de Loison se livraient à la culture, mais depuis une quinzaine d'années beaucoup de bras sont employés dans les mines houillères des environs. La commune possède une école laïque mixte, une brasserie et une fabrique de chicorée.

LOOS.

Situé dans la plaine de Lens, à 5 kilomètres de cette ville, Loos est traversé par la route nationale de Bouchain à Calais et par deux petites collines, le Mont-de-Vermelles et le Mont-de-Lens, au milieu desquelles se trouve le village ; il est limité au nord-est par le chemin d'Arras à La Bassée. Ce lieu était autrefois si aride qu'on n'y voyait ni arbre, ni buisson, ni haie ; mais une bonne culture a amélioré sensiblement une partie notable du sol.

Cette localité est désignée dans les titres ainsi qu'il suit : *Lothæ* en 1051, *Lo* en 1071, *Lohes* en 1079, *Lothes* en 1097, *Lost* en 1174, *Loes* en 1235, *Loez* en 1337, *Lohez* en 1398. Elle s'est appelée *Loos-en-Gohelle* au xvii° siècle et depuis lors elle porte le nom de *Loos*, comme la grande commune de la banlieue de Lille.

Ce village, dont la contenance territoriale est de 1247 hectares, comptait 35 feux en 1469 et 68 en 1740 ; il avait 712 habitants en 1804, 753 en 1820, 817 en 1831, 852 en 1846 et 884 en 1861. La population s'élève aujourd'hui à 2,405 âmes, augmentation de près de deux tiers due surtout à l'établissement et à l'augmentation des mines houillères des Compagnies de Béthune et de Lens.

Comme l'indique le nom qu'il a porté, Loos a fait partie sous les Romains et sous les Francs du pays de Gohelle ; mais nous ne savons rien de ses premiers habitants, n'ayant jusqu'ici constaté aucune découverte d'antiquités de l'une ou de l'autre de ces époques. Disons cependant que la voie romaine d'Arras à Estaires longeait l'extrémité de ce village.

Un fait important pour l'histoire de Loos, c'est la donation que fit, en 1079, Sicher, seigneur de ce village et de Courcelles-lez-Lens, illustre de race et puissant par ses richesses, de tous les biens qu'il possédait en ce lieu, à l'église d'Anchin pour la fondation de la célèbre abbaye de ce nom, où il se resta jusqu'à la fin de ses jours. (*Le Mire et Foppens, Op. dipl.; Escalier, L'Abbaye d'Anchin.*)

Gonfred, châtelain de Lens, personnage fort turbulent, se permit d'exercer à Loos des actes contraires aux libertés de l'Eglise. Lambert, évêque d'Arras, son ami, lui en fit le reproche dans une lettre de 1097, que Baluze nous a conservée dans ses *Miscellanea*.

Le village fut bien malheureux : se trouvant à proximité de Lens et du chemin de cette ville à La Bassée, il fut sans cesse exposé aux passages, aux campements et aux séjours des armées ; il fut souvent pillé et brûlé et il eut beaucoup à souffrir à chaque prise et reprise de Lens. En 1213, il fut ravagé par les troupes de Ferrand, comte de Flandre. En 1302 et dans les deux années suivantes, il fut entièrement dévasté par les Flamands révoltés contre le roi Philippe le Bel. Son château fut alors livré aux flammes. Nous n'en finirions pas si nous devions retracer tous les désastres de cette localité.

Après s'être querellés, les sires de Loos et de Noyelles-sous-Lens avaient décidé, en 1357, d'en venir aux mains avec leurs hommes d'armes respectifs, à Lambres, près de Douai. Le bailli de Lens, prévenu de leur dessein, en informa le gouverneur de l'Artois. Sur l'ordre de celui-ci, le clerc et tous les sergents de baillage de Lens se rendirent aussitôt en ce village où ils trouvèrent le sire de Loos et ses nombreux gens d'armes. Ils s'emparèrent du chef et l'enfermèrent au château d'Arras, où il fut obligé de promettre de respecter désormais le seigneur de Noyelles, sa maison et ses biens. (*Arch. du Nord, Baill. de Lens.*)

Rappelons un épisode de guerre : en 1513, des Français et Albanais, faisant des courses dans les environs de Lens, se ruent sur Loos, pillent et détruisent les récoltes, dévalisent les maisons et emmènent tous les chevaux et bestiaux qu'on n'a pas eu le temps de sauver. (*Arch. du Nord.*)

C'est, paraît-il, au village de Loos qu'en 1647, fut d'abord transporté le maréchal de Gassion, blessé mortellement au siége de Lens. Une ancienne gravure représente l'illustre capitaine conduit à Arras avec une escorte imposante.

L'année suivante fut celle de la célèbre bataille de Lens, qui dans la contrée, s'est appelée avec raison la bataille des Riez de Loos ; en effet, ce fut surtout dans la plaine de ce nom que se livra cette action si glorieuse pour la France. Le village de Loos fut alors pillé, dévasté et détruit presque entièrement ; son hameau de Lohette fut ruiné complètement : aussi n'a-t-il plus été rétabli. (*Arch. hist. et litt.; Recueil de Notes de A. Godin.*)

Deux ans après, Loos était le théâtre d'un petit combat. Le comte de Broglio, gouverneur français de La Bassée, ayant appris qu'un détachement espagnol, composé de 300 cavaliers et de fantassins, était venu de Lille et de Douai s'embusquer en ce village, fondit avec une partie de sa garnison sur ces troupes et les culbuta, ce qui arrêta la marche de l'armée espagnole. (*Le P. Ignace, Dict., d'après une relation imprimée.*)

Quand vint la Révolution; le curé de la paroisse, ayant refusé de prêter le serment civique, dut s'expatrier; il fut remplacé par un intrus qui finit par se marier. (*Quest. dioc.*) La veuve Rivelois et Jules-Simon Pruvost, cultivateurs à Loos, firent passer à leur pasteur exilé des secours en argent; dénoncés pour ce fait, ils furent envoyés par le district de Béthune au tribunal révolutionnaire d'Arras qui les condamna à mort et les fit exécuter. (*Paris, Hist. de J. Le Bon.*)

SEIGNEURIE DOMINANTE. Le premier seigneur dont l'histoire locale fasse mention est Malgaüs de Loos, qui fut témoin à une donation faite, en 1071, par Liébert, évêque d'Arras, à l'église de Lens, si l'on en croit Le Carpentier dans son *Histoire de Cambray*. Vient ensuite Sicher ou Sigier, sire de Loos et de Courcelles-lez-Lens, qui donne, l'an 1079, ce qu'il possède en ces deux villages à l'église d'Anchin pour la fondation d'une abbaye où il se retire et où il meurt en 1094. (*Escalier, L'Abb. d'Anchin.*)

Trois siècles s'écoulent pendant lesquels la seigneurie de Loos se reconstitue en des mains laïques. Cette terre fut possédée longtemps par des seigneurs qui en portaient le nom et dont les derniers nous sont connus par des reliefs de fief. Ce sont : en 1376. Jacques de Loos, chevalier, et, en 1399, Jeanne de Loos, unie d'abord à Pierre de Habarcq, écuyer, puis à Jean de Noyelles, dit Hanart, aussi écuyer. Cette dame vendit avec son second mari, entre 1402 et 1408, son domaine en quatre parties, les trois principales à Guillaume de Bonnières et la quatrième à Michel de Beauvoir. On trouve ensuite comme seigneurs de Loos : en 1424, Philippe de Bonnières, fils et héritier de Guillaume susdit, et, onze ans après, Damoiselle Philippe, veuve du précédent. Suivons la liste des seigneurs d'après leurs reliefs : Antoine d'Ococheenne, écuyer. — 1496, Jean d'Ococheenne, son fils, baron de Beaumetz. — François d'Ococheenne, chevalier, capitaine d'une compagnie d'infanterie wallonne. — 1576. Adrien d'Ococheenne, son fils écuyer, baron de Beaumetz. — 1605. Antoine d'Héricourt, écuyer, fils de Damoiselle Marie d'Ocoche, mariée à Messire d'Héricourt, et petit-fils d'Adrien d'Ocoche sus-dénommé. — 1663. Adrien d'Ocoche, seigneur de Vendin. — 1694. Le vicomte de la Thieulloye. Cette terre passe ensuite dans la famille Mathon : on trouve, vers 1750, Antoine-Guislain-Guillaume Mathon, écuyer, seigneur d'Ecoivres et autres lieux, et, en 1760, sa veuve. La liste est close par dame d'Héricourt, comtesse d'Hénu. (*Arch. du Pas-de-Calais, Arch. du Nord, Comptes du dom. de Lens; Papiers généal. du baron de Hauteclocque.*)

Par suite du démembrement de la seigneurie, opéré, en 1403, au profit de Michel de Beauvois, on trouve les seigneurs suivants pour trois fiefs de Loos : 1440. Pierre de Prumèque, allié à Damoiselle Jacques de Canteleu. — 1468. Jean de Sains dit l'Aigle, seigneur de Cavron et de Vendin-le-Vieil. — 1502. Philippe de Sains, son fils, écuyer. — 1504. Damoiselle Marguerite de Sains, sœur et héritière de celui-ci. — Vers 1520. Bonne de Sains, épouse de Messire Nicolas de Boussu. — 1535. Claude de Boussu, écuyer, issu de cette union. — Vers 1560. Pierre du Mont-Saint-Eloi, marié à Barbe de Mailly. — 1584. Louis du Mont-Saint-Eloi, fils de Pierre. (*Arch. du Nord, Dom. de Lens.*)

CHATEAU-FORT. — Il nous paraît probable que cette forteresse était antérieure à l'an 1079, encore bien que nous la trouvions mentionnée seulement au XV° siècle; déjà en 1576 et en 1589, elle était désignée sous le nom du vieux château de Lhoos. Le noble castel contenait donjon, maison d'habitation et dépendances, grande porte, grange, étables, colombier, basse-cour et jardin. (*Bibl. nat., Coll. Colbert.*)

JUSTICE. — C'est le bailliage de Lens qui la rendait; parmi les condamnations qu'il prononça contre des criminels de Loos, nous remarquerons celle de Nicolas Regnier, exécuté par la corde « pour ses démérites. » (*Arch. du Nord, Comptes de Lens.*) Quant à la justice vicomtière, qui concernait particulièrement les flégards, chemins et plantations, elle appartenait au seigneur de

Loos, à cause de sa pairie et seigneurie ; c'est ce que nous apprend un document du XVI° siècle, transcrit dans la *Collection Colbert*. En 1542, des feudataires du village devaient se rendre aux plaids tenus devant les baillis ou leurs lieutenants trois fois 'année : les lundis après la saint Remy, après la perception du vingtième et après Quasimodo. (*A. de La Fons, Recueil de notes.*) Terminons en disant qu'au milieu du siècle dernier, Loos dépendait de la juridiction du conseil principal d'Artois pour ce qui était du personnat. (*Maillart, Cout. gén. d'Artois.*)

Eglise. — Le premier oratoire de Loos fut-il élevé à la suite d'une prédication que saint Vaast y aurait faite? ce qui permettrait de le supposer, c'est que l'église et la paroisse ont toujours été placées sous l'invocation de cet illustre apôtre et évêque de l'Atrébatie. Nous ne trouvons toutefois l'existence de cette église qu'en 1097. (*Becquigny, Dipl.*) Nous ne saurions dire ce qu'était alors ce monument, aucun vestige n'en ayant été retrouvé ; sans doute il fut remplacé par l'édifice construit en 1561, composé d'une tour, d'un vaisseau et d'un chœur.

La tour, qui existe encore, est carrée, étroite et sans ornement ; elle est bâtie en pierre de taille avec soubassement en grès et soutenue aux angles par des contre-forts. Elle était surmontée d'un chaperon de bois, étroit et bas, enlevé en 1798 par un orage d'une grande violence. Cette tour menaçant ruine fut restaurée en 1840, mais elle est encore bien défectueuse. En la même année, l'on y a placé une flèche octogone en bois et ardoises. (*Le P. Ignace, Mém.; Notes de Félix Lequien.*)

L'église même était sans doute de l'époque de la tour; elle fut pendant la Révolution, profanée, employée comme salpêtrerie, vendue nationalement et démolie. Les autels avaient été brisés et les statues des saints livrées aux flammes. (*Dict. dioc.*) Toute l'argenterie avait été envoyée au district de Béthune; elle comprenait : Remontrance, calice, patènes, coupes de calice et de ciboire, boîtes aux saintes huiles, croix, sceptre et 2 couronnes de statues de la Vierge, 6 balles, 31 cœurs et autres *ex-voto*. (*Arch. du Pas-de-Calais.*) Le presbytère n'avait pas été aliéné ; il servit d'église depuis le concordat jusqu'en 1827.

La nef et le chœur furent reconstruits en cette année, d'après les plans et sous la direction de M. Laurain, curé de Wingles, qui contribua largement à la dépense. Ces parties de l'édifice sont en briques avec soubassement en grès. Une seule nef forme le vaisseau; elle est spacieuse et fort simple; le plafond est légèrement cintré, les fenêtres, au nombre de douze, sont en plein-cintre, dans le style du XIIe siècle ; elles comprennent deux baies séparées par une colonnette et surmontées d'une rosace quadrilobée. Les autels latéraux sont sous les titres de la sainte Vierge et de l'enfant Jésus. Le chœur, plus étroit que la nef, a une voûte ogivale à nervures et six fenêtres semblables aux premières, si ce n'est que la rose est de six pétales. Une boiserie sculptée l'entoure.

On voit dans un cabaret près de l'église une pierre tombale du XVe siècle, qui provient de l'ancien édifice. C'est un granit mesurant 1^m80 sur 0^m70, sur lequel sont gravés une niche dont l'intétérieur est occupé par trois croix et cette inscription : 𝕮𝖎 𝖌𝖎𝖘𝖙 𝕾𝖆𝖗𝖊 𝖐𝖎 𝖋𝖚 𝖋𝖊𝖒𝖊 𝕮𝖑𝖆𝖇𝖆𝖚𝖙 𝖉𝖊 𝕮𝖔𝖍𝖊𝖘 𝖕𝖗𝖎𝖊𝖘 𝖕𝖔𝖚𝖗 𝖘𝖆𝖒𝖊.

CHAPELLE DE NOTRE-DAME DE GRACES. Cette ancienne chapelle située sur le chemin de Loos à Grenay ; avait partagé le sort de l'église dans les mauvais jours de la Révolution; elle avait été détruite. Elle fut reconstruite, en 1822, aux frais des paroissiens qui ont toujours eu et qui professent encore une grande vénération pour la statue que renferme ce modeste oratoire.

DÎME. — Le chapitre d'Arras possédait, au XIIIe siècle, deux parts de la dîme, l'une acquise d'Eustache de Bénifontaine au prix de 600 livres parisis, l'autre, qu'avait donnée en antichrèse Gauthier de Bénifontaine, qui la tenait en fief du seigneur d'Hulluch. (*Fanien, Hist. du chap. d'Arras.*) Le sire d'Hulluch prétendit, en 1352, avoir droit à la dîme ; de là entre lui et le chapitre de vives contestations qui amenèrent la saisie de ce revenu, opérée par deux hommes du château de Lens. (*Arch. du Nord, Baill. de Lens.*) En 1429, entres autres biens amortis par le même chapitre, se trouvait un tiers de la dîme tant de Loos que de son hameau de Lohette. Les deux autres tiers étaient partagés entre le curé du lieu et l'abbaye de la Brayelle, d'Annay. Toute la dîme était tenue du seigneur d'Hulluch, à qui le chapitre présentait pour ce fief homme vivant et mourant.*(Arch. du Nord, 9° rég. des chartes.)* Au milieu du siècle dernier, les décimateurs étaient les abbés, d'Hasnon d'Anchin et de Saint-Vaast, les chapitres d'Arras et de Lens, ainsi que le personnat du lieu. *(Le P. Ignace, Mém.)*

LES RIEZ DE LOOS. C'est le nom que porte depuis longtemps une plaine de plus de 3000 hectares ou 7000 mesures, comprenant le territoire de Loos et s'étendant sur ceux d'Hulluch, Lens, Grenay, Bully, Mazingarbe, Noyelles-les-Vermelles et Vermelles. Ce vaste espace, aujourd'hui plus connu sous le nom de Plaine de Lens, est le champ de bataille où les Espagnols furent défaits, en 1648, par le grand Condé, brillante victoire qui termina la guerre de Trente ans. Autrefois le sol de la plaine, généralement stérile et laissé souvent en friche, était d'un bien faible rapport, auss disait-on proverbialement d'une mauvaise créance, qu'elle était hypothéquée sur les Riez de Loos. *(Le P. Ignace, Dict. du dioc. d'Arras.)* Quel changement de nos jours !

NOTES STATISTIQUES. — L'agriculture autrefois si arriérée en cette commune, s'y est perfectionnée notablement, malgré l'aridité du sol ; de là l'aisance et la prospérité qu'on y remarque partout. Les habitants se livraient exclusivement à la culture, mais actuellement les sociétés houillères occupent une partie de la population, qu'elles ont augmentée sensiblement. On voit à Loos, à l'extrémité du territoire, vers Grenay, la fosse n° 5 de la compagnie de Béthune. Le village a deux hameaux : celui de la *Grand'Route*, composé de quatre maisons, et celui du *Mont-de-Lens*, qui n'en comprend que trois. Il possède deux écoles communales ; celle des garçons est laïque et celle des filles est tenue par des sœurs de la Sainte-Famille.

leur décoration à la flore locale ; des arcs ogivaux relient les colonnes entre elles. La nef principale est voûtée en ogive; des culs-de-lampe reçoivent la retombée d'arcs moulurés composant la décoration de la voûte. Les plafonds des bas côtés forment un quart de cercle, et cinq fenêtres accouplées sont percées dans chacune des faces latérales; elles sont en arc-ogive surbaissé, sans ornement.

Le chœur terminé en demi-octogone est éclairé par quatre fenêtres ogivales accouplées, munies de verrières offertes par MM. Béharelle ; un tableau donné par l'Etat occupe le fond. Avant de sortir de l'église, nous mentionnerons encore le maître-autel, les autels latéraux, la chaire et le confessionnal exécutés en chêne par M. Buisine, de Lille, dans le style du monument.

La tour carrée, flanquée de contre-forts, se divise en trois étages. La porte est ogivale avec colonnettes à chapiteaux ornementés ; au-dessus se voit une grande et large fenêtre géminée, puis viennent sur trois faces des fenêtres d'abat-son, ogivales et accouplées. La flèche, en pierre blanche est une pyramide octogonale qui se raccorde avec la tour par des verseaux à gradins ; elle est ornée sur quatre faces de lucarnes ogivales avec colonnettes et frontons. Une croix en fer la termine.

CHAPELLES. — Elles sont au nombre de quatre et n'ont rien de remarquable, aussi nous contenterons-nous de les mentionner. La première, celle de *Saint-Roch*, fut érigée près du village en 1724, par les habitants, préservés de la suette qui, l'année précédente, avait fait une infinité de victimes dans l'Artois. (*Le P. Ignace, Dict.*) La seconde, sise dans la rue de Lens, est celle de *Saint-Liévin*, elle est assez ancienne et a été restaurée récemment. Une troisième, celle de *Saint-Hubert,* se voit près de la maison de campagne de MM. Béharelle. Enfin la dernière, celle de *Saint-Joseph*, au Sauchoy, a été construite depuis peu d'années au moyen d'un don de 1000 francs.

Près de la fontaine dont nous parlerons ci-après a existé anciennement une *Chapelle de Sainte-Rictrude*, qui fut sans doute l'objet d'une légende sur la noble patronne de la paroisse.

La tradition locale rapporte que cet oratoire étant tombé en ruines, les matériaux servirent à la construction de l'église de Noyelles-lez-Vermelles.

Fontaine de Sainte-Rictrude. — Elle se trouve à l'extrémité du territoire, vers Noyelles-lez-Vermelles; c'est une source abondante dont l'eau se jette dans le canal de Béthune à La Bassée. Serait-ce une antique fontaine sacrée, dont les chrétiens auraient fait plus tard un usage religieux ? l'existence d'une chapelle placée si près de là permettrait de le supposer.

Statistique. — Le sol de Mazingarbe n'est fertile qu'au centre du village; la partie qui s'en éloigne n'est productive qu'au moyen d'engrais. Le mode de culture, si heureusement introduit dans la plaine de Lens par M. Decrombecque, a singulièrement amélioré la culture de cette commune, qui a aussi profité largement de l'établissement de sa sucrerie. Quoiqu'il en soit, la population entièrement agricole autrefois, est de nos jours partagée entre les travaux des champs et ceux des mines houillères.

La fabrique de sucre exploitée sous la raison sociale L. Brasme et compagnie, est fort importante et passe pour une des plus belles de la contrée. Rappelons que ce grand établissement a créé et émis pendant la guerre de 1870 des bons de circulation de 1, 5 et 10 francs, au grand profit du commerce local. La compagnie des mines de Béthune possède à Mazingarbe sa maison d'administration, deux puits désignés sous les n°s 2 et 7, la moitié du puits n° 3, et une partie des *corons* ou demeures de houilleurs, tant au lieu dit les Brebis que près de la gare de Vermelles. La commune renferme encore un moulin à vapeur pour la farine et une briqueterie. Elle possède deux écoles laïques, l'une pour les garçons, l'autre pour les filles.

Nous avons déjà cité la belle maison d'administration de la compagnie de Béthune, il nous reste à mentionner la charmante habitation que se construit le président de cette Société et le château de MM. Béharelle, dont le site est aussi agréable que pittoresque.

Hubert se serait arrêté au Saussoye où il aurait prêché l'Evangile. Qu'il nous suffise de dire que ce lieu fut, pendant de longues années, placé sous l'invocation de l'illustre apôtre des Ardennes, en l'honneur duquel le fermier fit élever, en 1730, une chapelle près de la cense. (*Le P. Ignace, Dict., Mém., Add.*)

L'épouvante que les Normands avaient jetée dans tout le pays se fit sentir à Mazingarbe d'autant plus que l'abbaye de Marchiennes, dont relevait ce village, avait été détruite en 851 et 879 par ces terribles envahisseurs. Il est donc très-probable que les habitants de ce lieu se creusèrent des refuges pour leur échapper et sauver ce qu'ils avaient de plus précieux. Telle a été sans doute la destination d'un souterrain qui se trouve non loin de l'église, sous une maison de la rue du Saussoye, habitée par M. Fidèle Dupuis. Ce refuge, dont les vieillards même sont ignoré l'origine, est assez profond ; par suite d'éboulements, il est réduit à 7 mètres de longueur et 5 de largeur.

Mazingarbe, placée à égale distance de Lens et de Béthune et tout proche de la route nationale qui relie ces deux villes, ne pouvait échapper aux dévastations que les troupes en campagne commirent tant de fois de ce côté. En 1213, les hommes d'armes du comte Ferrand saccagent ce village ; en 1302, les flamands y mettent tout à feu et à sang ; en 1464, les soldats du cruel Louis XI y causent des désastres; en 1513, des Français et des Albanais y font des courses et enlèvent tout ce qu'ils peuvent prendre.

La célèbre bataille livrée en 1648 dans la plaine de Lens et en partie sur le territoire de Mazingarbe, porta un grand préjudice à cette localité, qui fut ravagée par les troupes et pillée par les maraudeurs.

Quand la guerre de la succession d'Espagne fut portée dans la Flandre et dans l'Artois, la plaine de Lens fut traversée et occupée plusieurs fois par les belligérants. Le 20 juillet 1711, le duc de Marlborough fit camper à Mazingarbe la gauche des troupes qui restaient du camp d'Arleux, dont les Français venaient de se rendre maîtres. Le 5 août suivant, les alliés, divisés en quatre colonnes, traversèrent la plaine de Lens et notamment

Mazingarbe. (*Dom Devienne, Hist. d'Artois; Relation de la campagne des alliés en 1711.*) Deux ans après, la paix d'Utrecht rendait à la contrée un repos bien désiré, dont elle jouit jusqu'en 1793.

Dans les mauvais jours de la Révolution, l'Eglise de Mazingarbe fut vendue comme bien national à un maçon de Nœux, qui n'osa la démolir; elle servit de salpêtrerie et fut rendue au culte après le concordat. Un procès-verbal reposant aux Archives du Pas-de-Calais nous donne le détail suivant de l'argenterie de cette église, transportée en 1793 au district de Béthune : Ostensoir, ciboire et sa coupe, 2 calices et leur coupe, 3 patènes, cuiller, 7 boîtes aux huiles, 2 croix, 4 couronnes, sceptre, 6 médailles, 6 bagues, 18 cœurs et 12 balles.

Nous avons encore à rappeler deux sinistres : un incendie qui dévora, en 1832, un grand nombre de maisons et une grêle qui, sept ans après, ravagea tout le territoire.

Eglise. — On peut supposer que le premier temple chrétien de Mazingarbe a été élevé par sainte Rictrude, qui a toujours été la patronne vénérée de la paroisse. Cependant c'est seulement en 1103 que nous trouvons la première mention d'une église en ce lieu. Faute de renseignements, nous n'aurons à nous occuper ici que de l'église actuelle.

Ce monument édifié en 1859, d'après les plans et sous la direction de M. Grigny, mérite d'être étudié. S'il n'est pas plus important, c'est que la somme mise à la disposition de l'éminent architecte était réellement insuffisante pour une telle reconstruction; on ne s'étonnera donc pas si l'ornementation a été négligée. Mais l'édifice n'en attire pas moins l'attention des connaisseurs par le caractère architectural qui le distingue.

L'église, en pierre blanche du pays, est construite dans le beau style ogival du XIIIe siècle; déjà elle a pris une teinte qui lui donne l'aspect d'un ancien monument. Elevée au milieu d'un cimetière entouré de murailles, elle a trois nefs que séparent deux rangées de colonnes comprenant cinq travées. Ces colonnes sont à base moulurée, sans piédestal, avec chapiteaux empruntant

MAZINGARBE.

Ce lieu dont le territoire très-peu accidenté est traversé par la route nationale de Bouchain à Calais et par le chemin de fer de Bully à La Bassée, est situé dans la plaine de Lens, à l'extrémité du canton. Il s'appelait *Masengarba* en 1046, *Masengarbe* en 1232 et *Mazengarbe* en 1536 ; depuis lors, il porte le nom de *Mazingarbe*. Ce village, qui ne comptait que 37 feux en 1469, avait une population de 422 âmes en 1804, de 526 en 1820, de 593 en 1831, de 667 en 1846 et de 1001 en 1861 ; elle est de 2419, suivant le recensement de 1876. La superficie territoriale est de 1001 hectares.

Jusqu'à la fin du XII° siècle, Mazingarbe a fait partie du *pagus Læticus* (pays de la Lys ou des Lètes) qu'il bordait du côté du *pagus Gohella* ou pays de Gohelle. (V. Titres de 1123, 1176 et 1184 cités ci-après.) C'est en 1046 que ce lieu est mentionné pour la première fois : Bauduin de Lille, comte de Flandre, confirma en cette année à l'abbaye de Marchiennes la possession de ce village, comme l'avaient fait l'empereur Charlemagne et le roi Lothaire. (*Le Mire et Foppens, Dipl. belg. nova coll.*) Plusieurs papes vinrent corroborer cette possession ; ce sont : Calixte II en 1123, Innocent II en 1141, Eugène III en 1146, Lucius III en 1184, Célestin III en 1195, enfin Alexandre IV en 1255. (*Arch. du Nord, Cart. de l'abbaye de Marchiennes.*)

En 1103, Lambert, évêque d'Arras, avait donné à la même abbaye l'autel de Mazingarbe et le personnat de la paroisse. L'opulent monastère ayant négligé ce bénéfice, un chanoine d'Arras, nommé Guislain, s'en était emparé et le tenait abusivement. L'an 1161, Godescalc, évêque d'Arras, remit le couvent en possession de cet autel et de son personnat ; deux ans après, André, son successeur, corroborait cette disposition, et, en 1171, le chapitre d'Arras constatait officiellement la même remise. Disons encore qu'en 1176, le comte de Flandre, Philippe d'Alsace confirmait aussi tous les biens et possessions de l'abbaye dans l'étendue de Mazingarbe. (*Cart. de l'abb. de Marchiennes; Arch. nat., Coll. Moreau.*)

La dîme de ce village appartenait aussi à l'abbaye, mais elle était réduite à néant, les religieux ayant négligé de la percevoir pendant et après les guerres des Normands. Godescalc rendit cette dîme au monastère. (*Coll. Moreau.*)

Notons pour mémoire des lettres de Robert, évêque d'Arras, données en 1124, concernant le cimetière de Mazingarbe et un accord touchant des terrages de ce lieu, prononcé, en 1232, par l'abbé du Mont-Saint-Eloi entre l'abbaye de Marchiennes et le chapitre de Saint-Amé, de Douai. (*Cart. de l'abb. de Marchiennes.*)

LA SEIGNEURIE consistait en une maison et 223 mesures de terre; elle appartenait à l'abbaye de Marchiennes qui avait ainsi en ce lieu la moyenne et basse justice. Mais la haute justice était exercée, au nom du prince souverain, par les gens de son bailliage de Lens. C'est ainsi qu'ils condamnaient, en 1390, à égale amende de 60 sols, trois habitants de Mazingarbe, le premier pour incendie, les deux autres pour coups et blessures. Du reste on usait souvent d'indulgence : trois personnes de ce village, coupables de meurtre commis dans des rixes obtenaient leur pardon de l'empereur Charles-Quint et du roi Philippe II, son fils. (*Archives du Nord et du Pas-de-Calais.*)

Mazingarbe avait sa coutume particulière, qui fut rédigée en 1507. (*Harbaville, Mém. hist.*)

HAMEAUX. — Mazingarbe a plusieurs hameaux; ce sont : *le Sauchoy, le Blanc-Pignon, le Faubourg, le Coron-Mayence* et *les Brebis*. Nous n'aurons à nous occuper ici que du premier. Le Sauchoy ou mieux le Saussoye, grande cense entre le village et Vermelles, se composait autrefois de 900 mesures de terre. Le fief du Saussoye, qui en comprenait les deux tiers, était mouvant de la seigneurie de Montcarrel, marquisat du Boulonnais, et le fief de Halle, formant le dernier tiers, relevait du domaine de Despretz de Sailly-la-Bourse. Cette ferme fut longtemps la propriété de Despretz, seigneur de Roclincourt, dont la fille et héritière la transmit à la maison Duhamel, de Grand-Rullecourt. Suivant une tradition à laquelle nous n'attachons pas grande créance, saint

MEURCHIN.

Cet ancien village, dont le territoire, en grande partie marécageux, ne présente guère d'accidents de terrain, a une superficie de 445 hectares; il est limité à l'ouest par le canal de la Haute-Deûle; au nord il longe Pont-à-Vendin. Il comptait 722 habitants en 1804, 668 en 1820, 688 en 1831, 750 en 1846 et 867 en 1861; le recensement de 1876 lui en donne 1108. Ce lieu s'est appelé *Marcheim* en 765, *Marcheium* en 876, *Morchin* en 1147, *Murchin* en 1169, *Mierchin* en 1325, *Mœurchin* en 1664 et *Meurchin en Carembault* au xvii° siècle; de nos jours il a le nom de *Meurchin*.

Le domaine de Meurchin, propriété royale, fut compris dans les biens considérables que le roi Thierri III concéda, vers 679, à l'abbaye de Saint-Vaast, d'Arras, dans l'intention d'apaiser la colère divine, après le meurtre de saint Léger, évêque d'Autun. Si le nom de la localité n'est pas exprimé suffisamment dans l'acte de cette libéralité, on le trouve dans les confirmations et ratifications qui en ont été données par le pape Etienne III en 765, par le roi Charles-le-Chauve en 866, par le roi Eudes en 891 et par le pape Alexandre III en 1169. (*Guimann, Cart. de l'abb. de Saint-Vaast.*) Le nom de *Maxtin* ou *Maxcin*, écrit dans la charte de Thierri III doit être celui d'une partie ou d'une dépendance de Meurchin. M. Mannier, d'accord avec M. Van Drival, propose d'interpréter ce nom par *Marcin* dans les chartes les plus anciennes; ce serait alors assez semblable au nom actuel.

Ce village, dont on trouve déjà la trace au vii° siècle, doit avoir une origine fort ancienne, peut-être antérieure à l'occupation romaine, car ses marais y ont appelé de bonne heure des habitants. On y a découvert, en 1861, dans un vase de terre rouge 97 monnaies d'argent du Haut-Empire, de Gordien III à Salonine. Ajoutons que le lieu dit *la Longue Borne* y indique le passage d'une voie romaine, ce que constate mieux encore le nom de l'Estrée donné à l'une des rues du village et à l'un de ses marais, commun avec Pont-à-Vendin. Comme nous l'avons dit au commencement de cet article et ainsi que l'indiquent d'anciennes cartes et un article de M. A. de la Fons, publié dans la *Revue d'histoire et d'archéologie*, Meurchin était compris dans le pays de Carembault, que le cours d'eau limitait de ce côté.

L'ancien chemin d'Arras à Lille par Lens traversait ce village qui fut ainsi souvent exposé à des passages et séjours de troupes indiciplinées, avides de pillage et de sang. Les Flamands qui ravagèrent, en 1302, toute la contrée, n'épargnèrent pas Meurchin; ils y revinrent l'année suivante et y continuèrent leurs dévastations. En 1304, un fort détachement français saccagea de nouveau ce village, d'où il ne se retira qu'après l'avoir entièrement ruiné. (*Meyer, Comment.; Sueyro, Anal. de Fl., et autres auteurs.*)

Que de misères il y aurait encore à conter, si nous suivions les marches continuelles des belligérants ! Mais il convient d'abréger et de ne nous arrêter qu'aux faits plus particuliers. Dans la guerre entre Louis XI et Maximilien d'Autriche, une partie de l'armée flamande vint, en 1478, camper à Meurchin et y repassa l'année suivante. L'an 1480, des mesures furent prises pour empêcher les Français de pénétrer dans le pays de Carembault, notamment à Meurchin. En 1480, nouvelles dévastations en ce village par les troupes du maréchal d'Esquerdes et par celles d'Albert de Saxe. En 1513, passage du roi d'Angleterre Henri VIII avec son armée, dont il laisse en ce lieu, pendant trois semaines, des gens de guerre qui y commettent beaucoup de désordres.

C'est sans doute en 1524 que Charles-Quint fit construire ou fortifier le *Vieux-fort* et le *Fort-régnant* dressés dans les marais non loin de la rivière (*Factum pour les abbé et religieux de Saint-Vaast.*)

Les calamités de la guerre, qui frappèrent cruellement Pont-à-Vendin dans les années 1640 à 1648, comme nous le dirons à l'article de ce lieu, s'étendirent aux environs, notamment à Meurchin dont beaucoup d'habitants se décidèrent alors à se fixer à Courrières pour y extraire de la tourbe. (*Breton, Le Village.*) Le baron Broucq, commandant une partie de l'armée d'Espagne, vint en 1643, camper à Meurchin dont les récoltes furent enlevées par pieuse par Thierri III à l'abbaye de Saint-Vaast, l'un des premiers soins du monastère a dû être l'érection de ce temple. Quoiqu'il en soit, nous manquons de renseignements sur le monument primitif et nous regrettons d'en avoir bien peu sur celui qui l'a remplacé au moyen-âge. Nous savons seulement que l'église de Meurchin, placée autrefois, comme elle l'est encore aujourd'hui, sous l'invocation de saint Pierre apôtre, dépendit, jusqu'à la Révolution, du diocèse de Tournai. En vertu d'une concession faite, en 1145, par Simon, évêque de cette ville, c'était l'abbé de Saint-Vaast qui présentait à la cure, mais l'évêque conférait l'institution canonique. Au XVIII° siècle, la cure avait quelques dîmes et 150 florins de portion congrue que lui faisait le couvent. Outre le curé, l'église avait un vicaire ; il était particulièrement chargé de l'éducation des enfants de la paroisse. (*Legroux, La Flandre gallicane; Quest. dioc.*) L'abbé de Saint-Vaast avait en cette église tous les honneurs, le pas, un banc placé dans le chœur et toutes les prérogatives seigneuriales. (*Factum.*) La grosse cloche portait à droite les armes de l'abbaye, à gauche celles de la maison de Melun. (*Ibid.*)

La nouvelle église, à la fois simple et majestueuse, a été construite d'après le devis et le plan de l'architecte Merville, d'Arras, suivant « *Adjudication au rabais pour démolition et reconstruction* » en date du 29 mai 1771. (*Arch. du Pas-de-Calais, Greffe du Gros.*) La tour et le vaisseau furent bâtis avec le produit d'une vente de terrains communaux ; quant au chœur, il le fut aux frais de l'abbaye de Saint-Vaast. Dès 1772, s'élevait cette tour en briques, lourde et massive, flanquée de quatre contre-forts trop saillants, disposés en plusieurs étages, et terminée par une flèche octogone en bois et ardoises. Bientôt après, étaient construits aussi en briques le chœur et le vaisseau qui mesurent ensemble à l'intérieur une longueur de 17 mètres. Le chœur arrondi, moins large que le reste, est éclairé par quatre fenêtres cintrées que décorent des vitraux peints par Godelet, de Lille. On y remarque un bel autel en marbre, œuvre de Bouchez, d'Arras, qui a coûté 4,000 francs. Le vaisseau, large de 10 mètres, sans colonnes ni pilastres, présente dix fenêtres dont deux portent des verrières à sujets religieux. Le petit autel du côté de l'évangile est consacré à Notre-Dame du Mont-Carmel, sous le nom de laquelle existe une confrérie déjà fort ancienne. L'autel correspondant est sous l'invocation de saint Pierre. La voûte, en anse de panier, est légèrement ornementée. Près des fonts baptismaux se lit une inscription latine rappelant un incendie qui, en 1867, consuma toutes les boiseries et menaça le monument d'une ruine complète.

Un procès-verbal de 1793 déposé aux Archives du Pas-de-Calais désigne ainsi l'argenterie de cette église, envoyée alors au district de Béthune: Remontrance, calice, ciboire, coupes, patènes, cuiller, 2 boîtes aux saintes huiles, christ, lampe, 4 couronnes, mitre, clef, 58 cœurs, 8 croix et 6 bagues.

Dans la commune on voit un calvaire, la chapelle de Notre-Dame-de-Grâce et celle de Sainte-Anne, mais il suffit de les mentionner.

MARAIS. — Une rivière coulait à travers les marais de Meurchin ; elle fut comprise, à la fin du XVIIe siècle, dans la canalisation de la Haute-Deûle. La communication entre ce village et celui de Wingles se fit dès lors au moyen d'un bac. En 1752, Louis XV ordonna l'établissement en cet endroit d'un port d'embarquement et de débarquement pour toutes marchandises. Il y a peu d'années, le bac fut remplacé par un pont, à la grande satisfaction de la contrée.

Le canal et le flot de Wingles ayant desséché les marais couverts d'eau, ceux des habitants qui s'étaient occupés de l'extraction et de la vente de la tourbe, se livrèrent à l'agriculture. En 1764, Meurchin possédait 250 mesures de marais communaux, dont 60 étaient affermées ; de plus, ce village jouissait indivisément avec Wingles de 100 mesures. (*Réfut. pour les états*.)

COMPAGNIE HOUILLÈRE DE MEURCHIN. Constituée par décrets de 1860 et 1863, la concession, qui ne produit que du charbon maigre, comprend un périmètre de 17 kilomètres carrés, s'étendant sur les 11 communes suivantes: Annœulin, Bauvin, Billy-Berclau, Douvrin, Estevelles, Haisnes, Hantay, Meurchin, Provin, d'Artois figure un seigneur de Meurchin qui doit être Alexandre Le Blanc ou son fils.

ECHEVINAGE. — Il se composait d'un maire ou maïeur et d'échevins. La charge de maire, tenue en fief mouvant de l'abbaye de Saint-Vaast, était héréditaire. Vers 1516, le titulaire, Antoine de Gerbais, écuyer, seigneur de Bailleul-sir-Berthoult, ayant commis plusieurs crimes, fut appelé devant le grand conseil de Malines, avec menace de prise de corps, de ban et de confiscation de biens, s'il ne s'y présentait. Il s'enfuit en Savoie et fut aussitôt condamné à une amende de 2000 réaux d'or et au banissement; de plus, ses biens furent confisqués au profit du souverain. L'arrêt fut critiqué en ce qui concernait ces biens : l'abbaye soutint que plusieurs des immeubles en dépendaient et que les autres devaient lui appartenir par droit de haute justice et de confiscation. Le comte d'Epinoy prétendit avoir à Meurchin des droits semblables à ceux du monastère; enfin des seigneurs et des particuliers réclamèrent des droits de quint et de douaire. A la demande de la gouvernante des Pays-Bas, intervint entre ses commissaires et l'abbaye un accord suivant lequel le monastère pouvait se mettre en possession des biens confisqués, après avoir payé l'amende des 2000 réaux et les frais du procès. Cette transaction fut confirmée, en 1535, par l'empereur Charles-Quint. (*Arch. du Nord*, 23° *registre des chartes; Factum mentionné.*) Le nouveau maïeur fut un sieur d'Assigny, qui transmit son office à ses descendants.

Nul ne pouvait être échevin s'il ne possédait fonds et héritage mouvant de l'abbaye. Les échevins étaient nommés par ce couvent qui les renouvelait chaque année ; ils administraient la haute, moyenne et basse justice, à charge d'appel à la salle abbatiale. Toutefois ce n'était pas, en maintes occasions, sans opposition de la part du seigneur d'Epinoy. (*Factum.*)

COUTUMES. — Meurchin eut deux coutumes. La première, dont les principales dispositions sont déjà relatées, émanait de l'abbaye même. La seconde procédait du comte d'Epinoy, comme seigneur de Meurchin, membre d'Epinoy. Elle fut vérifiée et approuvée, en 1507, par les maïeur, échevins, curé, *manants* et habitants du village ; elle ne comprend que trois articles. Le premier attribue au seigneur l'exécution des criminels condamnés par les maïeur et échevins. Ceux-ci doivent, aussitôt le jugement prononcé, les livrer aux officiers d'Epinoy qui les remettent à l'exécuteur ; ils sont tenus d'être présents à l'exécution de leurs sentences, laquelle a toujours lieu avant le coucher du soleil. Suivant l'article deux, le seigneur touche toutes amendes de 60, 40, 20 et 10 sols, mais celles de 5 sols et au-dessous reviennent au maïeur, à la charge d'en payer 60 au seigneur chaque année. Aux termes de l'article trois, ce seigneur a droit aux flots (biens incultes), aux flégards, à l'estraye (aubaine), ainsi qu'à la succession des bâtards. Il n'y a pas de confiscation en l'échevinage de Meurchin. (*Bouthors, Coutumes locales.*)

Les deux coutumes étaient d'une application d'autant plus difficile, que les deux seigneuries avaient le même corps échevinal. Les conflits entre ces pouvoirs opposés furent fréquents depuis le XIIe siècle jusqu'à l'abolition des droits féodaux. Ils concernaient principalement la chasse et la pêche, les pâturages, la police et la répression des crimes et délits. Remarquons que les seigneurs d'Epinoy furent presque toujours déboutés de leurs prétentions, quand il ne s'agissait pas de leurs tènements.

Les plaids généraux des officiers de l'abbaye se tenaient dans sa ferme ; c'est là que se trouvaient ses prisons, mais comme elles furent détruites pendant la guerre du milieu du XVIIe siècle, les prévenus furent dès lors incarcérés soit à Billy-Berclau, soit à Annœulin. (*Factum.*) Les crimes les plus ordinaires étaient les meurtres commis à la suite de rixes ; dans l'espace de 1470 à 1586, six meurtriers de Meurchin obtinrent des lettres de rémission des ducs de Bourgogne et de leurs successeurs. (*Arch. dép. du Nord, Registres de l'audience.*)

EGLISE. — On peut avancer, selon toute vraisemblance, que la première église de Meurchin remonte au VIIe siècle ; en effet, le domaine de ce lieu ayant été donné, vers 679, avec une intention ses troupes. En 1653 et l'année suivante, le général espagnol Don Charles de Campy vint à son tour loger en cet endroit avec une brigade qui ne manqua pas d'y fourrager. (*De Marquette, ouvrage cité souvent.*)

Quand, dans les années 1706 à 1712 de la guerre de la succession d'Espagne, les armées envahirent l'Artois, Pont-à-Vendin et les villages environnants furent sans cesse ravagés, pillés et incendiés. La plupart des habitants consternés se sauvèrent en enlevant tout ce qu'ils pouvaient prendre. Cette misère amena la disette et des maladies qui décimèrent les populations. Ce triste tableau qui concerne particulièrement Meurchin, sera exposé avec plus de détails à l'article de Vendin-le-Vieil.

Dans la première moitié du siècle dernier, le prince d'Epinoy contestait à l'abbé de Saint-Vaast une partie de la seigneurie de Meurchin. Ses officiers vinrent armés en ce village, accompagnés de gens portant des bâtons; ils s'introduisirent au presbytère où ils firent des perquisitions, puis se rendirent à l'église dont ils interdirent l'entrée aux paroissiens. (*Factum énoncé.*) Le long procès qui s'ensuivit donna gain de cause à l'opulent monastère.

Laissons de côté quelques faits sans importance pour arriver à l'an 1789; les habitants s'assemblèrent alors en la maison commune et rédigèrent le cahier de leurs doléances en 12 articles. En voici les principales dispositions : La communauté demande que les intendants ne puissent s'immiscer dans ses affaires; — qu'elle jouisse de ses marais et communes, sans devoir en abandonner le tiers au seigneur; — qu'elle ait seule droit aux plantations qui y sont faites; — que les gros décimateurs soient seuls chargés des réparations et de la reconstruction de l'église; — qu'il n'y ait plus de barrière qu'à la frontière. (*Arch. du Pas-de-Calais.*) C'était le commencement de la Révolution.

Maximilien Robespierre avait à Meurchin un cousin (Pierre-François Derobespierre), qu'il visita plusieurs fois. Le futur dictateur lui donna son portrait peint par Boilly, tableau de notre collection, dont parle M. Paris dans *La jeunesse de Robespierre*, et qui est reproduit en photographie en tête de ce bel ouvrage. Derobespierre fut maire de Meurchin pendant la Révolution;

malgré sa parenté, il resta toujours dévoué à l'ordre. Quant à la commune, elle ne cessa d'être calme et tranquille, même dans les temps les plus agités. L'église, vendue nationalement, fut conservée et rendue au culte en 1802.

Seigneuries. — *La Seigneurie principale*, qui fut fort importante appartenait à l'abbaye de Saint-Vaast; elle consistait en une grande ferme avec plusieurs corps de terre, censives, mouvances, arrière-mouvances, fiefs et arrière-fiefs. Ce domaine comprenait la seigneurie féodale et foncière, la seigneurie vicomtière, ainsi que la haute, moyenne et basse justice. Le monastère avait la visite des chemins, marais, flots et flégards, vérifiait les poids et mesures, s'assurait de la qualité des vivres et denrées, et percevait le droit d'afforage sur les bières, vins et liqueurs vendus à Meurchin. Il publiait les bans de mars et d'août, enfin il connaissait des affaires criminelles jusqu'à 60 sols parisis et des vols jusqu'à la mort. Cette seigneurie s'éteignit à la Révolution, après une durée de onze siècles.

La Seigneurie dite Membre d'Epinoy appartint aux seigneurs de ce lieu, dont nous avons donné la liste à l'article de Carvin. Ces seigneurs furent continuellement en contestations avec l'abbaye sur l'étendue de leurs droits respectifs, comme on le voit dans un mémoire du milieu du siècle dernier, ayant pour titre : *Factum pour les abbé et religieux de Saint-Vaast d'Arras contre Messire Louis de Melun, Prince d'Epinoy.*

Il y avait encore les *Fief et Pairie de Lassus* dont les possesseurs, qualifiés seigneurs de Meurchin, ont, pendant plusieurs siècles, fourni des dénombrements aux seigneurs d'Epinoy. (*Factum.*) Ce n'était du reste qu'un fief vilain, sans justice ni seigneurie ; la famille qui en portait le titre avait pour armes : *d'argent billeté de sable au lion de même.* Le principal membre de cette maison fut Alexandre Le Blanc, commissaire au renouvellement de la loi de Lille et trois fois rewart de cette ville, antiquaire distingué qui possédait une collection remarquable de médailles. (*Goltzius, C. Julius Cæsar ; Van Hende, Hist. de Lille.*) Au nombre des nobles appelés, en 1593, aux états

Vendin-le-Vieil et Wingles. L'année dernière, la première et la seule fosse exploitée a produit 83,031 tonnes avec 700 ouvriers. Il existe bien une seconde fosse, mais elle a été inondée et abandonnée ; l'on y a découvert dans le fond une source d'eaux thermales dont l'exploitation pour l'usage médical a été autorisée par arrêté ministériel de 1872. (*Le bassin houiller du Pas-de-Calais.*) Vis-à-vis du premier puits on remarque deux bâtiments uniformes ; ce sont les demeures du directeur et de l'ingénieur.

Notes statistiques. — Près de l'église, on voit la mairie, nouvellement construite, à laquelle est annexée une école laïque de garçons. Un peu plus bas, est une belle école laïque de filles. Après la société houillère, le seul établissement industriel de la commune est un moulin à vapeur.

NOYELLES-SOUS-LENS.

Cette commune agréablement située entre Lens et Fouquières-lez-Lens, offre un aspect pittoresque que lui donnent son marais et quelques plantations. On la trouve nommée *Niaule* en 1070, *Nigella juxta Lens* vers 1170, *Noella juxta Betricourt* en 1180, *Noella* en 1189, *Noyelle* en 1416, *Noyelle-sous-Lens* en 1515, enfin *Noyelles-sous-Lens*. Le territoire comprend 362 hectares ; il est marécageux du côté du ruisseau la Souchez qui le traverse. La population était de 558 âmes en 1804, de 603 en 1820, de 656 en 1831, de 618 en 1846 et de 691 en 1861 ; elle s'élève à 832, suivant le nouveau recensement.

Il y a toute probabilité que ce lieu a dépendu de l'antique pays de l'Escrebieux. On y a constaté, en 1810, la découverte de fragments de grosses tuiles romaines, constatant l'existence en cet endroit de constructions d'une époque bien reculée. (*Notes de la coll. Godin.*) Nous pourrions encore citer parmi d'autres trouvailles celles de monnaies du Haut et du Bas-Empire.

Déjà en 966, Noyelles formait un village compris dans le fisc de

Harnes que le roi Lothaire confirma en cette année à l'abbaye du Mont Blandin. (*Van de Putte, Ann. S. Petri bland.*)

Cette commune, qui n'est qu'à 4 kilomètres de Lens, ville tant de fois prise et reprise, dut à ce voisinage presque toutes ses misères et calamités. Que de fois pendant plus de quatre siècles, son territoire fut ravagé par les soldats et maraudeurs qui, sous prétexte de fourrager, ne manquaient pas de piller et de ruiner les malheureux habitants ! Il en fut notamment ainsi en 1302 et dans les deux années suivantes, en 1513 et 1566, de 1640 à 1648, en 1654, enfin de 1706 à 1712.

A l'article de Loos, nous avons parlé d'un sire de Noyelles qui, vers le milieu du XIV° siècle, fut près d'en venir aux mains avec celui de Loos. Remémorons ici trois valeureux qui succombèrent à la funeste bataille d'Azincourt, livrée en 1415 : Jean, seigneur de Noyelles, Pierre et Lancelot, de Noyelles, sinon les frères, du moins les parents du premier. (*Monstrelet, Chroniques.*)

Ce fut une illustration pour le village que sa création en comté. Pour honorer les services éminents rendus par les ancêtres de Hugues, seigneur de Noyelles, et récompenser ses propres services, les archiducs Albert et Isabelle érigèrent en comté sa seigneurie, l'an 1614. Ils ajoutèrent et annexèrent à ce titre les seigneuries des Pretz, de Fouquières-lez-Lens, de Calonne-Ricouart et de Ligne. (*Arch. du Nord, 49° reg. des chartes.*)

Nous arrivons à une époque bien différente et bien lugubre, c'est celle de la Terreur. Philibert Louy, riche cultivateur de Noyelles, a protégé des prêtres réfractaires. Il est dénoncé par le conventionnel Guffroy, qui, dans le *Rougiff*, son cynique et infâme journal, s'écrie : « Je vois les braves patriotes de Noyelles, tracassés par l'aristocratie d'un riche laboureur. Qu'entends-je ? l'accusateur public se mêle de tripotage, il soutient le plus fieffé des aristocrates ! Dites donc, Louy et compagnie, voudriez-vous essayer du collet à Louis ?.... » Bientôt Louy et Deron, fermier à Noyelles, déclarés suspects, furent détenus à Arras ; heureusement un changement de régime les rendit à la liberté. (*Paris, Hist. de J. Le Bon.*) Hâtons-nous de quitter un sujet si sombre pour compléter cette notice.

SEIGNEURIE. — Noyelles a été le berceau d'une famille illustre qui paraît être une branche cadette des anciens châtelains de Lens, aussi portait-elle : *écartelé d'or et de gueules*, maison qui fut alliée aux premières de l'Artois, de la Flandre, du Hainaut et des Pays-Bas. La terre de Noyelles, une des douze pairies du châtelain de Lens, dépendait du roi à cause de son château de cette ville ; elle consistait en justice et seigneurie vicomtière et comprenait le château dont nous parlerons ci-après, 37 mencaudées de terre labourable et des rentes. Elle avait 9 fieffés sous sa dépendance. (*Bibl. nat., Coll. Colbert* ; *Dénomb. de 1591.*)

L'an 1200, Michel d'Hulluch eut en partage la terre de Noyelles ; il en prit dès lors le nom et transmit héréditairement ce domaine à ses descendants qui l'ont possédé pendant plus de cinq siècles. Manquant de renseignements sur les premiers seigneurs, nous ne pouvons en établir la suite qu'à partir du milieu du XIV° siècle. Nous trouvons : en 1357, Hernus de Noyelles. — Vers 1395. Jean de Noyelles, chevalier, vicomte de Langle, tué à la bataille d'Azincourt. — Sohier de Noyelles, chevalier. — 1421. Jean de Noyelles, deuxième du nom, aussi chevalier. — Vers 1450. Philippe de Noyelles, chevalier, vicomte du pays de Langle, baron de Torcy, maître d'hôtel et général des troupes du duc de Bourgogne. — 1476. Guislain de Noyelles, écuyer, conseiller et chambellan de Maximilien d'Autriche, gouverneur d'Aire. — 1516. Guislain de Noyelles, deuxième du nom, écuyer, fils du précédent, qu'on voit chef des aventuriers gentilhommes au camp devant Péronne. — 1546. François de Noyelles, chevalier, gouverneur d'Hesdin et lieutenant-général de cavalerie légère à la bataille de Saint-Quentin. — 1563. Paul de Noyelles, fils de celui-ci. — 1591. Pierre de Noyelles, chevalier, seigneur de Stade, Roosebeke, Calonne-Ricouart et Torcy, gouverneur de Bapaume pendant 35 ans. — 1614. Hugues de Noyelles, gentilhomme de bouche des archiducs Albert et Isabelle, capitaine-général du duché de Limbourg et chef des finances aux Pays-Bas, en faveur duquel la seigneurie de Noyelles-sous-Lens a été érigée en comté. — Eugène-Ignace de Noyelles, gouverneur de Malines. — Jacques-Louis de Noyelles, gouverneur de Berg-op-Zoom.

(*Arch. du Nord*; *Communication obligeante de M. F. Brassart*; *Papiers généal. du baron de Hauteclocque*; *Le P. Ignace, Mém.*)

La terre de Noyelles fut confisquée en 1694, mais elle dut être remise plus tard à la famille, car, vers 1727, le baron de Torcy la vendit à l'abbaye d'Anchin. En 1731, la sœur du vendeur, chanoinesse de Maubeuge, fit le retrait de ce domaine qu'elle vendit à son tour à Placide de Bassecour, écuyer ; mais, en 1733, un nouveau retrait était prononcé au profit de Joseph-Maximilien-Guislain de Béthune, marquis d'Hesdigneul, capitaine de cavalerie. Ce dernier laissa, en 1789, sa seigneurie à son fils Eugène-François-Léon, prince de Béthune, dont on lit les titres nombreux, notamment ceux de comte de Noyelles et de membre de l'académie d'Arras, sur un beau jeton octogone frappé en son honneur l'an 1785. (*Mêmes sources et Revue de la numismatique belge.*)

CHATEAU-FORT. — Quoique nous ne trouvions cette forteresse mentionnée qu'en 1515, nous supposons que son établissement remonte au commencement du XIII° siècle, c'est-à-dire à l'époque où le domaine de Noyelles fut assigné à Michel d'Hulluch. Le dénombrement de 1591 nous en donne une courte description : Un donjon était assis sur une motte, à côté se trouvaient une habitation commode et plusieurs dépendances ; le tout était entouré de fossés larges et profonds avec pont-levis. Le jardin contenant une mencaudée était à l'extérieur, vers l'église. Le château renfermait un oratoire de fondation seigneuriale : c'était une chapelle en l'honneur de la visitation de la sainte Vierge. Le noble manoir des seigneurs de Noyelles devenus grands seigneurs ne reçut plus leur visite que rarement ; il finit par être abandonné, aussi tomba-t-il bientôt en ruines. Vers 1735, l'emplacement et les matériaux furent vendus au fermier du domaine. (*Le P. Ignace, Mém.*) De nos jours, un bâtiment élevé, servant de colombier, indique seul la place du château féodal.

EGLISE. — Quoique la première église doive remonter au-delà de la seconde moitié du XII° siècle, nous n'en trouvons l'existence qu'à cette époque ; le pape Alexandre III confirme alors la possession de ce lieu saint au chapitre d'Arras. (*Cartulaire de l'église d'Arras*.) A défaut de renseignements, nous n'avons à nous occuper ici que du monument actuel qui a été terminé en 1784, d'après le plan et le devis de Le Roux, architecte à Arras. Cet édifice assez vaste et bien proportionné, est construit en briques et en pierres de taille. La tour carrée, un peu plus ancienne que le vaisseau, porte une flèche octogone en bois et ardoises, posée sur quatre coins ; trois étages de colonnes avec entablements offrent un bel ensemble réunissant les ordres toscan, dorique et ionique.

Les ailes de côté forment arrière-corps. L'intérieur de l'édifice se compose de trois nefs voûtées, séparées de part et d'autre par cinq arcades. La voûte du chœur se trouve au même plan que celle de la nef principale. En entrant dans l'église on admire le maître-autel, grande et riche composition en chêne, peint or et blanc, qui a été exécutée en 1748 dans le style fleuri et ornementé de l'époque. Cette œuvre remarquable, provenant de l'ancien couvent des grands carmes d'Arras, a décoré ensuite l'église de Saint-Géry de cette ville. Les belles boiseries entourant le chœur sont sorties de l'atelier de M. Collesson, de Wormhoudt. Les autels latéraux sont ceux de Notre-Dame du Rosaire et de saint Amand, patron titulaire de la paroisse. De chaque côté de ces chapelles est un grand pilastre en chêne sculpté provenant de l'église conventuelle des Récollets de Lens. Dans le pavement de l'édifice il ne reste des dalles tumulaires des anciens seigneurs qu'un fragment trop défectueux pour être décrit.

Pendant la Révolution, deux des trois cloches de l'église furent enlevées, ainsi que son mobilier, notamment son argenterie. On brûla les statues des saints, sans épargner celle de Notre-Dame du Rosaire qui avait toujours été l'objet d'une grande vénération et à laquelle on avait attribué des miracles. L'édifice, changé en temple de la Raison, servit de réunion pour les fêtes civiques ; plus tard il fut employé comme grange et enfin comme salpêtrerie. Le concordat le rendit au culte. (*Dict. dioc.*) Les objets de l'église envoyés, en 1793, au district d'Arras consistèrent en : Soleil de remontrance, ciboire, calice, patène et cuiller, boîtes aux huiles et au viatique, couronnes et sceptres de statues, 17 cœurs et autres *ex voto*. (*Arch. du Pas-de-Calais.*)

A l'extrémité des habitations, vers Sallau, se voit un calvaire dans une large niche en briques, et, au chemin du marais, se trouve une chapelle sous l'invocation de Notre-Dame des sept douleurs.

Dîmes. — Les décimateurs étaient : l'abbé d'Anchin, le chapitre de Lens et de l'hôpital du bourg de cette ville. (*Le P. Ignace, Mémoires.*)

Les abbayes d'Etrun et d'Anchin ont possédé chacune à Noyelles une ferme importante. Celle du premier de ces monastères, qui comprenait 21 grands corps de terre, fut vendue révolutionnairement en 1791 pour 88,200 livres. (*Arch. du Pas-de-Calais.*) L'autre ferme avait été aliénée antérieurement.

Marais. — Les marais communaux de Noyelles ne manquent pas d'importance ; ils comprenaient autrefois 150 mesures qui furent laissés jusqu'en 1753 à l'usage des habitants pour le pâturage de leurs bestiaux. Deux ans après, il en fut affermé 21 mesures par emphytéose de 99 ans. Une grande partie du reste fut convertie en tourbière ou se couvrit d'eau. (*Réfut. pour les états d'Artois.*) Le grand marais recevait la Souchez, non sans dommage pour la communauté qui mit parfois obstacle à la libre circulation de ce cours d'eau. De là des plaintes qui donnèrent lieu, en 1756, à une condamnation de 500 livres, prononcée contre le village, somme pour le paiement de laquelle un de ses hommes de fief fut emprisonné à Lens. (*Très-humbles représentations des Etats d'Artois.*) On trouve aux Archives du Pas-de-Calais des ordonnances rendues par le conseil d'Artois, en 1749, concernant les étangs et fossés des marais de Noyelles. Le même dépôt renferme aussi trois plans de ces marais, dressés en 1765, 1780 et 1788.

Notes statistiques. — Le sol de Noyelles est fertile, à l'exception de la partie marécageuse. Autrefois la population s'occupait d'agriculture en même temps que d'extraction et de vente de tourbe, ensuite elle s'est livrée entièrement aux travaux des champs. Depuis plusieurs années l'exploitation toujours croissante des mines houillères de Lens, Billy-Montigny, Méricourt et Sallau emploie une forte partie des ouvriers.

Noyelles possède une école laïque mixte, une briqueterie et deux brasseries.

PONT-A-VENDIN.

Ce riant et beau village, qui dépendait autrefois de la Flandre Wallonne, est situé dans un lieu plat, marécageux et découvert. C'est sous le rapport historique un des plus intéressants que nous ayons à décrire. Il doit, sinon son origine, du moins son développement et son importance à un pont anciennement jeté sur un cours d'eau qui, canalisé à la fin du XVII° siècle, fut appelé la Deûle. Ce pont qui servait de communication entre la Flandre et l'Artois, a longtemps fait la séparation de ces deux provinces.

Cette localité s'est appelée *Pons de Vendino* en 1036, *Pons Wendini* en 1211, *Pons de Wendin* en 1212, *Pons de Vuendini* en 1250, *Pons de Wendino* en 1289, *Pont-à-Wendin* en 1304, enfin *Pont-à-Vendin* depuis 1560. Sa superficie est de 194 hectares. Sa population était de 856 âmes en 1804, de 821 en 1820, de 833 en 1831, de 871 en 1846 et de 857 en 1861 ; le recensement de 1876 lui en assigne 990.

Par sa position ce lieu fut exposé aux invasions des tribus franques dont les bandes ne cessaient, au IV° siècle, de parcourir la contrée, et, dans les premières années du V°, à l'irruption des barbares, qui achevèrent de la ruiner en y séjournant. (*F. Baudouin, Chron. d'Artois; Hennebert, Hist. gén. d'Artois.*) Ce lieu faisait alors partie du pays de Carembault, canton qui, de ce côté, était séparé de celui de l'Escrebieux par la rivière de la Deûle ; il en dépendait encore en 994, comme le prouve un diplôme publié par M. Van Lokeren dans son recueil de chartes et documents

On doit supposer aussi que, dans leurs incessantes invasions, les Normands remontèrent à travers les marais le cours d'eau de la Deûle et ravagèrent ce qui se trouvait à Pont-à-Vendin.

Déjà en 1036 et sans doute bien antérieurement un pont était jeté sur ce ruisseau. En 1112, le village avait son église.

Jusqu'au XIIIe siècle les marches des armées et les passages de troupes entre l'Artois et la Flandre avaient eu lieu surtout par la voie romaine d'Arras à Tournai; mais à partir de cette époque la route la plus suivie fut le chemin d'Arras à Lens et à Pont-à-Vendin. Dès lors cette dernière localité fut traversée sans cesse par les gens de guerre.

C'est entre Lens et Pont-à-Vendin que fut conclu, le 24 février 1211, le célèbre traité fait entre Louis, fils ainé du roi Philippe-Auguste et le comte Ferrand et Jeanne de Constantinople, sa femme. Ce traité auquel Ferrand n'avait consenti que par contrainte fut suivi de guerres cruelles dans lesquelles Philippe-Auguste et son fils livrèrent au pillage et aux flammes les environs d'Arras et le pays qui conduisait en Flandre. Pont-à-Vendin eut donc beaucoup à souffrir alors, s'il ne fut détruit entièrement. (*Duchesne, Hist. généal. de la maison de Béthune; Warnkœnig, Hist. de la Fl.*)

Au commencement du XIVe siècle, la guerre s'était rallumée avec acharnement entre la France et la Flandre. En 1303, les Flamands pillèrent et incendièrent Lens et La Bassée, et ravagèrent l'Artois pendant cinq jours. Dans leur fureur ils détruisirent les châteaux et 80 villages avec leurs moissons; chargés de butin, ils rentrèrent en Flandre par Pont-à-Vendin, après avoir exterminé les habitants de ce village. (*Meyer, Comment. , Sueyro, Anales de Fl.; Ed. Le Glay, Hist. des comtes de Fl. , Kervyn de Lettenhove, Hist. de Fl.*)

L'année suivante, un fort détachement de l'armée française venant d'Arras et se dirigeant par Lens vers les marais nommés *passages*, qui séparaient l'Artois de la Flandre, se porta par un étroit défilé vers Pont-à-Vendin dont il massacra les habitants sans distinction d'âge ni de sexe, et emmena un butin considérable. Philippe de Thiette, qui commandait les Flamands, accourut aussitôt avec des cavaliers et parvint à éloigner les Français qui se retirèrent au-delà des passages. Sur ces entrefaites, arrivait son armée qu'il fit camper non loin du pont, en la séparant de l'ennemi par les marais. Dans une escarmouche, un valeureux chevalier français, le sire de Joinville, fils de l'historien, trouva la mort avec tous ses compagnons d'armes; ne serait-ce pas à la Voie des Homicides, un des lieux-dits de la commune ? on serait tenté de le croire. Mais abrégeons. Les fougueuses milices de Gand et de Bruges franchissent les défilés et s'avancent dans l'Artois où les autres milices ne tardent pas à les rejoindre ; la nuit seule arrête leur ardeur. De part et d'autre on se prépare à combattre dès le lendemain matin. Toutefois, après s'être rangés en bataille, les Français se replient sur Arras. Les Flamands s'emparent aussitôt du terrain abandonné et brûlent les tours et les palissades de leurs adversaires, puis ils se répandent dans la campagne, pillent des châteaux et s'avancent jusqu'à Lens dont ils incendient les faubourgs ; ensuite ils se retirent par La Bassée avec un butin de grande importance. (*Les mêmes auteurs.*)

Dès le commencement de 1413, une nouvelle guerre entre la France et la Flandre allait encore menacer la contrée. Le magistrat de Lille prescrivit aux habitants de Pont-à-Vendin de l'informer sans retard de toute alerte ; dans la crainte d'un siége, il envoya en ce village et à Berclau demander aux administrateurs des Sept eaux de les laisser couler pour l'inondation de la place. Peu après il expédiait des gens à Pont-à-Vendin pour savoir si, comme on le disait, les Français ou leurs partisans y avaient mis le feu ; ce bruit n'était pas fondé. Partout la panique inspirée par les Armagnacs était grande, aussi faisait-on le guet de tous côtés. (*Revue d'hist. et d'arch., article de A. de la Fons.*)

Négligeant des faits secondaires, nous arrivons à l'année 1478. La guerre avait éclaté entre Louis XI et l'archiduc Maximilien, le jeune époux de Marie de Bourgogne. Après avoir rassemblé ses hommes d'armes, l'archiduc marcha en toute hâte jusqu'à Pont-à-Vendin contre son adversaire, qui se trouvait à Arras ; bientôt après se concluait une trève de 10 mois. L'armée flamande, munie d'artillerie, vint camper à Pont-à-Vendin. On touchait à l'expiration de la trève; Louis XI s'apprêta à attaquer Maximilien qui, prenant les mêmes mesures, arriva de Lille en ce village. Le prince disposa sur le champ son armée composée de beaucoup de Flamands tenus en bon ordre par le bailly de Gand, de lansquenets, d'une bonne troupe allemande et d'un grand nombre de nobles de son pays. Le roi lui fit proposer en ce lieu par deux hérauts la prolongation de la trève, ce qui ne fut point accepté. De son côté, l'archiduc chargea le chroniqueur Olivier de la Marche de demander au monarque une entrevue qui fut aussi refusée. C'est ce qui le décida à passer le pont avec son armée qui campa et se mit en bataille à une demi-lieue de là. Ce n'était pas ce que voulait Louis XI, aussi fit-il tant que de nouvelles trèves furent jurées. Maximilien repassa le pont avec ses gens d'armes qu'il congédia. (*Olivier de la Marche, Mém. sur la maison de Bourgogne.*)

L'année suivante, après avoir ravagé les environs de Lille, les Français firent pendre à Pont-à-Vendin par le maître des hautes œuvres plusieurs Flamands au nombre desquels étaient quelques grands seigneurs des états du prince. (*Revue d'hist. et d'arch.*)

Le pont était depuis longtemps un poste d'une grande importance, qui exposait sans cesse la châtellenie de Lille à de grands dangers; on a soin de l'intercepter en 1482, « afin d'empescher que les Franchois n'y prendessissent leur passaige pour courre le pays de Carembault. » (*Même revue.*) Six ans après, nouvelles dévastations par les troupes du maréchal d'Esquerdes, puis par les Allemands, que conduisait Albert de Saxe. (*Dom Devienne, Hist. d'Artois.*) En 1513, le roi d'Angleterre Henri VIII, en guerre avec la France, passa avec toute son armée par Pont-à-Vendin, qui était toujours l'entrée principale de l'Artois. Il laissa en ce lieu des gens de guerre qui y campèrent pendant trois semaines et y commirent de grands désordres. (*A. de la Fons, Recueil de notes.*)

L'empereur Charles-Quint comprenait toute l'importance de ce poste, dont la défense était insuffisante, aussi en fit-il rétablir les fortifications en 1524. Les travaux furent exécutés d'après les plans et sous la direction du baron d'Epinay. (*Mannier, Rech. sur La Bassée.*) La ville de Douai citait, en 1531, ce poste comme un de ses moyens de défense et de sécurité. (*Tailliar, Chroniques de Douai.*)

Pendant les troubles religieux d'Arras, les séditieux avaient, en 1577, projeté de faire entrer les Ecossais au pays d'Artois par Pont-à-Vendin, lieu dont ceux ci devaient s'emparer. L'année suivante, les calvinistes, qu'on appelait huguenots, se rendirent maîtres de ce poste par surprise. (*Pontus Payen, Troubles d'Arras.*)

Il convient de noter qu'en 1601, la paroisse de Pont-à-Vendin avait un hôpital, établissement doté de divers corps de terre en labour. (*Arch. nat.*)

Les calamités de la guerre frappèrent cruellement Pont-à-Vendin vers le milieu du XVII° siècle, surtout depuis 1640 jusqu'en 1648, comme on le verra par l'exposé suivant qui concerne aussi les localités voisines. En 1640, des troupes conduites par le comte d'Isembourg, gouverneur d'Arras, passaient par Pont-à-Vendin qu'elles ravageaient. Bientôt après, c'étaient celles du comte de Fuensaldagne, qui, traversant ce village, pillaient maisons et récoltes. A peine la moisson faite, les troupes du marquis de Fonil venaient y séjourner dix jours, commettant de nouveaux dégâts, battant les grains, enlevant les récoltes, achevant ainsi de ruiner les malheureux habitants. Un détachement de cavalerie leur succède ; il est remplacé à son tour par une garnison espagnole que nourrit la population, puis par une autre garnison. Ensuite l'archiduc Albert vient à la tête de ses troupes passer deux jours en ce lieu. Voici le tour de don Philippe Silva et de ses troupes qui restent tant au Pont-à-Vendin que dans les environs, ravageant les récoltes et ajoutant encore à l'extrême misère des habitants. (*A. de la Fons, Recueil de Notes.*)

L'année 1640 avait été bien funeste à Pont-à-Vendin, la suivante ne devait pas l'être moins : Six compagnies du régiment du prince de Ligne et d'autres troupes s'y étaient établies depuis neuf mois; elles s'y trouvaient encore quand Saint-Preuil, gouverneur d'Arras, vint s'emparer de la redoute et des forts qui défendaient le village, brûler une grande partie du pont et incendier l'église. Bientôt après arrivait une autre garnison espagnole dont le commandant, informé de l'investissement de la Bassée par les Français, fit brûler le reste du pont et de l'église, la halle et le moulin. Réduits à la plus grande misère, les habitants abandonnèrent leur demeure et leur culture pour se retirer à Lille et dans les environs de cette ville. (*Même source; Gazette de France.*)

L'année 1643, quelques habitants rentrèrent dans leurs maisons dévastées et risquèrent de cultiver leurs terres incultes. En 1644, les Espagnols séjournèrent encore à Pont-à-Vendin où ils commirent de nouveaux dégâts. En 1645, les Français reparaissaient et reprenaient les forts où ils laissaient garnison; ils livraient ensuite aux flammes la plus grande partie de ce qui avait été rebâti, ce qui força les rares habitants à prendre de nouveau la fuite. Rantzau qui venait camper dans la plaine de Lens, vers Pont-à-Vendin, s'y arrêta pendant trois jours et employa ce temps à fortifier le poste. (*A. de la Fons, Recueil de notes; Dom Devienne, Hist. d'Artois.*)

En 1646, nouveaux mouvements de troupes : la plus grande partie de l'armée française se rendant au siége de Courtrai, passa par Pont-à-Vendin où elle fit halte, foulant aux pieds le territoire. En 1647, année du siége de Lens par les Français, une partie de leur armée d'observation s'étendit dans les marais voisins du pont et occupa les forts; les récoltes furent anéanties encore une fois. Les Espagnols s'étant présentés pour attaquer ces troupes, elles se retirèrent, mais après avoir de rechef mis le feu au pont dont elles avaient abattu les nouvelles charpentes. Elles livrèrent aussi aux flammes l'église qui fut ainsi incendiée trois fois dans le court espace de six ans. Les habitants avaient fui de nouveau; quand ils revinrent, ils ne trouvèrent plus que des ruines. (*Montglat, Mém.*)

En 1648, les Espagnols, sachant que le passage n'était pas suffisamment gardé, vinrent s'en emparer. (*Dom Devienne, Hist. d'Artois.*) Un gros de cavalerie de la même nation campa près du pont pendant qu'on le reconstruisait; il exerça encore de grands dégâts. Vinrent ensuite les armées de l'archiduc d'Autriche et du duc de Lorraine, qui se dirigeaient vers Lens; elles détruisirent les forts, puis enlevèrent bestiaux et récoltes. Après la célèbre bataille de Lens, les Français victorieux s'arrêtèrent pendant douze jours à Pont-à-Vendin qu'ils dévastèrent encore. L'année suivante le village ne produisait qu'un quart de récolte.

Pont-à-Vendin jouit enfin d'un calme devenu bien nécessaire ; pendant 60 ans, il se remit de ses longs désastres ; il cultiva ses terres négligées, reprit son commerce et s'assura ainsi le bien-être et la prospérité.

Mais la guerre de la succession d'Espagne devait changer cet heureux état de choses. (Voir surtout l'article de Vendin-le-Vieil.) En 1709, l'armée française occupa les lignes élevées par le maréchal de Villars sur une longueur de 16 lieues, depuis Denain, jusqu'à Saint-Venant. 74 bataillons formés en 16 brigades sous le commandement de d'Artagnan (de Montesquiou), s'étendirent du Pont-à-Saulx aux marais de Bénifontaine, couvrant surtout Pont-à-Vendin. (*Rousset, Hist. militaire du prince Eugène.*) L'année suivante, le jour de Pâques, un détachement ennemi, fort de 300 cavaliers et de 1000 grenadiers, muni de quelques canons et de pontons, reçut l'ordre de s'emparer de ce village. Le maréchal d'Artagnan défendait alors les lignes avec 45 bataillons et 30 escadrons, mais pris à l'improviste et se trouvant sans sa cavalerie, qui fourrageait, il fit retraite. Déjà l'armée des alliés s'avançait sur quatre colonnes et le duc de Marlborough traversait Pont-à-Vendin à la tête de ses troupes. Le lendemain, à la première heure, l'avant-garde ennemie arrivait près de la Deûle et les Français abandonnaient leurs postes pour se retirer sur Lens. (*Même ouvrage.*) C'est ainsi que les alliés s'emparèrent sans coup férir de ces lignes redoutables, qui les les avaient tant arrêtés. Ce succès facile fut célébré par une grande médaille que Van Loon a publiée dans son *Histoire métallique* et que nous avons reproduite dans notre *Numismatique béthunoise*.

A quelque temps de là, les mouvements du maréchal de Villars dans les environs d'Arras ayant inquiété les généralissimes des hauts alliés, ceux-ci retirèrent de Pont-à-Vendin les détachements qu'ils y avaient placés. (*Dom Devienne, Hist. d'Artois.*) En 1711, au commencement de la campagne, les Français firent sauter le pont et comblèrent en cet endroit le canal en y jetant les digues, au grand désavantage des alliés. (*Corresp. de Le Febvre d'Orval.*)

Nous voici au règne de la Terreur : Un cordonnier de Pont-à-Vendin avait fourni aux défenseurs de la patrie 18 paires de souliers de mauvaise qualité ; pour cette fraude il est condamné à mort par le tribunal révolutionnaire d'Arras, et exécuté. (*Paris, Hist. de J. Le Bon.*)

SEIGNEURIE. — Un dénombrement de 1589, transcrit dans la volumineuse collection Colbert de la bibliothèque nationale, nous apprend en quoi consistait cette seigneurie appartenant alors à la ville de Lille, qui la tenait en justice vicomtière du roi, à cause de sa salle de ce lieu. Elle comprenait des terres en labour et en prairie, un moulin à eau, un autre à guède, la grande et petite pêcherie, le travers, le vinage, le droit de chaussée, des rentes seigneuriales dont 226 chapons et divers reliefs.

Voici la liste des seigneurs, telle que nous la fournissent les travaux de M. A. De Marquette et de M. de la Fons : 1220. Hugues, seigneur d'Antoing et d'Epinoy, mari de Philippine de Harnes. — 1248. Michel d'Antoing, marié en premières noces à Claire de Gavre et en secondes à la fille de Raoul ou Renaud de Pecquigny. — 1251. Hugues, époux d'Iolande de Barbençon. — 1285. Jean de Harnes, uni à Marie de Cowlans. — 1296. Michel de Harnes. — 1340. Un descendant de la maison de Lens. — 1364. Englebert d'Enghien, époux de Jeanne de Lalaing. — 1364. Guillaume de Reinghersvliet, grand bailli d'Alost. — 1385. Jean de Ghistelles, son gendre, chambellan du duc Philippe le Hardi et gouverneur général de Flandre. — 1386. Hugues de Melun, qui acquit le domaine par son mariage avec Isabeau de Ghistelles. — 1390. Robert de Béthune, second époux d'Isabeau. — 1413. Raoul d'Ailly, vidame d'Amiens, comme mari de Jacqueline de Béthune. 1442. Jean d'Ailly. — 1501. Charles d'Ailly, son fils. — 1519. Hugues de Melun, vicomte de Gand, gouverneur d'Arras, qui obtint la seigneurie pour récompense et droit de guerre. — 1525. Jacques de Luxembourg, comte de Gavre, seigneur au même titre. — 1525. Antoine d'Ailly, à qui la terre avait fait retour. — 1547. François d'Ailly, son fils, chevalier, vidame d'Amiens, sur qui ce domaine fut confisqué pendant quelque temps. — Vers 1559. Louis d'Ailly, aussi vidame d'Amiens. — 1563. La ville de Lille, à qui ce dernier vendit la seigneurie. — 1664. Waleran Courouble, écuyer, sieur de Carieul, acquéreur de cette terre. — Waleran, son fils, qui la vendit au suivant. — 1672. Bruno Bayart, écuyer, sieur de Burgault. — 1693. Bruno Bayart, fils de ce dernier, écuyer, comme lui, décédé célibataire. — La suite nous manque dès 1710. (*Arch. du Nord et du Pas-de-Calais.*)

De la seigneurie de Pont-à-Vendin dépendaient quatre fiefs. (*Dénomb. de 1589.*) Le possesseur de l'un de ces fiefs était tenu de fournir une prison et de faire garder les prisonniers sous sa responsabilité. Un autre fieffé devait donner un bois de lance.

COUTUME. — Elle est rédigée en sept articles. Succession de l'époux prémourant : quand il n'y a pas d'enfant du mariage, ses immeubles propres et la moitié des conquêts sont dévolus à ses parents les plus proches. — Les père et mère des enfants décédés sans postérité recueillent leur succession. — Quand il existe des enfants de l'union, le survivant des époux a la totalité des conquêts ; mais s'il se remarie, il doit en remettre aussitôt la moitié aux dits enfants. — Il n'est dû aucun droit seigneurial pour vente ou transport. — Lorsqu'il y a vente, elle doit être publiée par le sergent, le dimanche suivant, à l'église, à l'heure de la grand'messe, afin que tout parent du vendeur du côté d'où procède le bien vendu, puisse, pendant une semaine, le retraire en remboursant l'acheteur. — Lorsqu'ils n'ont pas d'enfants, les conjoints peuvent, par ravestissement, se donner devant le bailli ou son lieutenant et les échevins, l'usufruit des biens qu'ils délaisseront. (*Les coutumes et lois des vill. et chast. du comté de Flandre.*)

DÉFENSES ET RÈGLEMENTS. — Le recueil se compose de 37 articles qu'il serait trop long d'énumérer ; notons les principales matières : insultes, port d'armes, coups et blessures, dommage à autrui, jeux, police des hôtelleries et débits de boissons, égards, poids et mesures, poinçons de la ferme, couvre-feu, cheminées, puits, loyers, tourbes et pâturage. — *Bans d'août :* Longues dispositions et mesures fort sages sur les moissons et le glanage.

PONT. — Ce qui le concerne plus particulièrement se trouve résumé dans les faits que nous venons de rapporter ; nous compléterons notre sujet par quelques mots. Il est à remarquer que le redressement du canal de la Deûle a déplacé en cet endroit l'ancien lit de la rivière ; c'est ainsi que 7 maisons englobées dans les habitations du village font partie de la commune de Vendin-le-Vieil. Déjà le pont avait une écluse au commencement du XIIIe siècle; plus tard il eut son rivage que nous voyons cité en 1588. Une nouvelle écluse fut établie en 1751 et, l'année suivante, était construit un port ou quai pour toutes sortes de marchandises.

TONLIEU. — Ce droit appelé aussi vinage, péage et travers, se levait au passage du pont ; il remonte à une époque fort reculée. Dès la fin du VIIe siècle, le roi Thierri III conférait à l'abbaye de Saint-Vaast d'Arras dont il était le fondateur, divers droits à percevoir sur ce tonlieu. L'an 1036, ils étaient réglés par l'abbé Leduin, qui arrêtait que toute personne, censitaire ou non du monastère, fréquentant le marché d'Arras, soit pour y vendre, soit pour y acheter, devait payer les impôts si elle demeurait au delà de Pont-à-Vendin. (*Guimann, Cart.*) Au commencement du XIIIe siècle, le péage était perçu par le seigneur du lieu, mais non sans restriction. En 1212, des hommes de la collégiale de Saint-Pierre, de Lille, avaient été incarcérés pour s'être refusés à acquitter les droits; le chapitre les fit relaxer en invoquant ses franchises. (*Leuridan, Les châtelains de Lille.*) En 1287, l'exemption de tout péage était étendue par le seigneur à tous les bourgeois et manants de Lille ; peu après elle était ratifiée par Gui, comte de Flandre, comme sire ou souverain. (*Roisin, Franchises de Lille.*) Les bourgeois d'Hulluch jouissaient du même avantage, s'ils n'étaient ni censiers ni marchands; il en était de même de ceux des habitants de Harnes, Annœulin, Bauvin, Provin, Camphin-en-Carembault et Phalempin, qui étaient censitaires d'abbayes redimées du péage.

Un dénombrement fait en 1402 par le seigneur de Pont-à-Vendin, Robert de Béthune, au duc de Bourgogne, Philippe le Hardi, comte de Flandre et d'Artois, nous fournit de curieux détails sur les droits de péage, vinage et travers perçus alors pour le passage du pont. En voici les principaux : transport de vin par chariot 16 deniers, par charrette 8^d ; si les voitures sont de la châtellenie de Lille, il n'est payé que demi-droit. — Voiture de grain, 8^d ; charrette, 4^d. — Cheval chargé de grains, 4^d ; mais s'il porte du blé, le droit n'est que de moitié. — Charretée de poisson d'eau douce, 8^d ; de cervoise, 4^d ; de guède en tourteau, 8^d ; de corde, 8^d. — Pièce de drap, 3^s. — Paquet de 20 cuirs, 3^d. — Pièce de vair ouvré, 4^d. — Tonneau de miel ou d'huile, 12^d. — Saumon, 1 obole. — Esturgeon, 4^d. — Tonneau de harengs, 4^d. — Charge de poivre, gingembre, girofle ou muscade, 3^s. — Charge d'autres épiceries, 12^d. — Le cent de safran, cire, sucre et graine, 3^s. — Cabas de raisins ou figues, 4^d. — Grand fromage, 4^d. — Pièce de toile, 2^d. — Lit garni, 4^d ; paire de drap, 1^d. — Cheval acheté ou à vendre, 1^d. — Bœuf, 1^d ; vache, 1^s ; porc, 1^{ob} ; mouton, 1^{ob}. — Volaille de toute espèce et poisson, la centième partie. — Grande chaudière, 4^d ; moyenne, 2^d. — Chaudron, 2^d ; pot de cuivre, 1^{ob}. — Le piéton paie 1^{ob}. — Le savoyard porte-balles donne une aiguille. — Les dames de noce se rendant en chariot à leur demeure paient or et argent. — Enfin les ménétriers et joueurs d'instruments doivent jouer de leurs instruments. (Ailleurs il est dit qu'ils doivent une danse ou une aubade.) Voilà bien ce qui rappelle l'exemption de péage à l'entrée de Paris, accordée par le roi saint Louis aux ménestrels, à condition qu'ils feraient sauter leurs singes et chanteraient une chanson devant le péager ; d'où nous est venu ce proverbe : Payer en monnaie de singe. (V. *Annuaire du Pas-de-Calais pour 1848*, Art. A. de la Fons.)

Tout n'était pas profit pour le seigneur, car, entre autres charges, il était tenu de livrer annuellement 100 anguilles à l'abbesse du couvent d'Annay.

MARAIS. — Pont-à-Vendin et Meurchin possédaient en commun un marais de 100 mesures dont ils jouissaient indivisément ; au milieu du siècle dernier, ils en avaient affermé les deux-cinquièmes et ils laissaient le surplus en pâturage. (*Réfut. pour les états.*) Ce marais a été divisé entre les deux communes, puis partagé, en 1791, entre leurs habitants respectifs qui dès lors ont joui de leurs parts en toute propriété.

De nos jours la commune de Pont-à-Vendin possède encore un amas d'eau de 23 hect. 93 ares et 1 hect. 69 ares de terre vaine.

ARMES ET SCEAU. — La communauté avait pour armes : *d'or à écusson de gueules*. — Au XVIIIe siècle, son échevinage avait, pour authentiquer ses actes un sceau ovale offrant un pont à deux arches, au-dessus duquel sont trois fleurs de lis. Légende : SEL DE LA VILLE DU PONTA WENDIN. (*Coll. de M. Preux.*)

EGLISE. — Son origine remonte certainement assez haut, puisqu'en 1112, l'autel était donné à la cathédrale de Tournai par Goter, doyen de cette église. (*Duthillœul, Petites histoires.*) On a vu que l'édifice fut incendié, en 1641, par le gouverneur d'Arras et, en 1647, par les troupes françaises. Mais qu'était-il alors ? c'est ce que nous ne pourrions dire ; nous ne trouvons à ce sujet que quelques détails : en 1473, le cancel ou sanctuaire et ses verrières sont réparés aux frais des vicaires de Tournai, qui ont le droit de patronage. En 1515, on place deux cloches. En 1572, on pose une horloge remarquable, exécutée à Lille, qui coûte 499 livres 10 sols, outre 24 livres pour la peinture du cadran. En 1612, l'église est ornée de deux verrières à fleurs de lis blanches et, en 1620, de quatre nouvelles verrières. En 1622, la paroisse, qui vient de rebâtir le chœur de l'église, obtient des représentants de Lille, seigneurs temporels de cette église, qu'ils placent à leurs frais dans le chœur la principale verrière aux armes de leur ville. (*A. de la Fons, Rec. de notes.*) Un manuscrit appartenant à M. le marquis d'Havrincourt rappelle trois anciennes verrières anéanties par l'incendie de 1641. La première, datée de 1605, était aux armes avec cimier de Jean Dubreucq, écuyer, sieur d'Estevelle, et de Jeanne de Rebreuviette, son épouse ; la seconde, de la même année, aux armes de Pierre de Braecle, écuyer, sieur de la Croix, et de Catherine de Liot, sa femme, armes accompagnées de cimier, supports et bannières. La troisième, dans la chapelle de la Vierge, représentait un seigneur en guerrier et sa femme, avec les armes de d'Ailly et celles de Philippe le Bon, duc de Bourgogne.

Les malheurs du temps n'avaient pas permis de réédifier l'église après les deux incendies; on s'était contenté de la rétablir. Ce fut seulement en 1774 qu'elle fut reconstruite telle qu'on la voit aujourd'hui. Cet édifice qui domine agréablement le village et les environs, est bâti en briques et en pierre. Sa tour carrée, très-haute et fort étroite, est garnie de contre-forts sur lesquels sont placés à une certaine hauteur des pilastres ioniques. La flèche élancée repose sur quatre coins. Le portail en pierre de taille se compose de pilastres et fronton doriques; les ailes forment arrière-corps sur la tour. Le beau vaisseau, dont les proportions sont remarquables, se compose de trois nefs; la principale est, de chaque côté, séparée des autres par cinq arcades cintrées, en pierre de Tournai, soutenues par six colonnes de même pierre. Les nefs latérales ont chacune quatre fenêtres dont la première est bouchée; elles se terminent par des chapelles. Le chœur, de forme ronde, est éclairé par quatre fenêtres ornées de vitraux.

Pont-à-Vendin a fait partie du diocèse de Tournai jusqu'en 1789; son église a toujours été dédiée à saint Vaast Il y a un pèlerinage à saint Roch dans l'église, à la chapelle du côté de l'épître, placée sous son vocable; il est assez fréquenté, surtout par les habitants de Harnes, de Billy-Berclau et de Douvrin.

STATISTIQUE. — Le terroir, peu étendu, est productif et bien cultivé, mais il est en partie marécageux. Les habitants, actifs et industrieux, s'occupent surtout de culture et de commerce. La commune a deux écoles communales laïques, l'une pour les garçons, l'autre pour les filles. Ce village possède encore une perception, une recette de navigation, deux fabriques de sucre, une fabrique de ciment et une brasserie.

SALLAU.

Situé à l'endroit où se coude la belle route nationale qui conduit d'Hénin-Liétard à Lens, à 3 kilomètres de la seconde ville, Sallau n'est qu'un bien petit village, mais il est fort ancien. On le trouve nommé *Salou* en 972, *Salau* en 1070 et *Sallau* depuis 1587. Son territoire, d'une fertilité remarquable, comprend 366 hectares ; il est traversé par la route nationale et par le chemin de fer des Houillères. Ce lieu comptait seulement 10 feux en 1469 et 18 en 1733. La population, qui n'avait que 153 âmes en 1804, 183 en 1820, 191 en 1831, 173 en 1846 et 343 en 1861, s'élève déjà à 765 ; elle continuera d'accroître rapidement par suite de l'établissement en cette commune de deux puits houillers de la Compagnie de Courrières.

Entre autres objets romains découverts sur le territoire de cette commune, on peut citer une belle statuette de Mars, des vases, des urnes et d'autres poteries trouvés à la briqueterie de M. Delabre et recueillis par lui.

Sallau dut faire partie du pays de l'Escrebieux sous les Romains et sous les Francs jusqu'au VIIe siècle, époque à laquelle il fut compris dans le comté de Lens. Il était alors si peu important qu'il put échapper aux calamités qui désolèrent son voisinage.

C'est dans une charte de 972, par laquelle Arnoul le Jeune, comte de Flandre, confirme et augmente les donations faites par son aïeul au monastère du Mont Blandin, que nous trouvons la première mention de Sallau. On y voit que le fisc de Harnes y percevait des redevances. (*Le Mire et Foppens, Op. dipl.*) En 1070, le comte de Boulogne, Eustache II et Ide, son épouse, dotant richement le chapitre de Lens, lui donnent entre autres biens un courtil et une terre arable situés en ce village. (*Ibid.*)

Pendant plus de quatre siècles, c'est-à-dire de 1302 à 1713, l'histoire de cette localité se résume en passages de troupes, cantonnements, campements, pillages et maraudages, misères continuelles que lui valait la proximité de la ville de Lens, tant de fois prise et reprise. Qu'il nous suffise de citer deux faits plus particuliers : En 1654, dans les mois de juillet et d'août, pendant le siége d'Arras, un grand nombre de cavaliers et de fantassins logés à Lens ne cessèrent de fourrager à Sallau et d'en ravager les récoltes. Plus tard, des troupes lorraines empêchèrent de labourer et d'ensemencer les champs. (A. *de la Fons, Recueil de notes.*)

La terre de Sallau comprenait non-seulement la seigneurie, mais encore la mairie et l'échevinage, comme il appert de la vente qui en fut faite en 1785. (*Arch. du Pas-de-Calais, Greffe du Gros.*)

SEIGNEURIE. — Elle relevait du château de Lens. Le premier seigneur que nous connaissions est Gérard de Sallau, qui fut choisi, en 1308, comme arbitre dans un différend entre la comtesse d'Artois et le chapitre d'Arras. (*Rép. des chartes d'Artois.*) A ce Gérard succéda Marie, dame d'Avion et de Sallau, mariée à Jean, seigneur de Coupigny. De cette alliance est issu Jean de Coupigny, qui hérita de la terre de Sallau et acquit celle de Fouquières-lez-Lens. Ces deux seigneuries passèrent aux descendants de celui-ci et restèrent plus de quatre siècles dans la maison de Coupigny. Comme nous avons dressé la liste des possesseurs de ces deux domaines à l'article de Fouquières-lez-Lens, nous y renvoyons le lecteur. Le dernier, Charles-François-Constant de Coupigny, seigneur de Sallau, de Fouquières-lez-Lens, du grand et du petit Ococh, de Tanneville, d'Estracelles-lez-Lobbes, de Péruwelz et autres lieux, vendit, en 1785, sa terre de Sallau. L'acquéreur fut Jacques-François-Joseph-Silvain Duhays, chevalier, seigneur de Laplesse, chevau-léger de la garde ordinaire du roi. (*Arch. du Pas-de-Calais.*)

Un dénombrement de 1396 mentionne un privilége assez singulier : le seigneur de Sallau, vassal du châtelain de Lens, pouvait laisser deux couples de cygnes dans les marais, fossés et viviers de cette ville. (*Arch. nat.*)

Parmi les fiefs de Sallau, l'on remarque celui de Notre-Dame de Boulogne et celui d'Auchy.

JUSTICE. — Elle était exercée par le bailliage de Lens, qui ne paraît pas avoir eu beaucoup à sévir contre des habitants de ce village. En 1518, elle avait puni sévèrement par contumace, Guislain Rucart, de Sallau, qui dans une rixe avait blessé mortellement un habitant de Méricourt. Après avoir erré pendant 12 ans, le fugitif obtint pardon de Charles-Quint. (*Arch. du Nord, Reg. de l'audience.*)

MARAIS COMMUNAL. — Il comprenait, en 1764, 40 mesures en pâturage, dont deux avaient été mises en réserve pour la reconstruction du presbytère. (*Réfut. pour les Etats.*) Précédemment, notamment en 1754, il s'était élevé sur le droit de planter des arbres autour de ce marais, de vives contestations entre le seigneur et la communauté ; elles furent jugées par le conseil d'Artois. (*Arch. du Nord.*) Ce marais n'a pas été aliéné ; les habitants de Sallau en jouissent individuellement, ce qui est une grande ressource pour la classe peu aisée de la population. On trouve aux Archives du Pas-de-Calais deux plans de ce marais ; ils ont été tracés, l'un, par Lenglet, en 1765, l'autre, en 1780, par les arpenteurs Caron et Martinet.

EGLISE. Elle a toujours eu saint Vaast pour patron. Sa cure dépendait de l'abbaye d'Anchin et l'abbé commendataire s'en était réservé le bénéfice. (*Le P. Ignace, Dict ; Escallier, L'abb. d'Anchin.*) Cette église, érigée en cure vers 1660, avait été précédemment desservie par le curé de Noyelles-sous-Lens. Depuis le rétablissement du culte, c'est une annexe de cette paroisse. L'ancienne église n'avait pas de clocher. Dans le chœur se voyaient à la baie principale des vitraux où étaient figurés deux écussons aux armes des familles de Wissocq et de Coupigny. On y lisait : « *A la mémoire de messire Therry de Wissocq chevalier seigneur de Monchy-Tannay et de Madame Anne de Coupigny, dame dudit lieu, Avion, Sallau, Biache. Et a donné cette verrière Jullian de Wissocq aussy sieur desdits lieux, leur fils, l'an cinq cent et nonante et trois.* » (*Manuscrit du marquis d'Havrincourt.*) L'église possédait des reliques des saintes Catherine et Agnès, vierges et martyres, en l'honneur desquelles il y existait une confrérie. Une autre confrérie y avait aussi été établie pour la rédemption des captifs. (*Le P. Ignace, Dict.*)

La nouvelle église, dont la façade porte la date de 1773, est un monument très-simple, qui ne présente rien de remarquable. Sur la tour repose la flèche en bois et ardoises avec abat-vent. La nef est éclairée par huit fenêtres fort basses ; le chœur, de forme quadrangulaire, est plus élevé ; il a cinq fenêtres ogivales, dont trois sont bouchées.

Les décimateurs étaient : L'abbé d'Anchin, le chapitre de Lens, l'évêque d'Arras, celui de Boulogne, le chapitre de Boulogne et l'hôpital du Bourg de Lens. (*Le P. Ignace, Mém.*)

Un détail assez curieux à noter, c'est que le cimetière actuel de Lens est situé sur le territoire de Sallau.

NOTES STATISTIQUES. — Cette commune possède une école laïque mixte, une brasserie et trois briqueteries. Il y a peu d'années, elle était essentiellement agricole ; présentement une partie de sa population mâle est employée à l'extraction de la houille. Deux fosses importantes de la Compagnie de Courrières, portant les numéros 4 et 5, sont situées sur le territoire de Sallau ; elle sont reliées à celles de Billy-Montigny et de Méricourt par le chemin de fer de la Société.

VENDIN-LE-VIEIL.

Ce village qu'on ne pourrait confondre avec Vendin-lez-Béthune qui en est distant de 17 kilomètres, est situé au milieu de marais rendus fertiles. Il a une origine qui remonte à l'occupation romaine, aussi n'est-ce pas sans raison que depuis le XIIe siècle, nous le trouvons surnommé le Vieux. Relevons d'abord les noms qui lui ont été successivement donnés dans les chartes et titres : *Wendinium* de 955 au milieu du XIIe siècle, *Wendin-li-Viez* en 1183, *Wendin* de 1210 à 1450, *Viez-Wendin* en 1464, *Viez-Vendin* en 1468, *Vieux-Vendin* en 1550, *Vendin* en 1656 et depuis lors *Vendin-le-Vieil*.

Le nombre des feux était de 44 en 1469 ; celui des ménages, qui était de 103 en 1705, se trouvait réduit à 70 quatre ans après, à cause des guerres et de la mortalité qui s'ensuivit. La population était de 1033 âmes en 1804, de 944 en 1820, de 976 en 1831, de 920 en 1846 et de 909 en 1861 ; elle s'élève actuellement à 1021. La superficie territoriale est de 1030 hectares. Le terroir est encore marécageux dans la partie qui se trouve à proximité du canal de la Deûle.

Par sa position en deçà de la Deûle, Vendin a fait anciennement partie du canton de l'Escrebieux, c'est du reste ce qui résulte de diplômes du xe siècle, publiées par M. Van Lokeren dans son recueil de chartes et documents.

On doit attribuer la plupart des malheurs de Vendin à sa proximité de Lens et principalement à son voisinage de Pont-à-Vendin, lieu si éprouvé dans les longues guerres dont l'Artois a été le théâtre. Pour éviter les redites, nous renvoyons à l'article de Pont-à-Vendin dont Vendin partagea presque toujours le sort. Nous ne mentionnerons ici que les faits principaux et ceux qui concernent particulièrement notre sujet. Si nous donnons à notre récit une certaine étendue pour les événements qui se sont passés à Vendin pendant la guerre de la succession, dans les années 1706 à 1712, c'est qu'ils sont bien circonstanciés et que souvent ils concernent aussi les localités voisines.

Les Barbares qui séjournèrent à Pont-à-Vendin en 407, exercèrent leurs ravages à Vendin. Il est probable que ce dernier village ne fut pas épargné par les Normands vers la fin du ixe siècle.

La guerre qui éclata au commencement du xive siècle entre la France et la Flandre, fut fatale à Vendin. La garnison que Philippe le Bel avait laissée à Lens, en 1302, évacua la place pendant l'hiver de cette année. Ses chefs étaient Liébert de Beauffremont, Hubert de Beaujeu et le seigneur de Vendin. Un peloton flamand ayant attaqué cette troupe au-delà de Vendin, le seigneur de ce lieu trouva la mort dans l'action. (*Hennebert, Hist. gén. d'Artois.*) En 1303, les Flamands pillaient et incendiaient ce village dont ils détruisaient les récoltes et exterminaient les habitants. L'année suivante, ils y achevaient leurs cruautés. (*Meyer, Comment ; Buzelin, Ann. gall. fland., et autres auteurs.*)

Une trêve avait été signée à Lens en 1477 entre le roi Louis XI et l'archiduc Maximilien, mais elle ne mit pas fin aux hostilités ; elle fut prolongée pour un an. Maximilien signa cette nouvelle suspension d'armes le 11 juillet 1478, en son camp près de Vendin. (*Molinet, Chron. ; Le Glay, Corresp. de l'emp. Maximilien.*)

La guerre continuait toujours en Artois. L'an 1513, des troupes françaises et albanaises, avides de pillage, viennent fondre sur Vendin ; elles ravagent les récoltes, pillent les maisons et emmènent tous les chevaux et bestiaux que les habitants n'ont pas eu le temps d'éloigner. (*Arch. du Nord.*)

En 1566, pendant un séjour qu'elle fait à Lens et dans les environs, notamment à Vendin, l'infanterie espagnole détruit et brûle le bois Rigaut, contenant 140 mesures et dépendant de ce village. A cette époque, les habitants sont réduits à la plus grande misère. (*La corresp. de Fl. et Art.*)

Le fort de Vendin, situé près de la Deûle, fut probablement élevé, l'an 1524, par les ordres de Charles-Quint, lorsque cet empereur fit rétablir les fortifications de Pont-à-Vendin, sous la direction du baron d'Épinay. Occupé tour à tour par les Espagnols et les Français, il était gardé par les Espagnols en 1645 ; il fut repris alors par les Français, qui y laissèrent une garnison. Les troupes de l'archiduc d'Autriche et du duc de Lorraine détruisirent ce fort trois ans après.

Nous avons rappelé avec détail à l'article de Pont-à-Vendin les calamités qu'endura ce village dans la guerre de trente ans, depuis 1640 jusqu'en 1648. Le fléau s'étendit sur les localités voisines et en particulier sur Vendin, dont les habitants, entièrement ruinés, abandonnèrent leur demeure et leur culture pour se réfugier à Lille ou dans les environs de cette place.

La seconde moitié du XVIIe siècle vint heureusement réparer un si déplorable état de choses. La tranquillité dont le village jouit alors y répandit l'aisance et même la richesse. De belles plantations en faisaient un site des plus agréables et la plupart des maisons, entourées d'arbres, respiraient le bien-être. Mais à cette prospérité vont succéder, depuis 1706 jusqu'en 1712, de grandes misères dont un contemporain, Nicolas Denis, curé de la paroisse, nous a laissé dans son registre de catholicité l'intéressant récit auquel nous emprunterons les faits ci-après.

En août 1706, 600 cavaliers français vinrent occuper le village, où il commirent beaucoup de désordres. Pendant l'hiver qui suivit, les habitants furent contraints à monter des gardes dans le cimetière et à faire des patrouilles, le long du canal de la Deûle, pour observer l'ennemi, ce qui ne l'empêcha pas de fourrager de ce côté. Sur ces entrefaites, une compagnie des grenadiers français s'installait dans le château.

Au commencement de 1707, un régiment d'infanterie française vint, pour protéger l'Artois, camper à l'entrée du village ; il y passa une année entière. La population qui, l'année précédente, avait fui et s'était réfugiée dans les villes voisines avec ce qu'elle possédait de précieux, était revenue et s'était livrée à la culture.

En 1708, le prince Eugène, généralissime des armées impériales, vint camper au Pont-Rouge, près de Vendin, et 1500 de ses hussards, envoyés pour ravager la contrée, s'arrêtèrent au Bois-Rigaut, extrémité ouest du territoire. Déjà les habitants avaient pris de nouveau la fuite, mais plusieurs de leurs chariots étaient tombés au pouvoir de l'ennemi. Bientôt après le comte de Tilly, général hollandais, campa pendant trois semaines avec 102,000 hommes à l'extrémité du village. Ses troupes se livrèrent au désordre, au vol et au pillage ; elles profanèrent l'église et la dépouillèrent entièrement, Le camp ne fut levé qu'au mois d'août pour le siége de Lille. Les habitants revinrent aussitôt et à leur tour, donnèrent asile à beaucoup de villageois de sa châtellenie. Ils engrangèrent ce qui restait des récoltes, mais à la fin d'octobre 1500 chariots venaient l'enlever et le transporter à Arras.

Les malheureux cultivateurs avaient perdu courage, aussi n'ensemencèrent-ils qu'une faible partie de leurs champs. Après la prise de Lille, des troupes des alliés campèrent plus d'un mois depuis le moulin jusqu'à Hulluch, et des hussards logèrent dans le village. Encore une fois les habitants avaient quitté leurs demeures avec leurs chevaux et bestiaux ; ils ne rentrèrent qu'après le départ de l'ennemi. Mais le village avait bien changé! les maisons avaient été dévastées ou incendiées et l'on ne voyait plus ces arbres séculaires, évalués à plus de 80,000 livres, qui formaient de magnifiques allées ; ils avaient été abattus et brûlés par les troupes. Notons encore l'arrivée de trois régiments de cavalerie française qui ne se retirèrent qu'à la fin de l'année.

Pendant les premiers mois de 1709, les habitants se livrèrent non sans profit au commerce de grains avec les villes voisines ; mais bientôt l'armée française venait camper à Vendin et y établissait, le long du canal, des lignes et des retranchements. Les officiers s'emparèrent des maisons et les soldats fourragèrent tous les champs; ainsi s'évanouit toute apparence de récolte. Les troupes ne se retirèrent qu'en septembre.

En avril 1710, les Français se disposaient à garder leurs lignes de Vendin et déjà ce village était désigné pour leur campement, quand le prince Eugène vint avec son armée traverser Pont-à-Vendin le lundi de Pâques, à cinq heures du matin. Les habitants de Vendin s'enfuirent aussitôt vers Arras avec leurs chariots et leurs bestiaux ; le village abandonné fut entièrement pillé, l'église dévastée et le territoire ravagé. A peine les alliés étaient-ils partis, que 10,000 allemands arrivaient et achevaient en quinze jours la ruine de ce lieu. Après la campagne les alliés repassaient en vingt colonnes avec une arrière garde de 19,000 hommes.

En juin 1711, les alliés ayant campé à Lens pendant cinq semaines, leurs chevaux ne cessèrent de pâturer à Vendin. Les malheureux habitants de ce village, qui craignaient les courses continuelles des hussards, s'étaient réfugiés dans le cimetière avec tous leurs bestiaux.

Enfin en août 1712, les Français campés à Lens exercèrent encore des ravages à Vendin dont ils enlevèrent les récoltes. La paix d'Utrecht vint clore cette suite d'infortunes et rendre à ce pauvre village le repos après lequel il soupirait.

Vers le milieu du siècle dernier, fut construite la belle chaussée de Lens à Carvin, qui fit abandonner l'ancienne voie ; de là pour Vendin un grand préjudice contre lequel il réclama vainement.

Rien d'intéressant n'est à signaler jusqu'à la Révolution. A cette époque néfaste, l'église de Vendin étant vendue et fermée, les fêtes publiques se célébrèrent sur la place du village; on y avait élevé un théâtre où la déesse de la Raison avait été placée solennellement. Dans les cérémonies et processions civiques la divinité de création nouvelle était portée par quatre jeunes filles vêtues de blanc, et dans le cortége figuraient tous les habitants avec leurs instruments de travail. (*Quest. dioc.*)

SEIGNEURIE. — Le seigneur principal de Vendin était un des douze pairs du châtelain de Lens; son domaine relevait du roi à cause de son château de cette ville. C'est à partir de la seconde moitié du XIIe siècle que nous pouvons établir la suite des seigneurs dont voici la liste : 1183. Michel, sire de Vendin. — 1202. Jean Petellon. — Nicolas, son fils. — 1248. Jean, chevalier. — 1263. Jean de Vendin. — 1298. Bauduin de Vendin. — 1314. Jean de Vendin. — Vers 1360. Jean Cosset; il vend, en 1389, à dame de Beauval et à Jean de Montorbert l'usufruit de sa terre et pairie dont la propriété doit, à leur mort, revenir à sa femme ci-après. — 1401. Damoiselle de Sus-Saint-Léger, épouse en secondes noces de Jean de Moreul, écuyer. — 1430. Damoiselle Gille de Montrevrel, mariée à Eustache d'Esne, écuyer d'écurie du duc de Bourgogne, donataire de la seigneurie. — 1439. Jean, seigneur de Coupigny et d'Avion, comme acquéreur de ce domaine. — 1464. Antoine de Coupigny, son héritier. — 1468. Jean de Sains, dit l'Aigle, seigneur de Cavron et de Loos, achète cette terre du précédent. — 1502. Philippe de Sains, son fils et héritier, écuyer. — 1504. Damoiselle Marguerite de Sains, sa sœur et héritière. — Vers 1510. Damoiselle Bonne de Sains, épouse de Messire Nicolas de Boussu. — 1535. Claude de Boussu, écuyer, issu de cette union. — 1543. Pierre du Mont-Saint-Eloi, écuyer et conseiller au conseil d'Artois, acquiert de celui-ci la terre de Vendin. — 1584. Louis du Mont-Saint-Eloi, son fils et héritier. — Vers 1588. Jean, frère et héritier de celui-ci, écuyer, seigneur du Metz Gallant. — 1592. Damoiselle Marie du Mont-Saint-Eloy, fille et héritière du précédent. — 1615. Jean du Mont-Saint-Eloi, sans doute le neveu et l'héritier de cette damoiselle, chevalier d'honneur au conseil d'Artois, député général et ordinaire des états d'Artois pour la noblesse et lieutenant général de la gouvernance d'Arras. — 1656. Charles du Mont-Saint-Eloi, écuyer, fils de celui-ci. — 1660. Marie-Madeleine Mulet, mariée en premières noces à Roland Blondel, et en secondes à Empis De Lille, après la mort duquel elle acheta le domaine de Vendin, qu'elle laissa à ses enfants des deux lits. — A la fin du xviie siècle, nous trouvons, d'une part, Philippe Empis, qui épousa, en 1697, Marie-Claire de Leforest. De ce mariage est issu Jean-Baptiste-Joseph Empis, qualifié seigneur de Vendin dans le titre en vertu duquel il acheta, en 1755, la bourgeoisie de Lille. Dans l'autre branche, on voit les suivants : 1698. Roland Blondel. —1722, Roland Blondel d'Aubers, seigneur haut justicier de Vendin, conseiller secrétaire du roi. — 1739. Adulphe-Roland-Liévin Blondel d'Aubers, conseiller payeur de la chancellerie du parlement de Flandres. — Eugène-Roland-Joseph Blondel d'Aubers, chevalier, conseiller du roi, premier président du parlement de Flandres, qui épousa en secondes noces Marie-Anne de Calonne, sœur du contrôleur général des finances. — 1767. Louis-Marie-Joseph Blondel, écuyer, né de ce mariage. *(Arch. du nord; Dict. hist.; Papiers gén. du baron de Hauteclocque; L. de Saint-Géran, Esquisse sur la commune d'Aubers.)*

De la seigneurie de Vendin dépendaient les fiefs suivants : Le Paradis, Le Metz, Le Bois Hermer et Le Biez ; il y avait bien encore en ce village le fief du Pré, mais il relevait d'Hulluch. *(Arch. du Nord; Bibl. nat., Coll. Colbert.)*

CHATEAU. Le château de Vendin avait sans doute une origine assez ancienne ; il se trouvait au nord du village, non loin de l'église, au milieu d'un bois avec allées bordées d'arbres séculaires. Il fut assez grand pour loger, en 1706, une compagnie de grenadiers français. *(Denis, Récit déjà cité.)*

Ce château fut, dans les premières années de notre siècle, converti en une agréable maison de plaisance qu'entourent un parc et de vastes jardins. C'était depuis longtemps la demeure d'un descendant des seigneurs, qui y est décédé en cette année : M. Louis-Marie-Emile Blondel d'Aubers, officier de la légion d'honneur et chevalier de l'ordre de l'éperon d'or, successivement maître des requêtes au conseil d'Etat, préfet de l'Ardèche et du Gers, enfin conseiller général du Pas-de-Calais. M. Blondel d'Aubers avait d'importantes archives concernant surtout sa famille ; elles sont passées à son gendre, M. de Saint-Geran, qui demeure à Paris.

Un second château paraît avoir existé ; c'était sans doute celui de la famille Empis.

Justice. Comme la seigneurie de Vendin-le-Vieil relevait du roi à cause de son château de Lens, c'est au bailliage de cette ville qu'était rendue la justice touchant les affaires criminelles. Toutefois il n'en fut pas toujours ainsi, car on a vu qu'en 1722, le seigneur de Vendin-le Vieil, Roland Blondel d'Aubers, était haut justicier de cette terre. Remarquons que la coutume de Vendin, publiée par M. Bouthors, concerne, non ce village, mais bien Vendin-lez-Béthune.

Maladrerie. — Cette maison charitable a été autrefois établie à Vendin pour secourir et soigner les malades. Cet établissement fut supprimé en 1698, en vertu d'arrêt du conseil d'Etat et de lettres patentes de Louis XIV ; ses revenus, qui étaient peu importants, furent alloués à l'hopital de La Bassée, à la charge d'admettre des malades indigents du village. *(Arch. nat., Coll. Moreau.)*

Marais. — La plus grande partie du territoire de Vendin n'a formé longtemps qu'un vaste marais, qui a été peu à peu desséché et cultivé. Les marais communaux étaient importants ; l'an 1750, la communauté en aliéna 65 mesures et afferma le reste, pour subvenir aux frais de reconstruction de l'église et du presbytère. *(Réfut. pour les états.)* Cette seconde partie fut partagée entre les habitants au commencement de la Révolution.

Eglise. — Nous trouvons la première mention de cette église

en 963, dans la donation qu'en fait Arnoul le vieux, comte de Flandre, à l'abbaye de Saint-Pierre, de Gand.(*Van de Putte, Ann. S.-Petri bland.*) Par une bulle donnée en 1182, le pape Luce III confirme à l'abbaye de Marœuil la possession de l'autel de Vendin, qui était passé d'un monastère à l'autre, mais nous ne savons de quelle manière. (*Ferri de Locres, Chron. belg.*) Ce temple était sans doute bien modeste; il fut remplacé dans la suite par un autre plus important, sur l'emplacement duquel on voit l'église actuelle. Cette église, dédiée à saint Léger, le patron de la paroisse, fut reconstruite en 1750; elle a coûté 100,000 livres, outre les briques et la chaux fournies gratuitement par les paroissiens. (*Quest. dioc.*)

Ce monument assez vaste, bâti en briques et en pierre de taille, s'élève sur un plateau qui domine les environs. Son architecture est simple et belle, et les dispositions sont bien prises. L'édifice comprend une tour carrée avec flèche ordinaire, et deux ailes en arrière-corps, offrant, l'une et l'autre, une grande niche en pierre de taille. Chaque façade latérale est percée de cinq fenêtres; le chœur arrondi est éclairé par dix fenêtres disposées en deux étages. A l'intérieur le monument présente trois nefs dont la principale, fort élevée, est de chaque côté séparée par cinq arcades reposant sur des colonnes grecques. Au-dessus de chaque colonne se détache un pilastre ionique supportant une arcade qui suit le cintre de la voûte. Les bas côtés, voûtés en plein-cintre, se terminent par deux chapelles sous les invocations de Notre-Dame du Rosaire et de saint Léger. Le chœur, entouré de boiseries en chêne, et le maître-autel en marbre n'offrent rien de remarquable.

Pendant la Révolution, l'église fut entièrement dépouillée; deux de ses cloches, ses livres liturgiques et ses objets de culte, ses statues et ses tableaux furent envoyés au district de Béthune pour être fondus ou anéantis. Bientôt après l'église fut vendue nationalement à un habitant d'Arras, qui la fit fermer. L'adjudicataire se préparait à la démolir quand elle lui fut rachetée par quelques personnes de Vendin; après le concordat, elles la rendirent au culte sans la moindre indemnité. (*Quest. Dioc.*)

Jusqu'en 1789, l'abbé de Marœuil nomma à la cure de Vendin sur la présentation de trois candidats par l'évêque d'Arras. (*Ibid*).

Au milieu du siècle dernier, on voyait encore un ermitage ; il se trouvait à droite du chemin de Lens à la Bassée. (*Le P. Ignace, Dict.*)

Dîme. — Le connétable Michel de Harnes possedait, vers 1192, une partie de cette dîme, qu'il avait achetée d'Ibert d'Hulluch et de son fils Evrard, conjointement avec son fils ainé ; il en dota l'abbaye de Marœuil. (*De Marquette, ouvrage cité.*) A la même époque, une autre partie de la dîme appartenait aux seigneurs de Vendin ; en 1202, elle fut donnée par Jean Petellon et Nicolas, son fils, au même monastère. Eustache, châtelain de Lens, confirma cette donation en la même année. En 1235, la reine Blanche, de qui relevait la dime, abandonna tous ses droits au monastère. En 1248, l'abbaye possédait à Vendin un manoir et une grange spacieuse où elle faisait déposer les récoltes prélevées. Comme le rapporte une charte donnée en 1290 par Guillaume d'Issy, évêque d'Arras, l'abbaye percevait alors huit parts sur les grosses dîmes, dont le neuvième revenait au curé. (*Arch. du Pas-de-Calais, Cartulaire de Marœuil.*) Dans la suite et jusqu'à la Révolution, la dîme fut possédée entièrement par le monastère. (*Le P. Ignace, Mém.*)

Statistique. — Le territoire de Vendin est assez fertile, quoiqu'il soit encore très-marécageux dans la partie qui se trouve à proximité de la Deûle. La plupart des habitants s'occupent de culture ; les mines houillères en emploient quatre-vingts.

Près du canal on voit un bassin remarquable construit par la Société houillère de Lens pour le chargement en bateau de ses charbons qu'amène le chemin de fer de cette Compagnie.

La commune possède une école laïque de garçons ; une école de filles tenue par des religieuses de la Sainte-Union ; un tissage mécanique de toiles, d'une grande importance ; un moulin à vapeur pour la farine ; une brasserie. Chose digne de remarque ! Vendin avait déjà une brasserie en 1070, comme le constate la charte de dotation du chapitre de Lens, titre déjà mentionné.

WINGLES.

Si ce village a quelque illustration, c'est à cause de la noble et ancienne famille qui prit son nom et qui fournit une suite de puissants seigneurs, connétables héréditaires de Flandre.

Selon M. Mannier, le nom de Wingles vient du mot tudesque *Winckel,* signifiant coin ou lieu retiré, ce que semble justifier la situation même de ce lieu, placé au milieu de marais qui jadis le cernaient presque de tous côtés. Ce qui n'est pas douteux, c'est l'origine ancienne de cette localité. Plusieurs fois on y a trouvé des tombes, des poteries et des monnaies de l'époque romaine; il y a peu d'années on y découvrait encore dans les fondations d'une maison trois grands vases gallo-romains de terre rouge. Il y a lieu de penser que Wingles était anciennement situé dans le pays de la Lys (*Pagus lœticus*).

Ce village s'est appelé *Westrewingles* en 1070 et *Wingeles* en 1145; depuis lors il porte invariablement le nom de *Wingles.* Contenance territoriale : 580 hectares. Population : 719 âmes en 1804, 891 en 1820, 883 en 1831, 805 en 1846, 762 en 1861, 795 en 1876.

Wingles a toujours dépendu de l'Artois. Quoique ce lieu fût protégé par ses marais, il a souvent partagé les malheurs de Pont-à-Vendin, Vendin-le-Vieil, Hulluch et Bénifontaine, villages limitrophes. Esquissons rapidement les principaux faits qui le concernent. Vers 881, les Normands y pénétrèrent probablement en remontant le cours de la Deûle. Les premières années du xiv° siècle furent particulièrement funestes à Wingles. Comme on l'a vu précédemment, les Flamands qui gardaient alors la Bassée ne cessaient de ravager les villages artésiens de son voisinage. En 1302, les Français de la garnison de Lens se mirent en marche pour les surprendre ; mais leurs adversaires, qui les attendaient à mi-chemin, les attirèrent dans les marais de Wingles et de Bénifontaine, où ils les défirent presque entièrement. En 1303, les Flamands ravagent Wingles et détruisent ses récoltes ; l'année suivante, ils complètent sa ruine.

Nous n'en finirions pas, s'il fallait mentionner ici les passages et séjours de troupes, les rapines et pillages, enfin les misères de tout genre qu'endura le village pendant les guerres des xiv° et xv° siècles.

Vers la fin de la guerre de trente ans, l'Espagne s'était unie plus étroitement à l'Autriche contre la France et ses alliés ; aussi l'Artois fut-il bientôt envahi de nouveau. L'an 1642, le général espagnol Francisco de Mello, se préparant au siége de La Bassée vint établir son camp sur une ligne semi-circulaire qui s'étendait depuis Douvrin jusqu'au-delà d'Auchy, en appuyant la droite de son corps d'armée aux marais de Wingles et de Bénifontaine. Ses retranchements étaient si larges et si profonds qu'ils empêchèrent les Français de secourir la place. (*Mannier, Rech. sur La Bassée.*) Les marches continuelles des troupes et leurs rapines avaient fait perdre courage aux habitants de Wingles ; c'est ainsi que beaucoup d'entre eux avaient, en 1645, quitté leur village pour se fixer à Courrières où ils trouvèrent de la sécurité et le moyen de vivre en extrayant de la tourbe. (*Breton, Le Village.*) Deux ans après, le maréchal de Gassion venait avec 8000 hommes investir La Bassée. Tous les villages des environs furent si cruellement éprouvés pendant et après le siége, qu'il n'y resta pas une seule maison debout et que les récoltes furent complètement anéanties. (*Mannier, ouv. cité.*) En fallait-il davantage pour achever la ruine de Wingles, qui avait déjà tant souffert des siéges précédents? Pour comble de malheur, l'année suivante, les Espagnols causaient de grands dégâts en ce lieu, puis les Français le dévastaient à leur tour. (*V. Art. de Pont-à-Vendin.*)

Enfin l'infortuné village jouit de quelque tranquillité jusqu'en 1706, époque à laquelle la guerre de la succession d'Espagne sévit en Artois. Mais dès lors jusqu'en 1712, ce ne fut plus pour cet endroit qu'une succession de misères et de malheurs causés par les campements, les passages et les séjours des armées en campagne, ainsi qu'on peut le voir à l'article de Vendin-le-Vieil, auquel nous renvoyons. Ajoutons toutefois quelques détails particuliers : L'hiver très-rigoureux de 1708 à 1709 amena une fort grande disette. Comme, au commencement de 1709, les alliés faisaient des préparatifs pour rentrer en campagne, les Français gaardèrent la Deûle et les lignes tirées depuis Wingles jusqu'à Cambrin et aboutissant aux marais d'Annequin. (*Corresp. de Le Febvre d'Orval.*) Le village fut menacé d'une inondation quand, au printemps de l'année suivante, on agita la question de percer les digues du canal en plusieurs endroits pour gêner la navigation ; enfin on se contenta de faire sauter l'écluse de Don. (*Ibid.*) Le calme fut rendu à la contrée, en 1713, par le traité d'Utrecht.

SEIGNEURIES. *Seigneurie principale.* Dans la seconde moitié du XIe siècle, l'une des branches de la noble et puissante famille de Wavrin possédait en même temps la terre de Wingles et la connétablie de Flandre. Cette branche, aussi appelée de Harnes et de Wingles, portait pour armes : *d'azur à l'écusson de gueules à la bande engrêlée de gueules.* On pense que ces seigneurie et connétablie, conservées dans cette maison jusqu'en 1242, furent alors transportées par Eustache de Wingles, l'un de ses membres, à Maelin de Meteren. Nous trouvons ensuite comme seigneurs et connétables : en 1256, Maelin II, chevalier, fils du précédent. — Maelin III, sans doute petit-neveu de ce dernier. — 1347. Robert de Beausart, neveu ou petit-fils. — Vers 1370. Beatrix de Beausart, fille de Robert, mariée avec Hugues de Melun, sire d'Antoing, auquel elle apporta la terre de Wingles et la connétablie de Flandre. (*De Marquette, ouv. cité ; F. Brassart, Une vieille généalogie de la maison de Wavrin.*) Ce sont les descendants de Hugues et de Béatrix qui furent successivement les seigneurs de cette terre. Comme ils étaient en même temps sires d'Epinoy, nous en avons donné la suite dans notre notice sur Carvin, ce qui nous permet de ne pas la reproduire ici.

La seconde seigneurie appartenait à l'abbaye de Saint-Pierre, de Gand. *La troisième*, qui relevait du roi à cause de son château de Lens, était possédée par l'abbaye de Marœuil. (*Le P. Ignace, Dict.* Citons aussi le fief nommé *Les Soistez*, qui fut longtemps dans la maison de Coupigny. (*Arch. du Nord, Dom. de Lens.*) Mentionnons encore le *Fief de l'Anglé* dont s'est longuement occupé M. De Marquette dans son ouvrage, auquel nous renvoyons.

Dans sa *Notice de l'état de la province d'Artois*, Bultel dit que la maison qui prit le nom de Wingles est depuis très-longtemps éteinte en Artois. Voici des faits qui concernent deux de ses membres. Guillaume de Beausart dit le Bleu de Wingles, chevalier, était un personnage fort turbulent ; plusieurs fois, en 1350, il vint inquiéter avec ses gens les paisibles laboureurs et moissonneurs du bailliage de Lens, alarmant même les habitants de cette ville. Le bailli appela du secours au son de la cloche et l'on fit des démarches auprès des agresseurs, mais ils n'en continuèrent pas moins leurs hostilités et leurs ravages. Pour mettre fin à ces désordres, le duc de Bourgogne dut intervenir ; il donna l'ordre de résister par la force aux courses continuelles du Bleu de Wingles qui fut bientôt pris et mis sous les verroux. (*Arch. du Nord, Dom. de Lens.*) — Philippe de Wingles s'était ligué, en 1568, avec les confédérés pour obtenir l'abolition de l'inquisition, le rappel des placards sur le fait de la religion et la liberté de conscience. Commandant d'une compagnie de 200 arquebusiers, il se joignit à d'autres chefs pour surprendre Amsterdam, mais il ne réussit pas dans son équipée. Pris en mer, il fut condamné à mort par le duc d'Albe, qui confisca ses biens, fiefs et héritages au profit du roi d'Espagne. (*Arch. du Nord, Ch. des Comptes.*)

CHATEAU-FORT. Cette forteresse du XIe ou du XIIe siècle, ancien château des connétables de Flandre, ressemblait à celles de cette époque : un donjon solidement construit s'élevait sur une motte factice qu'entouraient de larges fossés armés de palissades. Ce castel dont l'enclos était fort étendu fut en litige à la mort du connétable Maelin II. Un titre de 1403 porte que « noble et puissant seigneur Mgr d'Antoing » résidait alors au donjon. On voit par des dénombrements de 1400 et 1407 que l'un des moulins à eau de Harnes devait y fournir annuellement 50 anguilles. (*De Marquette et F. Brassart, ouvrages cités.*) La forteresse plusieurs fois prise et pillée, notamment en 1302, fut presque détruite en 1479, par ordre du cruel Louis XI. Le château fut reconstruit au XVIIe siècle, mais ce ne fut plus qu'une maison de plaisance pour les seigneurs du lieu ; il essuya de grands dégâts, en 1647, lors du siége de La Bassée. Les Mémoires du Père Ignace nous apprennent qu'il s'y trouvait une chapelle *castrale* à la collation de l'évêque d'Arras, oratoire autrefois desservi par un religieux de l'abbaye de Marœuil.

HAUTE JUSTICE. Elle relevait du château de Harnes et appartenait à la seigneurie principale de Wingles. Elle fut, en 1625, confisquée sur Guillaume de Melun, au profit du roi Louis XIII, mais elle lui fut rendue plus tard. (*De Marquette, ouv. cité.*) Nous trouvons dans les registres d'audience reposant aux Archives du Nord, qu'en 1528, 1530 et 1534, l'empereur Charles-Quint accorda des lettres de rémission à des habitants de Wingles qui s'étaient rendus coupables de meurtres commis dans des rixes.

COUTUME. Wingles avait sa coutume particulière, qui commençait ainsi : « Les coustumes locales des chastel, ville, terre et seigneurye de Wingles estant en deux fiefs, l'un tenu de l'abbaye de Saint-Pierre-de-Gand, et, à cause d'icelluy, le seigneur de Wingles est connestable de Flandre ; et l'autre fief est tenu du comte d'Arthois, à cause de son chastel de Lens. » C'est ce que l'on connaît de cette coutume perdue depuis longtemps. (*Bouthors, Cout. loc.*)

FLOT DE WINGLES ET MARAIS. L'étang artificiel nommé Flot contenait 193 hectares ; il s'étendait sur Wingles, Billy-Berclau, Douvrin, Hulluch et Bénifontaine, mais principalement sur les deux premières de ces communes. Cet immense réservoir établi dans des marais, le long du canal de la Deûle, fut formé, vers 1690, par l'illustre Vauban pour la défense de Lille ; il permettait d'inonder en quelques heures les alentours de cette place. Quand, au milieu de notre siècle, on eut renoncé à ce moyen de défense, désormais insuffisant, le desséchement du Flot fut bientôt décidé. Les communes reconnues propriétaires du fonds le desséchèrent si facilement qu'en 1857 une partie était mise en culture et produisait de fort belles récoltes; le reste ne tarda pas à être cultivé dans d'aussi bonnes conditions. En 1874, la vaste propriété, divisée en 26 lots, fut exposée en vente et adjugée à plusieurs personnes.

Au XIIe siècle, l'abbaye de Marœuil possédait à Wingles comme dépendances de l'autel, des manses, des hôtes ou sujets, des eaux et des marais ; c'est ce que constate une confirmation donnée, en 1183, à ce monastère par le pape Luce III. (*Ferri de Locres, Chron. belg.*) Nonobstant cette possession, le connétable Maelin II déclare, en 1256, qu'il tient en hommage lige de l'abbé et du couvent de Saint-Vaast les marais de Wingles qu'ils lui ont donnés en fief, pour être toujours possédés par le sire du manoir, c'est-à-dire par le seigneur du lieu. (*Bibl. nat., Coll. Moreau.*)

Les communautés de Wingles et de Billy-Berclau possédaient indivisément des marais dont la jouissance leur était commune, ce qui donna lieu parfois à de vives contestations et à des empiètements bientôt réprimés. Le prévôt de Billy-Berclau ayant fait planter des saules dans ces marais, le bailli de Lens, accompagné du procureur et de son clerc, de sergents, de charpentiers et de bûcherons, se rendit, en 1344, sur les lieux, où il fit abattre et couper 1643 de ces arbres. Onze ans après il y revenait pour une exécution semblable. (*Arch. du Nord, Comptes du bailliage de Lens.*)

Wingles avait, en 1764, 176 mesures de marais communaux et n'en affermait que 51 ; le reste était donc à l'usage de tous les habitants du village. (*Réfutations pour les états.*)

Eglise. La première mention de cette église se lit dans une bulle de 1145, par laquelle le pape Eugène III confirme à l'abbaye de Marœuil divers biens et spécialement l'autel de Wingles. (*Bibl. nat., Coll. Moreau.*) Une seconde confirmation de cet autel est faite sept ans après par le même pape au même monastère. A son tour, en 1183, le pape Luce III confirme à ce couvent la possession de l'autel avec ses dépendances. (*Ferri de Locres, Chron. belg.*) Cette église est et paraît avoir toujours été sous le vocable de saint Vaast ; elle avait autrefois pour annexe Bénifontaine, qui est annexée à Hulluch depuis 1807. La paroisse a toujours fait partie du diocèse d'Arras ; avant la Révolution, la nomination du curé était dévolue à l'abbé de Marœuil. Il ne reste de l'ancien monument que la tour ; elle a été bâtie en 1656 ; la flèche qui la surmonte est en bois et ardoises. Le vaisseau, qui menaçait ruine, a été reconstruit en 1821 avec les dons des paroissiens et ceux de quelques bienfaiteurs.

Chapelle bénéficiale. — Cette chapelle érigée dans l'église, à l'autel de Notre-Dame, fut fondée au XI° siècle ou au XII°, par une dame de Wingles, en l'honneur de la sainte Vierge. La donation fut confirmée et augmentée par le frère de la donatrice. La chapelle était desservie par le titulaire du bénéfice, lequel recevait, en 1679, 12 rasières de blé et 38 florins d'argent pour traitement, à la charge d'y célébrer une messe tous les jeudis. (*Le P. Ignace, Mémoires.*)

En 1793, la municipalité de la commune envoya au district de Béthune ce que l'église possédait de précieux, notamment : 3 cœurs d'or et les objets qui suivent, tous en argent : remontrance et calice brisés, 2 coupes, patène et cuiller, 2 boites aux saintes huiles, croix, croissant, 2 couronnes, médaille, 16 cœurs et 2 balles. (*Arch. du Pas-de-Calais.*) Une chasuble, dont les ornements sont du XVI° siècle, fut sauvée et rendue à l'église, lors du concordat; la croix et le devant, d'un bon dessin et d'un travail finement brodé en or, argent et soie, représentent les douze apôtres dans des niches ornementées.

DÎME. Une part revenait à l'abbaye de Marœuil, mais la plus grande partie appartenait à celle de Saint-Pierre-de-Gand qui avait acquis, en 1240 et en 1247, les droits d'Eustache de Wingles, son homme de fief. Ce couvent afferma, en 1264, moyennant 60 livres parisis par an, sa part de dîme, des redevances et tous autres droits qu'il pouvait exercer à Wingles, à l'exception de ceux de justice et de reliefs. (*Van Lokeren, Cart. de l'abb. de Saint-Pierre et Chartes et Documents.*)

STATISTIQUE. — Le sol de la commune est de bonne qualité, quoiqu'il soit en partie marécageux ; il est fertile et bien cultivé. Le commerce de la tourbe a été long-temps exercé avec profit eu ce village; la prospérité de l'agriculture l'a fait délaisser. Depuis plusieurs années, les mines houillères des compagnies de Lens et de Meurchin occupent la moitié des ouvriers; la seconde de ces sociétés a ouvert à Wingles son puits n° 3, qui a été mis récemment en exploitation. Le territoire est traversé par le chemin de fer de la société de Lens. Wingles renferme une fabrique de noir animal; cette localité possède deux écoles laïques, l'une pour les garçons, l'autre pour les filles.

CANTON DE LILLERS

BUSNES.

D'après M. Harbaville, le nom de Busnes remonte à une haute antiquité. Nous le voyons en effet figurer déjà, dès l'an 1043, dans un acte authentique, puis en 1240, dans une donation faite à l'abbaye de Mont-St-Martin. Autrefois, selon l'annuaire statistique de 1814, ce village s'appelait *Bunetum*, Buenne ; mais, selon nous, son nom pourrait bien venir de celui d'une petite rivière *Bulneti fluvius*, qui prend sa source à Canteraine pour traverser Busnes par Beaulieu, et se précipiter dans la Lys à St-Venant.

L'église est là debout depuis bien des siècles faisant anciennement partie du diocèse de Thérouanne, puis de celui de St-Omer jusqu'à la révolution de 93.

La paroisse de Busnes était alors du doyenné de Lillers dont le chapitre nommait à cette cure, qui, avec le curé et ses vicaires, jouissait d'une part de la dîme partagée avec l'évêque diocésain, selon la teneur d'un testament de Wenemar, sire de Lillers, l'an 1043, d'après Etienne Le Pez, religieux de St-Vaast.

Le curé de Busnes fut quelquefois honoré du titre de doyen de la chrétienté de Lillers. En ce temps, ce village appartenait à l'Artois, d'abord en partie, du bailliage de Lillers, puis en totalité, d'après Maillart, dans son traité sur les limites, 21 septembre 1664.

Son église, partie en pierres blanches, ainsi que la tour, indique les caractères architectoniques de la dernière moitié du XII° siècle, ou au moins de la première période du treizième ; le reste en briques rouges, par son alliance de l'architecture romane au gothique, appartient au style mixte ou de transition.

Elle est divisée en trois nefs, séparées par des arcades cintrées au nombre de six reposant sur des colonnes dont les chapitaux coniques ont la forme néogrecque. On n'y remarque point de transept, parce qu'à l'époque où elle fut construite, cet emblême mystérieux de la croix était peu connu, et n'avait pas encore acquis le développement qu'on lui donna depuis, au XIII° siècle. La longueur de cette église, dans œuvre, est de 30 mètres, sur 17 m. 50 de large, prise du portail à la tour. Son élévation, dans la grande nef, porte 10 mètres sur 6 m. 57 de largeur, et les bas-côtés ont 8 mètres de haut sur 2 m. 78 de largeur.

Cet édifice religieux, détruit et brûlé en partie, lors des guerres de religion et d'Espagne avec la France, ainsi que nous l'indiquent quelques restaurations sur les murs les plus vieux, nous rappelle de plus les dévastations des bandes flamandes, commandées par Oudard de Renty, qui, en 1346, pour se venger de son insuccès, lors du siége de Béthune, vint se jeter dans les villages voisins où il causa d'affreux ravages ; Busnes eut sa grande part. Ses habitants, alors réfugiés dans leur église comme dans un fort, tinrent tête à l'ennemi, par une noble défense, comme depuis, ils le firent à diverses reprises, pendant les courses des Anglais, 1383, des Espagnols et des Français, 1537 à 1543 et 1657, d'après ce que nous venons de dire plus haut.

Alors Condé, révolté contre son pays, à la tête de la cavalerie espagnole, va reconnaitre Turenne à St-Venant, commandant un corps d'armée de 30,000 hommes. Le général français contraint cette ville qui, après un siège de sept jours poussé avec vigueur finit par se rendre, et les campagnes sont ravagées, les environs de Busnes surtout, à cause du passage des troupes sur la Lys, pour pénétrer dans la Flandre.

A quelque temps de là le prince d'Orange chargé, à son tour, du siége de St-Venant, partit avec vingt bataillons ; il fit exécuter une tranchée qui allait depuis la rivière de Robecq jusqu'au grand chemin qui conduit à Busnes, près de l'église.

C'est vers cette époque que naquit une des célébrités de ce village, d'après Ferry de Locre : Jean d'Ongoys, vivant au XVIe siècle, et auteur d'un *Promtuarium* ou abrégé de l'Histoire universelle, livre qui jouit de quelque estime avant la publication de l'immortel ouvrage de Bossuet.

Si nous traversons la paroisse de Busnes, sur la route départementale de Lillers à St-Venant, l'un des pignons de l'église attirera certainement les regards du touriste, ou ceux de l'archéologue. En effet, cette partie si imposante de l'édifice sacré, la plus intéressante sous le rapport de l'art, est étagée d'arcatures lancéolées et superposées. Il nous rappelle le triplet roman en mitre ou fronton. Au centre se trouve une fenêtre ogivale, divisée par un meneau qui repose sur un masque humain, taillé dans la pierre. Ce côté du monument, épargné par la guerre, a su résister aussi à toute influence corrosive. Au-dessus, dans l'angle du pignon, s'encadre une baie simulée, ou peut-être une niche, portée par deux colonnettes, sur lesquelles s'appuie une arcade gothique aiguë, surmontée d'une croix. Cette baie repose sur une fenêtre double, formée par des arcades ogivales évasées qui se rattachent à deux autres, et s'agencent parfaitement dans le pignon comme soutènements extérieurs. Le tout est porté sur l'arcade lancéolée de la baie qui éclaire l'intérieur. Cette baie est divisée par un meneau perpendiculaire jusqu'à la hauteur de la naissance de l'arcade où il se bifurque en découpures lobées.

Ce pignon de pierres blanches repose sur un soubassement en grés ; il porte 7 m. 86 de hauteur dans l'intérieur des chapelles, sur 5 m, 32 de largeur à la partie supérieure, *ad-extrà*, il s'appuie sur deux piliers butants avec ornements. Le clocher de Busnes, aux proportions larges, couronne le centre de l'édifice au point de jonction de la nef et du chœur. Sur cette construction assez élevée, on aperçoit des baies ogivales, à arcade pointue, ornées de colonnettes. Au-dessus serpente, en pierre blanche, une ligne brisée par un cintre formant archivolte, ou arcature en saillie, pour abriter le cadran de l'horloge, contre les injures du temps. On y voit de plus une ou plusieurs ouvertures étroites ; peut-être ce sont les derniers vestiges des créneaux qui autrefois défendaient la tour, point de mire des assiégeants contre les habitants réfugiés dans leur église, lors de nos guerres du XIII° et du XIV° siècle.

Cette tour, qui se terminait primitivement par une flèche élégante et en pierre, finit aujourd'hui par une pyramide peu visible, de mauvais goût, et surmontée d'une croix en fer.

Sexangulaire à sa base, cette tour est entourée d'une galerie assez simple, couronnée de quelques pierres aux angles et au centre, rares jalons, sans doute, des machicoulis qui la défendaient au temps du moyen-âge. Aux coins de cette tour, vers le haut, on aperçoit quatre petites colonnes reposant sur une corniche dont l'ensemble porte, du sommet à la base, 22 mètres d'élévation, sur 4 m. 22 de largeur.

L'église de Busnes, avant la révolution, possédait trois cloches, aux sons graves et mélodieux ; le gouvernement de 93 en prit deux, pour laisser la plus forte à la commune, brisée seulement en 1853 par cas forfuit. Cette cloche pesait 1,503 kilos 500 grammes ; elle portait l'inscription suivante :

« *Messire Claude de Croy, comte de Rœux et du St-Empire, seigneur de Beaurainville et Chateau, maistre d'hostel des archiducs, capitaine général d'une compagnie entretenue ; et dame Destourmel, Houdain, Lampres, Busne, son épouse. 1619.* »

Aujourd'hui cette église ne possède plus que deux cloches, dont la plus pesante est de 1,522 kilos 500 grammes, sur laquelle nous voyons une autre inscription de date plus récente, et que voici :

« *J'ai été bénite par M. Félix Fourcroy, curé de Busnes, en présence de M. Blanquin, maire, l'an 1853. J'ai été nommée Marie-Pauline, par M. Gustave-Henri de Baillard del Bord de la Reinty, et dame Gabrielle-Florence Dunker de Cohem, douairière comtesse de Busnes.* »

Une autre inscription sur la petite cloche est ainsi conçue :

« *L'an 1786, j'ai été bénite et nommée Gomert, par M. François Legay, écuyer seigneur de Mascurre de Scotel, et autres lieux ;*

et par dame Françoise-Catherine Gomert, épouse de messire Louis-François Cochet, écuyer seigneur de Corbemont, Busnes, Triamery, Quesnoy, Carluy, et autres lieux. »

Nous pensons que cette petite cloche provient du château de Busnes qui avait une chapelle avant la révolution.

La tour qui renferme ces cloches, du côté de la route départementale, est cachée par l'accotement disgracieux d'un escalier muré de briques qui y conduit, addition assurément peu flatteuse, sous le rapport de l'art.

C'est en 1824 seulement qu'on a fait disparaître la flèche dont on craignait la chûte. Alors on a trouvé plus facile de la démolir pierre à pierre, au lieu de la consolider par une réparation intelligente, ce qui n'aurait point coûté davantage. Que n'y avait-il à cette époque, comme aujourd'hui, une commission archéologique, pour les édifices diocésains ! Le doyenné de Lillers, à l'heure qu'il est, compterait un monument de plus.

Le porche principal de cette église rappelle les siéges qu'elle a dû supporter, comme le peu de goût dont ont fait preuve les maçons (c'est le vrai mot) qui l'ont restaurée à diverses fois ; à une façade riche, en rapport avec le pignon que nous avons décrit, a succédé un mur des plus prosaïques, dans lequel on a découpé, sans proportion aucune, une porte d'entrée, encadrée dans deux colonnes plates et unies, surmontées d'un frontispice en triangle de bien pauvre style.

Pourquoi le temps, pourquoi la guerre plus destructive encore n'ont-ils pas conservé les trois pignons qui devaient sans doute correspondre aux nefs intérieures, comme sembleraient l'indiquer des raccords sur les aîles, en lignes brisées, ce qui blesse singulièrement l'œil de l'observateur ; serait-ce pour cacher ce travail informe, que quelques lignes de tilleuls ont été plantées là, ou pour embellir la place qui fait face à l'église ?

La toiture de ce monument, en partie détruite pendant nos guerres des XVIe et XVIIe siècles, a été restaurée alors, ainsi que l'indique le millésime de cette époque qu'on remarque du côté sud du cimetière. Diverses réparations de ce genre coûtèrent à la commune de Busnes de 1810 à 1812, 2,030 fr. ; en 1813, 819 fr. et en 1853, 863 fr. pour le plafond de la grande nef.

Près du sanctuaire, et du même côté, existe une petite porte en grès, à arcade semi-circulaire, type habituel de l'époque qu'elle caractérise; elle est surmontée d'une imposte inachevée, au centre un écusson veuf d'armoiries.

Cette porte donne accès à l'antique chapelle des comtes de Busnes, sous laquelle se trouve le caveau de sépulture où reposent leurs cendres. .

Dans cet oratoire, sur l'autel, fixé contre le mur, on remarque un superbe bas-relief en pierre, de couleur noire, verte et or; il représente la descente de croix et l'embaumement de Notre-Seigneur par de saintes femmes et son disciple bien-aimé. Ce saint Apôtre est de plus indiqué à droite du monument, avec cette inscription : *Espoir consolle Northoud*; à sa gauche, c'est Ste-Marguerite et ces mots : *S'il est en veu Bournel* au centre sur les genoux de la Ste-Vierge accompagnée de St-Jean et de deux femmes, et dessous, cette autre inscription : *Dame Cathérine de Baenst, fille de feu Guy de Baenst † écuyer seigneur de Menovst-Kerke, etc., vefve de feu messire Anthoine de Northoud, seigneur du dict lieu, pour exécuter l'ordonnance et dernière volonté de feu messire Jehan de Northoud et son beau-père, fondateur de ceste chapelle, a fait faire ceste table d'hostel*, 1562.

Ce bas-relief, très-bien exécuté, est surmonté d'une élégante corniche avec frise enlacée de têtes couronnées, de fleurs, de fruits, et repose sur des colonnes ou cariatides qui représentent la mort enveloppée de draperies d'or, nous rappelant, par leur forme, les momies d'Egypte.

Les nervures de cette chapelle sont très-simples, comme toute la voussure. Construite en pierres blanches, elle a 5 m. 80 de hauteur, sur 4 m. 78 de largeur; la clef de voûte porte une croix grecque; sur le mur d'enceinte, à droite de l'autel, on aperçoit une pierre tumulaire, en marbre noir, assez bien conservée : elle a 2 m. de hauteur et 1 de largeur. Sur le tailloir ou bordure sont gravés plusieurs écussons avec ces mots en caractères gothiques assez difficiles à lire : *Floury, Bournonville, Senlis, Naroentigny ?* Puis cette épitaphe *Chy gist noble demoiselle Athoynette de Floury, dame de Samer, Segier, en son temps femme et épouse* *de nosble escuyer Athoine de Northoud, sg^r de Miémon, laquelle trépassa MV quarante (1540). Priez Dieu póu só ame.* Au centre de cette pierre se trouve un ange en pied, tenant en sautoir un bouclier, en forme de losange, avec armoiries presque effacées, supporté de la main droite, à l'un des angles et de la gauche, par un ruban, à la hauteur de l'épaule.

Dans une autre chapelle, à gauche du chœur en entrant, semblable à celle dont nous venons de parler, et qui a 5 m. 86 de hauteur, sur 5 m. 32 de largeur, est placé le simulacre ou la représentation du St-Sépulcre de Notre Seigneur, en pierre, et d'une assez belle facture. Il repose sous un dais, en forme de niche ornée, style de la renaissance. C'est le corps inanimé de Jésus, entouré de la Ste-Vierge, de Joseph d'Arimathie, de Nicodême et des saintes Femmes. Ces statues ont un mètre de hauteur ; elles sont assez remarquables par leur proportion et l'expression des figures; dessous, un marbre noir relate cette inscription : *Anthoine Prvvost et Jenne Denel sa femme, avecq levrs devx filles Margverite et Marie Prvvost, povr la décoration de cest église de Busne, ont donné cest remembrance dv Sainct-Sépvlcre de Nostre-Seignevr Jéss-Christ, si ont aussi fondé vne messe chanté annvellement et à perpétvité en ladicte église, en l'honneur de monsievr Saint-Hvbert avec procession, priez Dieu pour evx.*

Parmi les tableaux de quelques valeur qui décorent cette église, il en est un qui fixe surtout l'attention : c'est, d'après M. Parenty, une descente de croix de l'école de Rubens. Un autre tableau, de petite dimension, peint sur chêne, ne manque pas non plus d'un certain mérite ; il représente Notre Seigneur en croix, les donateurs au pied, avec cette devise : *A l'honneur de Dieu et de la Ste-Vierge, Jean Réant et Jéne Dusaultoir sa femme, ont dóné ceste table, priez Dieu pour eulx.*

La cuve des fonts baptismaux, en grès, porte la date de 1440.

Quatorze fenêtres pour les nefs, cinq pour le sanctuaire, permettent à la lumière de pénétrer dans ce temple. Les premières, veuves de leurs meneaux, indiquent par des restes d'ornementation qu'elles en étaient enrichies autrefois.

Le chœur, les chapelles qui l'accompagnent, ainsi que la voûte du clocher y adjacente, n'offrent aucun intérêt archéologique. Ce chœur a 5 m. 96 de hauteur, sur 5 m. 36 de largeur et 4 m. 10 de profondeur. Des nervures peu riches, restaurées à diverses époques, sans doute, nous reportent au temps si reculé de leur construction. Le sanctuaire, trop exigu, se termine en forme carrée, de même que les chapelles latérales, dont les toits à l'extrémité, se dessinent en demi-pignons de forme conique, beaucoup plus bas que le galbe principal.

Des stalles anciennes, de style Louis XV, meublent le chœur fermé par une balustrade du même ordre ; la nef du milieu nous montre une chaire de vérité du même style, assez élégante du reste, chargée d'ornements en relief, et donnée par Pierre Rose et Isabeau Poulet, l'an 1633.

Dans la tourmente révolutionnaire, l'église fut vendue et devint un édifice public qui, tour à tour, servit de club, de salle de danse et de fabrique à poudre. Grâce à l'énergie des habitants de Busnes, la déesse *Raison* n'y implanta point son culte ignoble.

Elle fut rendue au culte le 20 février 1802, 1er ventose an X de la République. Alors Mme de Corbemont, comtesse de Busnes, lui offrit un calice en argent, ainsi que plus tard, en 1820, Lemerchier de Criminil, curé de cette paroisse, ancien chanoine gradué de la cathédrale de St-Omer ; puis un autre calice et une somme de 200 fr. pour la restauration du chœur.

Une somme de 3,049 fr. 40 fut employée à bâtir une sacristie, sans style, en l'an 1842, et en 1846 on a dépensé 1,800 fr. pour un maître-autel de forme gothique.

Les démagogues de St-Venant venaient de prêcher la *montagne* dans l'église de Guarbecque, ils se disposaient à faire de même dans celle de Busnes avec l'intention de livrer aux flammes les statues et les images des saints qu'elle contenait : ils font appel à leurs *frères* de ce village, puis le nommé Mayolle se charge de l'exécution de cette œuvre impie ! Il commence d'abord par vouloir descendre un antique Calvaire fixé dans l'intérieur au haut de la tour, à l'aide d'une corde fixée au cou du Christ ; il l'arrache, et tombe de tout son poids sur le sol. Six dalles du marbre le plus dur sont brisées, et la croix, quoique très-ancienne, reste intacte aux pieds du malheureux. Cette espèce de prodige le touche, et alors, soit crainte ou respect, il jure de ne pas livrer ce Calvaire, et encore moins de laisser profaner la maison de Dieu. Mais ce n'était point ainsi que l'entendaient les révolutionnaires de St-Venant, on en vint donc aux mains. Les patriotes de Busnes, et à leur tête Mayolle converti, armés de bâtons, de fléaux ou d'autres armes plus meurtrières encore, défendent leur église; les femmes munies de vases remplis de cendres jettent à la tête de l'ennemi ces sortes de projectiles. Nous renonçons ici à retracer les diverses phases de ce combat dont la victoire ne fut pas douteuse, mais nous dirons que nos fanatiques de St-Venant, peu soucieux de perdre la vie, ou de devenir aveugles, cédèrent à nos Jeanne Hachette improvisées, pour fuir à toutes jambes, après avoir laissé quelques-uns des leurs sur le champ de bataille. C'est par ce stratagème hardi, que l'église de Busnes dut sa conservation, à cette époque si malheureuse.

On voit quelques restes d'une large bande noire sur le pourtour de ce monument, ornée de l'écusson seigneurial presque effacé, il nous rappelle l'antique famille des comtes de Busnes qui, l'an 1499, comptait, parmi ses membres « messire et maître Philippe de Busnes, » prêtre doyen, chanoine de Lens, d'après Estienne Le Pez, et dont la seigneurie, suivant le Père Ignace, appartenait à la maison de Corbemont, l'an 1745.

Brantome, dans ses mémoires, cite un comte de Rœux, seigneur de *Buenne* qui y fut enterré. Plusieurs générations de ses anciens maîtres sont donc là, dans le caveau de famille, près de la petite porte d'entrée et reposent ainsi sous les dalles de leur chapelle funèbre.

Le village de Busnes avait une coutume en 1507. Il dépendait du bailliage d'Aire.

D'après les recensements de 1846 et de 1851, il y a les rues et hameaux de la Merquellerie, de la Pierrière, de l'Epinette, de la Brunerie, de Lalleau, du Château, de l'Eclème, rue Basse, et la Hollanderie. Il y a aujourd'hui 1576 habitants.

Busnette, hameau, était au VIIe siècle une forêt qui avait donné son premier nom à la bourgade de Lillers, comme on peut le voir plus loin.

L'abbé ROBERT.

La nouvelle Église de Busnes. — A cette notice de feu M. l'abbé Robert, sur Busnes, nous devons ajouter la description de la nouvelle Église, qu'une mort prématurée l'a empêché de donner lui-même.

Cette nouvelle Église est due à l'initiative de M. Faydit, curé de Busnes, mort, lui aussi, avant le complet achèvement de l'œuvre remarquable dont M. Normand, d'Hesdin, est l'architecte, et M. Germain Desquesnes l'entrepreneur.

L'Église est construite dans le style du XIIIe siècle : elle a trois nefs, des bras de croix, un chœur à chevet plat, terminé par trois fenêtres ogivales, surmontées d'une belle rosace. Les bras de croix sont également terminées par trois fenêtres et une rosace.

La tour, encore incomplète, est au bas de la grande nef, terminée elle aussi par une rosace au-dessus de la tribune des orgues.

De chaque côté du chœur sont deux petites chapelles. Deux autres terminent le bas des petites nefs, de chaque côté de la tour.

L'Église est bâtie en briques, avec les colonnes, colonnettes et encadrement aux fenêtres en pierre de Creil. Les voûtes sont en briques avec les cordons en pierre.

Dans la partie supérieure de la grande nef du transept et du chœur règne un *triforium* dont les colonnettes et les trèfles produisent le plus bel effet.

La longueur totale de l'Église intérieure, depuis le haut du chœur jusqu'à la tour qui est au bas de la grande nef est de 38 mètres.

Les trois nefs ont 21 m. de longueur et ensemble 12 m. de largeur. Le transept mesure 18 m. de longueur et 6 m. 30 de largeur.

Le chœur a 10 m. de long sur 6 de large.

La hauteur des grandes voûtes du chœur, du transept et de la nef principale est de 12 m. Celle des petites nefs est de 6 m. 50.

Il reste à achever la tour qui est à la hauteur de la voûte de la grande nef.

A l'exception d'un secours de 10,000 francs donné par le Gouvernement, la nouvelle église de Busnes, très-remarquable et d'un grand style comme d'une parfaite exécution, a été construite aux frais des habitants et par leur générosité. C'est un fait assez ordinaire aux populations religieuses du Pas-de-Calais pour qu'il soit presque superflu de les féliciter. Elles savent ce qu'ont fait leurs pères et elles tiennent à ne pas montrer moins de fidélité qu'eux aux pratiques de la Religion. La culture des arts a d'ailleurs toujours été un sujet d'occupation cher aux Artésiens, et, sous ce rapport aussi, les habitants de ce beau département tiennent à ne pas dégénérer.

CALONNE-SUR-LA-LYS

Le P. Ignace, dans ses Mémoires sur le diocèse d'Arras et autres ouvrages, nous donne sur ce village les renseignements que l'on va lire. Les 38 volumes in-folio du P. Ignace, propriété de l'ancienne Académie d'Arras, sont aujourd'hui déposés à la bibliothèque communale de cette ville. C'est toujours avec fruit qu'on les consulte, lorsqu'il s'agit de connaître les détails de l'histoire de l'Artois.

Calonne-sur-la-Lys, ainsi nommé pour le distinguer d'un autre village aussi d'Artois nommé Calonne-Ricouart, diocèse de Boulogne, forte commune au confluent de la Clarence dans la Lys à droite des deux rivières, à une lieue de St-Venant, à deux de Béthune, ancienne seigneurie de la maison de Wassenaër dans celle de Ligne d'Aremberg, et par acquisition dans celle de Spinola fut enfin vendue à un particulier de Béthune du nom de Decroix qui la possédait en 1732.

Il y a curé et vicaire. St Amé est patron de l'Eglise, où est établie une confrérie de saint Joseph. C'est un vaisseau à 3 nefs dont le vitrage est du XVIᵉ siècle, peint dans le goût de ce temps là. Le clocher est de pierres aussi bien que la flèche. (*Dict. du P. Ignace.*)

La seigneurie de ce lieu avec celles de la Viéville et du Petit Gavre ont été acquises en 1660, 1666, et 1668 par Philippe-Charles-Hipolithe Spinola ayeul du comte de Brouay dernier de ce nom. Celui-ci ayant été tué au siége de Douai le 30 août 1712. Le comte d'Arberg qui prouva être le plus proche héritier, obtint les trois terres ci-dessus 1716. Il en jouit jusqu'en 1732, époque ou les Ringraves parvinrent à prouver à leur tour qu'ils étaient les plus proches parents. Le 4 septembre 1738 le comte de Salm épousa à Bruxelles la fille du prince de Rubempré. La sœur de ce seigneur a été donnée peu de temps après en mariage au prince de Hornes : par cette alliance la terre et seigneurie de Calonne lui fut donnée par son contrat de mariage avec la princesse de Salm-Ringrave, dame de Vimy-Farbus et à qui Calonne est tombé par partage.

Il y avait anciennement dans ce lieu un prieuré de bénédictins de l'abbaye de St-Martin d'Ypres depuis érigée en Cathédrale. Ils retournèrent en ce monastère lorsque les conciles supprimèrent les petites communautées ; ce prieuré était près de l'Eglise, le cimetière entre deux, c'est à présent la ferme du chapitre d'Ypres depuis que cette abbaye a été sécularisée. L'Eglise de Calonne bâtie du temps qu'elle était desservie par des moines, du moins pour le clocher, consiste en un chœur et deux chapelles en cul-de-lampe. Si le tout a été voûté, comme il y a de la vraisemblance, il n'en reste plus aucuns vestiges. Entre ce chœur et les trois nefs est le clocher qui contient trois belles cloches. Ce clocher est une masse de pierres voûtée pour voir de la grande nef en partie sur l'autel, cette masse s'élève ensuite hors et au-dessus de l'église en forme octogone. Là sont enfermées les cloches, à chaque angle. Sur l'extrémité de la tour, est une ouverture à chaque face, tout à jour, et le befroy qui soutient les cloches est plus bas que ces fenêtres, de sorte qu'on n'en voit rien et qu'on a peine à les entendre ; le clocher est surmonté d'une flèche aussi de pierres, de même figure que la tour, mais sans fenêtre ni ouverture, chaque angle est orné depuis le haut jusqu'au carré de boules travaillées sur pierres de distance en distance. L'édifice est ancien, surtout pour l'église, sacristie et chapelles, le tout est de grès pour la plus grande partie. Le cimetière qui l'environne est fermé de haies, il y a deux chapelles de dévotion en l'honneur de la Ste Vierge, l'une sous l'invocation de N.-D. d'Heureux Trépas, l'autre sous celle de N.-D. de Bon Secours : la première fut bâtie par le curé Charles Wavrin, natif de Béthune, qui a fondé un haut double pour le 4 novembre, fête de saint Charles son patron.

A la fin de l'année 1741, le parlement de Paris prononça un arrêt, en faveur des propriétaires des dixmes de Gonehem, Montbernenchon, Robecq et Calonne contre les habitants con-condamnés par appel à faire à leurs dépens le curement de la rivière. Les difficultés mues entre les seigneurs et les paroisses sur la Clarence, pour le curement et l'écoulement des eaux de cette rivière n'étaient point encore finies en 1741.

J'ai remarqué ailleurs que la paroisse et le territoire de Calonne étaient d'une grande étendue, aussi y a-t-il plusieurs fiefs et seigneuries.

Il y a 4 moulins à eau dans Calonne, ils sont tous contigus sur la Clarence, un peu au-dessus du confluent de cette rivière avec la Lys, ils appartiennent tous quatre à la principale seigneurie et sont à différens usages. L'un est à blé, l'autre le brage, le 3ᵉ le colzat et le 4ᵉ pour le tan.

On a vu au dictionnaire l'article de la Clarence pour le procès, qu'il y a eu à l'occasion de cette rivière et que l'abbé de Chocques a gagné. Les habitans de Calonne en ont eu un autre dans le même temps pour le même sujet contre la princesse de Robecq. Elle ou ses vassaux de Robecq retenaient les eaux ou négligeaient le curement de la rivière. Le Conseil d'Artois jugea en faveur des habitants de Calonne par une sentence exécutoire contre les parties pour lever sur elles 500 l. par semaine jusques à parfait curement de la rivière. Il fut mis à l'affiche pour le donner au rabais ; les parties aimèrent mieux se rendre adjudicataires que d'en payer les frais : ainsi finit le procès.

Dès le commencement du xiv° siècle, la seigneurie de Calonne-sur-la-Lys était dans la seigneurie de la Viéville. Jean de la Viéville, seigneur de Thiennes en Flandres était propriétaire de Calonne. Il eut pour fils Sohier qui épousa Jeanne D. d'Aumainville. Leur fils aîné se nommait Jean, qui fut père d'un autre Jean de la Viéville seigneur de Thiennes, de Thois et de Calonne-sur-la-Lys. Ce dernier épousa Marguerite, héritière de la Vacquerie. Elle fut mère de Bonne de la Viéville, dame de Thiennes, Calonne-sur-la-Lys, etc. Bonne fut alliée en premières noces à Jacques de Crevecœur, fils de Jean et de Blanche de Saveuse. Du mariage est issu Antoine de Crevecœur, gouverneur d'Arras. V. Dictionnaire.

Il fut héritier de sa mère et lui succéda dans les terres de Calonne-sur-la-Lys, de Thiennes en Flandre, de Thois et vivait à la fin du xv° siècle. Son fils aîné Jean de Crevecœur fut son héritier et gouverneur d'Arras après lui. Celui-ci n'eut qu'une fille nommée Claude qui fut dame de Calonne, mais étant morte sans laisser d'enfants de son mari Antoine de Craon, François de Crevecœur son oncle paternel fut son héritier et posséda la terre de Calonne et autres. Louise sa fille unique en fut après lui propriétaire. Elle eut deux maris, Guillaume de Gouffler et Antoine de Hallewin. Ainsi la terre de Calonne entra de la maison de la Viéville dans celle de Crevecœur ensuite dans la famille de.....
(Le P. Ignace: *Mém*. *T*. V*I*, *p*.788-797.)

Ce village contenait en 1737, 850 communiants, la paroisse s'étendait dans une grande partie de la rue de Robecq, où il y a une chapelle de dévotion bâtie l'an 1732 en l'honneur de Notre-Dame de Foy, c'est l'endroit le plus éloigné de l'église de Calonne. La rue qui va de cette église à Merville est appelée la rue de Marœuil. Il y a de Neuville à l'église de Calonne une petite lieue.

La place de ce lieu est un endroit amazé de 15° de maisons à gauche de la Clarence, à quelque distance de l'église, la rivière entre deux, car la Lys qui vient de St-Venant, le long de St-Floris à gauche et de Robecq à droite, laisse du même côté Calonne pour aller à Merville.

Au milieu de cette place est une chapelle de dévotion dédiée à St-Liévin. Pour aller de là à l'église est un pont de bois sur la Clarence au-dessus duquel sont trois moulins dont l'un est appelé le gros moulin ; peu après ce pont est l'embouchure de la rivière avec la Lys qui facilite le commerce par le moyen des bateaux avec les villages voisins de ces rivières et avec Merville, Lagorgue Estaires et autres villes.

Il y a à Calonne un magistrat composé de maire et d'échevins à la nomination du seigneur. La basse rue ainsi appelée et qui est à gauche de la Clarence entre Robecq et ce village est de trois paroisses. Le haut ou commencement est de celle de Robecq ; le milieu de celle de Montbernanchon et l'extrémité ou la fin de celle de Calonne.

Le curé Charles Wavrin, bienfaiteur de cette église, après y avoir fondé l'office pour le jour de saint Charles, son patron et quelques obits, y mourut en 1732. Il est inhumé dans le cimetière devant la chapelle qu'il avait fait bâtir. (*Addition aux Mém.*, *t. I*er*, f*° *556.*)

1660. Après la paix des Pyrénées qui eut lieu cette année, ce village qui a toujours appartenu au diocèse d'Arras demeura dépendant pour le civil de la juridiction d'Aire et par conséquent continua d'appartenir à l'Espagne. (*Mém.,t. I*er*,page 382.*

Patron de l'église, saint Omer, collateur de la cure, le chapitre d'Ypres. Décimateurs, le chapitre d'Ypres, l'abbaye d'Etrun, les chartreuses de Gosnay : seigneurs, la maison de Brouay, aujourd'hui la maison de Montmorancy. Les héritiers de la maison de Spinola en Italie contestent cette seigneurie en qualité de dépendance de la maison de Brouay ; l'affaire a été jugée en faveur de ceux-ci. (*V. Mém. t.* v, *page 185.*)

HAMEAUX : Bohême, la haute rue des Vaches, la basse rue des Vaches, la rue de Robecque, la rue du Bois.

Robert Gaguin, général des Trinitaires, l'un des savants hommes de son temps, était de ce lieu. V. Dictionnaire et différents endroits de nos mém. (*Mém., t. III, p. 466*).

Robert Gaguin, 20me ministre général de l'ordre de la Rédemption des captifs, est né à Calonne-sur-la-Lys, d'une famille assez obscure. Il entra dans un couvent des Mathurins, à Provins en Champagne. On lui trouva des dispositions qui engagèrent ses supérieurs à l'envoyer à Paris. Il fit ses études dans l'université et y fut reçu docteur. Son grand mérite le fit plus tard parvenir au généralat de son ordre.

Une grande connaissance des hommes et une prudence consommée lui acquirent une estime universelle. Il passait aussi pour l'homme de son siècle qui écrivait le mieux en latin. Il fut employé par les rois Charles VIII et Louis XII, dans plusieurs négociations aussi importantes que difficiles, en Italie, en Allemagne, en Angleterre. Ces voyages altérèrent sa santé et interrompirent ses études. Au retour d'une de ses ambassades, il revint fort malade, et ne put obtenir du Souverain un seul regard pour le dédommager de ses souffrances et de son travail. « Voilà, disait-il, comme la Cour récompense! ».

Il mourut à Paris en 1501, avec la réputation d'un homme sincère et reconnaissant. Il n'abandonnait pas ses amis dans la disgrâce.

Nous avons de lui plusieurs ouvrages en vers et en prose. Les principaux sont : *Histoire de France*, en latin, depuis l'origine jusqu'à 1499, in-folio, Lyon 1524, traduite en français par Desrey en 1514 ;

Chroniques et histoires faites et composées par l'archevêque Turpin, traduites du latin en français, par ordre de Charles VIII, 1527, en lettres gothiques, in-4o, ou Lyon, 1583, in-8o ;

Des *Epitres* curieuses, des *harangues* et des *poésies*, en latin, 1498, in-4° ;

Histoire romaine, en 3 volumes in-folio, en caractères gothiques, aujourd'hui fort recherchée ;

Poème latin sur la *Conception Immaculée* de la sainte Vierge, imprimé à Paris en 1497.

Robert Gaguin fut un homme instruit, laborieux, utile, dévoué : Calonne-sur-la-Lys doit être fière de lui avoir donné le jour.

Calonne-sur-la-Lys compte aujourd'hui une population de 1662 habitants.

GONNEHEM

Ce village s'est appelé autrefois *Gosneheim* et depuis *Gonnehem*. En 1099 il relevait du sire de Béthune. Gonnehem a aujourd'hui une population de 1906 habitants.

Le P. Ignace désigne Gonnehem comme un *gros village* du diocèse de Saint-Omer, au doyenné de Lillers. Il est, dit-il, sur la Clarence, au-dessus du confluent de cette rivière avec la Lys, et au-dessous de l'abbaye de Choques. Un chanoine régulier de ce monastère en est prieur-curé.

L'église paroissiale est sous l'invocation de saint Laurent martyr. Elle a pour secours *Busnette,* dont l'église est sous l'invocation de sainte Madeleine.

La seigneurie de Busnette est dans la maison de Beauffremetz. Celle de Gonnehem a été achetée par Antoine-François Ansart, natif d'Arras, qui en porta le nom jusqu'à sa mort, arrivée en 1746. Il y a deux fermes et fiefs avec maisons seigneuriales, du diocèse de Saint-Omer, paroisse de Gonnehem, près de l'abbaye de Choques : elles se nomment *Le Quenoy* et *Corbeau-mont*.

GUARBECQUE

Guarbecque, autrefois appelé Garbeka dans les titres latins, est aujourd'hui un village de 790 habitants, autrefois village d'Artois, subdélégation de Saint-Venant, diocèse de Saint-Omer, juridiction du bailliage de Lillers, et par appel à la gouvernance d'Arras. Le mot *Becque*, en flamand ruisseau, indique sa position sur le cours d'eau dont il porte le nom. Guarbecque est surtout remarquable par son église ancienne, déjà publiée dans la statistique monumentale, et que nous allons décrire ici.

L'EGLISE DE GUARBECQUE. — Un demi-siècle environ avant cette époque mémorable qui vit naître à la fois Pierre de Montereau, Robert de Luzarche, Libergier, l'architecture romane régnait sans partage : quoique l'ogive eut depuis longtemps paru dans les baies des fenêtres et des tours, il y avait encore loin de cette exécution déjà brillante aux hardies conceptions de l'école qui allait suivre; cependant, ce style de transition plaisait à l'œil, sans effrayer l'imagination par un aspect de force et de solidité qui lui est propre, et souvent par des ornements d'une richesse extraordinaire.

L'église de Guarbecque réunit ces caractères d'une manière si complète, que je crois pouvoir, sans hésitation, la faire remonter à la seconde moitié du douzième siècle en l'absence même de tous les documents écrits.

Le plan de l'église consiste en trois nefs reconstruites en grande partie en 1702 et 1705, un transept inégal et une abside de peu d'étendue terminée ainsi que le transept par un mur droit. L'abside, le transept, la façade de l'Ouest et la tour, voilà l'édifice du douzième siècle.

L'appareil n'a rien de remarquable, les contre-forts sont de simples pilastres rectangulaires et nus, montant jusqu'à la corniche qui se compose de petits arceaux en plein cintre retombant sur des corbeaux sculptés en tête de monstre, d'animaux ou d'ornements tirés du règne végétal.

La façade de l'ouest quoiqu'ayant subi de graves mutilations, est encore remarquable. La porte principale ou majeure a perdu son tympan et ses riches voussures : elle est accompagnée de deux fenêtres sans meneaux, légèrement ogivales, décorées de colonettes rondes engagées. Dans l'archivolte circule un boudin entre deux bandeaux, l'un de violettes ou étoiles, l'autre de zigzags ou chevrons brisés; un gable tronqué reposant sur la corniche surmonte cette façade, il est orné de trois animaux dont deux occupent le bas des rampants, et l'autre le sommet : il serait difficile de dire avec certitude à quel genre appartiennent ces sculptures mutilées par le tems; cependant les deux premières paraissent être des lions, et la troisième l'agneau de Dieu, quoiqu'il soit dépourvu du nimbe et de la croix qui sert si souvent à la distinguer au moyen-âge.

La place occupée par les tours dans les édifices romans fit tenter aux artistes de nombreux essais, tantôt ils les placèrent près du portail de l'Ouest, quelquefois aux extrémités du transept, d'autres plus heureux eurent la hardiesse de les élever en coupole sur les piliers de la croisée comme celle de l'église de Guarbecque dont elle fait le plus bel ornement. Cette tour quadrangulaire se compose de trois parties bien distinctes; la première, presqu'entièrement cachée par le pignon de l'abside, est percée d'une fenêtre en plein cintre dans laquelle s'encadrent deux ouvertures géminées, elle est séparée de la seconde par un riche cordon soutenu dans les angles par des colonnettes cannelées. L'artiste semble avoir réservé pour l'étage destiné aux cloches sa plus riche parure, les ouïes s'ouvrent en doubles baies ogivales et géminées, dont les voussures décorées de zig-zags, de billettes et de moulures portent sur d'élégantes colonnettes, les tympans sont ornés de roses quadrilobées aveugles, et la corniche est gracieusement soutenue par une arcature retombant sur des corbeaux.

J'arrive maintenant à la troisième partie composée d'une pyramide octogone : cette forme, qui offre d'assez grandes difficultés d'exécution, était très-rare au douzième siècle; dans la Normanabodie et la Bretagne, les plus belles tours de nsition sont surmontées de flèches quadrangulaires, cependant, la forme, à la fois élégante et robuste des clochetons décorés de pleins-cintres qui cantonnent l'aiguille de Guarbecque, la parfaite ressemblance de leurs colonnettes avec le reste de la construction m'autorise, je pense, à la regarder comme appartenant à la même époque.

L'examen de la gravure qui représente la tour et qui a été publiée dans la statistique monumentale du Pas-de-Calais, appelle l'attention sur une particularité étrange qui va nous arrêter un instant. La plupart des colonnettes qui soutiennent les voûtes des baies reposent sur des statues couchées représentant des lions : l'usage de placer ainsi ces animaux le plus souvent aux portes est plus fréquent dans le Midi que dans le Nord;

ils se rencontrent en grand nombre en Italie (1), à Plaisance, Parme, Modène, Ancône, Ferrare, Terracine, Vérone, Padoue, Sainte-Marie de Toscanella, et dans nos provinces méridionales aux portails de Saint-Gilles, de Saint-Trophime d'Arles et de Moissac, à Saint-Michel du Puy et même à Cologne, sur les bords du Danube à Ratisbonne (2) : l'église abbatiale de Saint-Jacques des Ecossais, consacrée en 1120, nous en offre un nombre vraiment extraordinaire : dix lions placés sur les chapiteaux soutiennent les voussures de la porte principale, tandis que quatre autres semblent garder l'entrée de l'église. A la chapelle Palatine de Palerme (3), ils ont une autre destination : deux lions de marbre se disposant à dévorer un homme et un bœuf renversés supportent le beau candélabre pascal qui se voit à côté de l'Ambon.

Il me paraît hors de doute qu'un ornement répété si souvent et en si grand nombre ne peut être dû au caprice des artistes et doit avoir une signification symbolique que je vais chercher à pénétrer.

Les bestiaires du moyen-âge nous parlent avec complaisance du lion « *par coi !* » nous disent-ils, « *il est roi de totes les bestes* » puis ils comparent ses qualités merveilleuses au Sauveur : « *Sic et salvator noster spiritualis Leo de tribu Juda....* » et sa magnanimité à l'homme (4).

L'abbé Crosnier, dans sa savante histoire iconographique du lion, nous dit : « *Qu'il a été toujours considéré comme le symbole » de la force, soit matérielle, soit morale, de la générosité, de la » vigilance.* »

Les Egyptiens placèrent les premiers des lions à la porte de leurs temples comme de fidèles gardiens. Emblème de force et d'autorité, ils servirent de support au trône des rois et aux siéges des magistrats romains. Le Christianisme en s'appropriant ce symbole avec tant d'autres en fit : « *tantôt le type du bien : c'est le*

---

(1) Histoire symbolique et iconographique du Lion, par M. l'abbé Crosnier.
(2) Monuments anciens et modernes par Gailhabaud.
(3) Nicola Buscemi, capella del real palazzo di Palermo.
(4) Charles, Cahiers d'archéologie mélangés (tome II.)

» *lion de la tribu de Juda qui se repose après avoir triomphé de*
» *ses ennemis* (Vicit leo de tribu Juda. Apoc. 55)..... *tantôt c'est*
» *le type du mal : c'est l'emblême de l'esprit de malice qui cherche*
» *à se jeter sur sa proie pour la dévorer* » (tanquam leo rugiens
» circuit quœrens quem devoret. 1 Pet. 5. 8.) (1).

La colonne, nous fait encore judicieusement remarquer le même auteur : « *est le symbole de l'Eglise définie par Saint-Paul....*
» (Columna et firmamentum veritatis, Tim. 1. 3.) *la base est sur la*
» *terre, le sommet s'élève vers les cieux.* » Le lion, type du mal, image de la force matérielle, mord la base de cette colonne que le Sauveur l'oblige de porter comme au portail de Saint-Gilles, ou bien il dévore un mouton, un enfant, même un guerrier : ce sont les persécutions des premiers âges du Christianisme.

Dans l'église de Saint-Jean, à Pistoja (Italie), la chaire de marbre si riche en ornemens symboliques, est aussi soutenue par deux lions ; mais ils n'ont pas l'aspect féroce des animaux de Saint-Trophime et de Palerme : c'est ici l'emblême de la focre morale, le lion, type du bien, l'un protège de ses griffes puissantes un lièvre, image de la vertu timide, et l'autre un chien, symbole de la fidélité du chrétien.

Entrons maintenant dans l'église ; la première chose qui frappe les regards, ce sont trois arcs mettant en communication les nefs avec le transept et le chœur ; ils reposent sur de robustes piliers cantonnés de colonnettes et surmontés des plus riches chapiteaux. On y voit représentés, au milieu de contours capricieux et de feuillages, des animaux à tête humaine enlacés, des aigles becquetant une grappe de raisin, un monstre dévorant sa proie. Il peut être permis de donner à ces sculptures étranges un sens mystique et profond, mais je laisse l'iconographie poursuivre le cours de ses recherches, plutôt que de me livrer à des écarts d'imagination. Sur les consoles qui supportent l'arc de l'abside, l'artiste ou imagier a représenté Adam et Eve sur le point de manger le fruit défendu, à côté de l'arbre de la science ; la naïveté de cette composition est vraiment remarquable.

(1) L'abbé Crosnier.

Avant le douzième siècle, les architectes éprouvaient de grandes difficultés pour voûter leurs églises ; à cette époque, ils eurent l'ingénieuse idée de les diviser d'abord en carrés par des arcs parallèles, ensuite en triangles par des nervures diagonales : ce système prit le nom de voûte d'arête et devait donner naissance aux combinaisons les plus hardies du style ogival, en portant la pression sur des points correspondants aux piliers et aux contreforts. A Guarbecque, les voûtes sont déjà coupées diagonalement par des arêtes très-élégantes, décorées de deux boudins et de chevrons brisés ; dans les transepts, elles retombent sur des masques d'hommes et de femmes du plus beau caractère : je ne saurais trop appuyer sur la netteté et la vigueur de ces admirables têtes qu'on peut comparer aux plus nerveuses sculptures du treizième siècle.

Il serait maintenant intéressant de lever le voile du passé et de savoir quel fut le fondateur de ce curieux édifice. Tout ce que nous apprend Malbrancq (1), c'est qu'à la date de 1208, le fils du sire Hadewide de Garbeka fut guéri miraculeusement par les mérites de saint Bernard. La reconnaissance de ce seigneur pour une faveur du ciel aussi signalée lui fit-elle élever l'église que je viens de décrire ? C'est ce que l'histoire ne dit pas. Les caractères de l'architecture me paraissent indiquer une date plus ancienne d'environ un demi-siècle. Cependant, il n'est pas sans exemple que dans un village reculé où les progrès des arts ont dû arriver tardivement on ait bâti avec des élémens anciens, plus longtemps qu'au milieu d'une grande cité.

Les mémoires du temps ne nous apprennent plus rien sur Guarbecque jusqu'en 1620 : à cette époque, pour des raisons que l'on ignore, cette seigneurie fut vendue avec celles de Quernes et de Lillers, par un décret du conseil de Malines à la dame de Lalaing, baronne d'Escocnaix, épouse de Florent, comte de Berlaymont ou Barlaimont (2) ; elle portait pour armoiries de gueules

---

(1) Mémorial historique et archéologique du Pas-de-Calais, par M. Harbaville.
(2) Mémoire de M. de Biéville contre le chapitre de Lillers, 1777.

à dix losanges d'argent (3, 3, 3, 1,) et son mari fascé de gueules et de vair de six pièces ; ces seigneuries furent revendues devant le conseil d'Artois en 1633 à la maison de Carnin (1) dont les armoiries étaient de gueules à trois têtes de léopard d'or lampassées d'azur (2). Jacques-Gilles-Bonaventure de Carnin, tué à la bataille de Parme en 1734, fut créé marquis de Lillers ; il avait épousé en 1726 Isabelle-Claire-Joséphine de la Tour-Saint-Quentin, dont il n'eut qu'une fille qui se fit religieuse. La seigneurie de Lillers et de Guarbecque passa alors à son frère Albert-François de Carnin, qui donna à l'église la grosse cloche qu'on y voit encore aujourd'hui, sur laquelle est gravée l'inscription suivante, sous l'image du Christ, de la Vierge et de Saint-Nicolas, patron de l'église :

« *Haut et puissant seigneur, messire Albert-François, comte*
» *de Carnin, marquis de Lillers, seigneur de Guarbecque, maréchal*
» *des camps et armées du roi d'Espagne, capitaine commandant des*
» *gardes wallonnes. J.-B. Herenghuel, curé de cette paroisse en*
» 1758. *Les Gouvenot et Baudoin m'ont fait.* »

La petite cloche porte une inscription latine beaucoup plus ancienne :

« *Expensis capituli oppidi ariensis fabricata sub anno Domini* 1694.
» *Signum cap. St.-Petri ariensis,* » autour de la figure de Saint-Pierre portant ses clefs.

A. DE BEUGNY D'HAGERUE.

LILLERS

1° HISTOIRE

La première fois qu'il est parlé de cette ville que Malbrancq appelle *Butnetus*, de la forêt de Bunette qui l'avoisine (3), c'est

---

(1) Dénombrement du 20 juin 1671 et du 12 mars 1681.
(2) Note de M. le baron de Hauteclocque.
(3) Malbrancq, de Morinis, t. 1, p. 525-528.

à l'occasion de deux saints personnages, Lugle et Luglien, en 695, date que d'autres auteurs ont changée en 700, 720 et 725 (1). Toujours est-il que l'historien, si souvent merveilleux, des Morins, nous rapporte que ces deux Saints, d'une extraction princière Irlandaise, étant partis de Thérouane pour se soustraire à la vénération que leurs miracles leur avait attirée, furent attaqués, dans la profonde vallée de *Scyrendala*, par des brigands, qui après les avoir mis en pièces et jetés dans un ravin, laissèrent également pour mort sur la place Erkembode (depuis abbé et évêque), le seul de leurs disciples qui ne les avait pas abandonnés. Mais les blessures de celui-ci n'étant pas dangereuses, il fut témoin des prodiges dont Dieu honora ses serviteurs : car la nuit suivante, il vit une troupe d'anges descendre par une échelle lumineuse, puis, une pluie abondante étant survenue, les eaux rassemblées au fond de la vallée, transportèrent les corps des deux victimes dans un village, aujourd'hui encore de la dépendance de Lillers, nommé Hurionville (autrefois Herrouville, *ex antiquo Theutonum etymo dominorum villam significante*, dit Malbrancq). Le fait ayant été rapporté par Erkembode à Théodoric de Baine, évêque de Thérouanne, celui-ci se rendit sur les lieux et transporta ces précieuses reliques dans son château d'Almer qui était proche (2).

Près de l'endroit où les deux corps avaient été trouvés, il fut bâti une chapelle, recontruite en 1625, par Messire de Lierres, Seigneur de Fréfay, et qui subsista jusqu'à la révolution de 1793 (3).

Le château d'Almer ayant été détruit par les Normands en 900, les reliques des deux Saints furent transportées à Lillers, qui leur doit son accroissement. Isabelle de Portugal, femme de Phi-

---

(1) Recherches sur l'Artois; Pouillé du diocèse de Saint-Omer, manuscrit, 1785.

(2) Antoine Herby, natif de Lillers, chanoine d'Arras, publia une vie des saints Lugle et Luglien, imprimée en 1694.

(3) Histoire des saints Lugle et Luglien, par un dominicain. — On peut aussi consulter, sur les deux saints Lugle Luglien, la notice qui leur a été consacrée par M. le chanoine Van Drival dans son *Légendaire de la Morinie*.

l:ppe-le-Bon, duc de Bourgogne, les enferma dans une châsse d'argent en 1470 ou 1471. On y lisait cette inscription :

« *Ysabel fille du Roi Jean de Portugal duxissa de Bourgoigne,*
« *a donné ceste chasse à l'église de Lillers, Anno Domini 1471;*
» *prions à Dieu pour elle* (1). »

Le culte des saints Lugle et Luglien s'étendit jusqu'à Montdidier; en 1636 leurs reliques furent transportées à Aire, à cause des guerres qui désolèrent la province d'Artois, et dans lesquelles les faubourgs de Lillers furent brûlés ; elles ne furent rendues à la ville qui reconnaît ces deux saints comme patrons, qu'en 1660 (2).

L'histoire des anciens seigneurs de Lillers est entièrement ignorée (3); le premier dont il soit fait mention est Wénemart, qui vivait en 900. Un de ses successeurs épousa Ransuide ou Rissinide, dont le fils Wénemart est le fondateur de la collégiale en 1043, comme nous le dirons plus loin (4). La charte de sa fondation, généralement connue, et dont la date se rencontre à chaque pas (5), nous est rapportée par Lemire dans ses diplômes belgiques. Ferry de Locre nous l'a également conservée ; en 1676, elle fut collationnée par l'ordre du chapitre; bien différente de celle que nous rapporte Lemire, elle contribua par la suite à ce long procès sur les droits et prérogatives du patron, entre le chapitre et le seigneur de Lillers, et gagné par ce dernier vers 1777 (6).

Wénemart étant mort peu après sans postérité, son puîné Enguiran ou Enguelram lui succéda au titre de seigneur de Lillers (7). Ce fut en cette qualité qu'il assista en 1052, à la vérification du corps de Saint-Omer (8), et fonda de 1080 à 1084

---

(1) Acta Sanctorum, t. 6, p. 10.
(2) Recherches sur l'Artois. Pouillé du diocèse de Saint-Omer. Manuscrit.
(3) Hennebert, Histoire d'Artois, t. 2, p. 42-50.
(4) Bibliothèque du Baron de Hautecloque.
(5) Mémoire sur l'Artois, par l'intendant Bignon, 1698. — Dictionnaire d'Expilly, art. Lillers.
(6) J'ai reporté cette pièce à la fin du récit.
(7) Dictionnaire du père Ignace ; manuscrit.
(8) L'intendant Bignon.

l'abbaye de Ham-les-Lillers, dont Gérard fut le premier abbé (1). La charte de fondation fut ratifiée par Robert, comte de Flandre, en 1093, et par son fils Bauduin en 1115 (2).

Les services qu'il rendit à sa patrie, nous apprend Hennebert, lui valurent un rang distingué. Nous le retrouvons, au rapport d'un manuscrit, prenant la croix en 1096 (3). Enfin il mourut en l'an 1100 et fut enterré dans le cloître du monastère de Ham-lez-Lillers (4) ; son tombeau de pierre blanche, qui n'est évidemment pas le primitif, et dont il existait encore quelques parties il y a peu d'années, le représentait couché vêtu en chevalier armé de toutes pièces, tenant son écu, portant de gueules à trois chevrons d'or, avec l'étrange épitaphe suivante, encore lisible :

Hic flos militiæ, Paridis gena, sensus Ulyssis, Eneæ pietas, Hectoris ira jacet (5).

Enguéran avait épousé Emme ou Emma qui mourut peu après, et reçut la sépulture auprès de son époux. Sara, leur unique héritière, qui contribua à ce que nous rapporte la *gallia christiana* (6), avec Enguéran et Emme, à la fondation de l'abbaye de Ham, épousa l'aîné de la maison de Wavrin. (7) Selon le mémorial dudit monastère, celui-ci fut aussi enterré près d'Enguéran, dans le costume de chevalier, avec ses armoiries, qui sont d'azur à un écusson d'argent en abyme (en cœur).

A ce seigneur succéda, à ce que pense Hennebert, Anselme (8), mais plutôt Gautier un des souscripteurs des lettres expédiées en 1127 aux Audomarois, par Guillaume, comte de Flandre, pour la confirmation de leurs priviléges (9), et vengeur avec d'autres seigneurs de la mort de ce comte.

Le nom de Lillers se trouve, vers cette époque, rapporté dans

(1) Gallia Christiana, t. 3, p. 508.
(2) Hennebert, t. 2, p. 213.
(3) Pouillé du diocèse de Saint-Omer.
(4) Locrius.
(5) Gallia Christiana.
(6) T. 3, p. 508.
(7) Hennebert, Histoire d'Artois.
(8) Recherches sur l'Artois, Pouillé du diocèse de Saint-Omer, manuscrit.
(9) Mirœus, t. 4, p. 195.

une série de pièces sans indication précise en ce moment, du nom de son seigneur (1). En voici quelques exemples : En 1180, hommage est fait de cette ville donnée en dot à Elisabeth, épouse de Philippe-Auguste ; en 1191, nouvel hommage de cette ville, cédée au comte d'Artois; puis confirmation de cette cession en 1199. L'an 1219, Sybille de Lillers, donne l'abbaye de Furnes. La ville de Lillers fut prise et brûlée par les Flamands en 1303. Elle fut visitée par le duc de Bourgogne en 1472 et par Louis XI en 1477.

D'après les notes qui nous sont communiquées par un savant généalogiste (2), voici quelle serait la filiation de la maison de Wavrin. Roger de Wavrin vivait en 1154 ; il eut pour successeur Robert son fils, avoué et seigneur de Lillers, qui se croisa et mourut en 1215, après avoir épousé en premières noces Adelis, veuve du Châtelain de Lille, et fille d'Amont de Guisne, puis en secondes noces, Sybille, dont nous avons parlé tout à l'heure. Robert, son petit-fils, lui succéda dans sa seigneurie ; il vivait en 1248 et avait épousé Ide de Créquy. Robert de Wavrin, fils du précédent, fut sénéchal de Flandre et possédait la terre de Lillers en 1275 ; il épousa Isabeau de Croisilles. Vient ensuite son successeur Robert de Wavrin, chevalier en 1326, époux d'Alix Quiéret; il était encore seigneur de Lillers en 1335, comme le prouve une transaction du mois d'octobre de cette année entre le duc Eudes de Bourgogne, Comte d'Artois, et Jeanne de France, comtesse du même lieu et le sire de Wavrin, sur la haute et basse justice des fiefs simples relevant de lui(3). Enfin il est reconnu seigneur de Lillers et de Malanoy en 1349.

Pierre de Wavrin, fils de Robert, fut tué à la bataille de Rosc-

---

(1) Pouillé du diocèse de Saint-Omer ; Recherches sur l'Artois, 1785.
(2) Le baron de Hautecloque.
(3) Requête au Roi par le maire et les échevins de Lillers contre le seigneur qui voulait restreindre la juridiction des bourgeois, 1781.
La Vasserie de Nédon, dont il est parlé dans cette transaction, était en partie située dans l'intérieur de la ville de Lillers. La prairie d'Auxi-en-l'Eau ou Facquenhem ; celles de Reliugues, de Grenet, de Plantin, de la Motte et autres seigneuries sur lesquelles le Roi a seul haute justice, com-

becque en 1383 ; il avait épousé Marie d'Arleux. Robert de Wavrin, seigneur de Lillers en 1383, fils de Pierre, épousa, comme nous l'apprend l'historien d'Artois, Marguerite de Flandre, fille naturelle de Louis de Mâle. Robert de Wavrin, son fils et successeur fut tué à la bataille d'Azincourt en 1415 ; il s'était uni par mariage à Jeanne de Créqui (1).

Ici s'arrête la ligne masculine de Wavrin.

Béatrix, dame de Lillers, fille de Robert, mort sans postérité mâle, épousa Gilles de Berlettes et fut enterrée dans le chœur de l'église de cette ville. Ses enfants prirent le nom et les armes des Wavrin. Wallerand de Berlettes, dit de Wavrin, fut ensuite seigneur de Lillers ; il épousa Liveline, fille du seigneur de Roubaix ; il était fils de Gilles de Berlettes et de Béatrix de Wavrin, Philippe de Berlettes, surnommé de Wavrin, fils de Wallerand, époux d'Isabeau de Croy, mourut en 1500 ; il engagea ou donna sa terre de Lillers à Charles de Croy, prince de Chimay, son neveu, chevalier de la Toison-d'Or et parrain de Charles-Quint (2). Ceci est constaté par un dénombrement servi par lui le 20 février 1520, en qualité de seigneur de Lillers, et une inscription sépulcrale que l'on voyait autrefois dans la collé- giale de cette ville (3). Il avait épousé en 1495, Louise d'Albret et mourut en 1527 (4). Cette terre, celles d'Avesnes, de Landre- cie, de Malannoy et de Saint-Venant, ayant été possédées par ce prince (5), furent réunies en la personne de sa fille, Anne de Croy, princesse de Chimay, qui épousa en 1520, Philippe II de ce nom, son cousin, duc d'Arschot, marquis de Renty, chevalier de la Toison-d'Or, mort en 1549 (6). Il portait pour armoiries,

---

prenaient une grande étendue de terrain dans la ville, dans les faubourgs du Fresne, du Vieux-Marché et Relingues dans toute la banlieue.

Requête au Roi de 1781.

Pouillé du diocèse de Saint-Omer.
(1) Note du baron de Hautecloque.
(2) Hennebert, Histoire d'Artois.
(3) Mémoire des mayeur et échevins de Lillers, 1778.
(4) Archives de Lillers.
(5) Mémoire contre le chapitre.
(6) Carpentier, Histoire de Cambrai et du Cambrésis.

écartelé aux premier et quatrième, d'argent à trois fasces de gueules, qui est Croy, aux deuxième et troisième, d'argent à trois doloires de gueules, qui est Renty (1). Anne de Croy, sa femme, morte en 1539, portait écartelé, aux premier et quatrième et au deuxième et au troisième, comme son mari (2) ; auxquelles armes elle ajoutait, sur le tout, écartelé au premier et au quatrième, losangé d'or et de gueules qui est Craon, aux deuxième et troisième, d'or au lion de sable qui est Flandre (3).

Charles de Croy, duc d'Arschot, prince de Chimay, lui succéda et mourut sans enfants en 1551, après avoir épousé en premières noces Louise de Lorraine-Guise, et en secondes Antoinette de Bourgogne-Berres (4). Philippe III, sieur de Croy, son frère, fut après lui seigneur de Lillers, Chimay, Avesnes, Landrecie et Saint-Venant ; il épousa, en 1559, Jeanne-Henriette, dame de Hallwyn, Commines, etc., et mourut à Venise en 1595. Charles, duc de Croy et d'Arschot, de Chimay, baron d'Hallwyn, seigneur de Lillers, mort le 16 janvier 1612, sans enfants légitimes, d'un double mariage avec Marie, dame de Brimeu, et Dorothée de Croy, eut pour principale héritière sa sœur Anne de Croy, qui mourut en 1635, après avoir épousé en 1587, Charles de Ligne, prince d'Aremberg, mort lui-même en 1616. Charles, duc de Croy, avait une autre sœur, Marguerite, mariée en premières noces à Pierre de Hénin, comte de Bossut, mort en 1598, et en secondes, à Vladislas, comte de Furstemberg, chevalier de la Toison-d'Or.

Pour des raisons que l'on ignore, la seigneurie de Lillers avec celles de Guarbecque et de Quernes, fut en 1620, vendue par un décret du conseil de Malines (5), à la dame de Lallain, baronne d'Escocnair, épouse de Florent, comte de Berlaymont ou Barlaimont ; elle portait pour armoiries, de gueules à dix losanges

---

(1) Requête au Roi par le maire et les échevins de Lillers, 1781.
(2) Notes du baron de Hautecloque.
(3) Note de M. du Hays.
(4) Note de M. du Hays.
(5) Mémoires de M. de Biéville contre le chapitre, 1777.

d'argent (3, 3, 3, 1) (1), et son mari, fascé de gueules et de vair de six pièces. Cette seigneurie fut revendue au conseil d'Artois, en 1633, à la maison de Carnin (2).

En 1671 et 1681, Jean-Baptiste-Maximilien de Carnin était seigneur de Lillers ; il épousa en 1645 Marie-Claire d'Ostrel, vicomtesse de Lierres, etc., et portait pour armoiries, de gueules à trois têtes de léopard d'or lampassées d'azur (3). En 1698, la seigneurie de Lillers était possédée par Maximilien-François de Carnin, son fils, marquis de Nédonchel, Gomicourt, Quernes (4); celui-ci s'unit en 1691, à Marie-Alexandrine Desplanques dite de Béthune, et mourut en 1710.

Jacques-Gilles-Bonaventure de Carnin, tué à la bataille de Parme en 1734, fils de Maximilien, succéda à son père ; il fut créé marquis de Lillers, et épousa en 1726, Isabelle-Claire-Joséphine de la Tour Saint-Quentin. N'ayant laissé qu'une fille qui se fit religieuse, la seigneurie de Lillers passa à son frère Albert-François de Carnin, qui épousa en premières noces, Marie de Giromella et en secondes noces en 1761, Marie-Antoinette de Ferrer-y-Pinos (5).

La terre de Lillers, vendue le 4 mars 1773, fut adjugée par une commission du Conseil d'Artois, à Messire Etienne-Michel Leducq, chevalier, marquis de Bernières, seigneur de Biéville (6). Cette châtellenie-pairie, après avoir relevé du comté de Flandre, devint mouvante de celui d'Artois, lors du démembrement de ces deux provinces en 1237 (7).

(1) Notes du baron de Hautecloque.
(2) Dénombrement du 20 juin 1671 et du 12 mars 1681.
(3) Notes du baron de Hautecloque.
(4) Notes de M. du Hays.
(5) Mémoire sur l'Artois de l'intendant Bignon.
(6) Mémoires des échevins et mayeur de Lillers, 1778.
(7) La terre de Lillers en 1770 consistait en 500 mesures de bois et trois moulins, dont un à eau et deux à vent. Le seigneur était patron de la collégiale et faisait, alternativement avec le Roi, la présentation aux canonicats. Il avait la seigneurie de 14 terres à clocher, 100 fiefs simples, 200 fiefs vicomtiers, tous considérables. Le revenu, année commune, était de 16,500 livres.
Recherches sur l'Artois ; Pouillé du diocèse de Saint-Omer ; manuscrit de 1785.

Le chapitre de Lillers avait été pourvu d'une juridiction indépendante, par son noble fondateur, « *Ne sub tempore alicujus malivolae potestatis gemat oppressa* » nous dit la charte de fondation. Dans les XIV° et XV° siècles, il avait encore les droits de haute, moyenne et basse justice, comme le prouvaient des titres déposés dans ses archives, et des arrêts du parlement de Paris de ces diverses époques ; plus nouvellement encore, il jouissait de quelques parties de ce privilége, d'après une reconnaissance du seigneur de Lillers, décrétée en 1676, à la gouvernance d'Arras, et les coutumes de la terre et seigneurie de cette église attestées par le doyen Robert de Lannoy, et rédigées en 1507, en même temps que celle du baillage et de la ville de Lillers (1).

Le décret de la gouvernance d'Arras, de 1683, maintient les droits et possessions du chapitre, contre les prétentions du seigneur. Les recherches manuscrites de l'Artois nous apprennent qu'en 1785, la justice temporelle du chapitre, qui ressortissait du conseil d'Artois, se composait d'un Bailly, de trois hommes de fief, d'un procureur d'office et d'un greffier.

Les seigneurs de Lillers ne jouirent pas toujours du droit exclusif des nominations aux canonicats, que le fondateur s'était si expressément réservées. En 1292, nous voyons déjà qu'il est question d'un accord, ce qui semble indiquer des discussions préalables, sans que nous puissions en rapporter la teneur ni préciser le résultat. En 1785, les nominations étaient depuis long-temps alternatives avec le Roi (2).

Le Chapitre se composait d'un doyen et de dix chanoines ; il y avait en outre 18 bénéficiers à la nomination générale du chapitre, dont 12 tout au plus étaient résidents et les autres absents ; un maître de musique, six musiciens, un organiste et six enfants de chœur (3).

(1) Requête au Roi par le maire et les échevins de Lillers contre leur seigneur qui voulait restreindre la juridiction municipale des bourgeois, 1781.
(2) Mémoire pour Etienne-Michel Leducq, marquis de Lillers, contre le chapitre, 1777.
(3) Acte entre les commissaires de France et d'Espagne pour la division des bénéfices de l'ancien évêché de Thérouanne. (Mirœus.)

Le chapitre de Lillers nommait aux chapelles et cures suivantes :

	DIOCÈSES
Busnes, cure	St-Omer.
Lillers, cure	St-Omer.
Ste-Marguerite, chapelle	Thérouanne.
Notre-Dame, chapelle	Thérouanne.
Rivo, chapelle	Thérouanne.
St-Pierre, chapelle à Lillers	St-Omer.

La paroisse de Lillers, sous l'invocation des Saints Jules et Victor, fut érigée en doyenné du diocèse de St-Omer, en 1560. Ce doyenné comprenait les cures de St-Florice — Gonehem — Guarbecque — Busnes — Choques — St-Venant — Montbernenson — Ham (1).

Les établissements religieux se composaient, en 1785, d'une maison de Jacobins sous le nom de vicariat, composée de trois prêtres et d'un frère ; d'une maladrerie établie avec les revenus de celle de Chocques, et d'un couvent d'environ 30 religieuses de l'ordre de St-François, surnommées Sœurs-Grises (2). Leur couvent avait été bâti, à ce que l'on croit, en 1465, et leur église, sous l'invocation de St-Michel, en 1781 (3).

On ne connaît point à Lillers de charte communale, quoiqu'il y eût depuis longtemps des officiers municipaux (4). Il ne paraît point que cette ville fût une commune parfaitement organisée comme celles des grandes cités du comté d'Artois. On la dénommait particulièrement avec St-Pol et Pernes, ville Seigneuriale (5). Les autres villes ne portaient point ce titre, attendu, dit le mémoire de 1782, « qu'elles ne sont que dépendances de la comté et seigneurie » d'Artois. »

Les incendies qui ravagèrent cette ville, en 1537 et 1543, sous

---

(1) Recherches sur l'Artois ; Pouillé du diocèse de St-Omer, 1785.
(2) Pouillé du diocèse de St-Omer.
(3) Requête au Roi par les maire et échevins de Lillers, 1784.
(4) Requête au Roi par le maire et les échevins, 1781.
(5) Requête au Roi par le maire et les échevins, 1782.

— 152 —

François I⁰ʳ, détruisirent les titres et les archives, ce qui rend obscure l'histoire communale de Lillers (1). Les seuls qui purent être retrouvés, dans des dépôts étrangers, furent l'enquête de 1506 et la coutume locale rédigée en 1507 et publiée par Philippe de Croy en 1534 ; le premier article s'exprime ainsi (2) : « Et pri-
« mes, la coutume de la dite ville, châtellenie et bourgeoise dudit
« Lillers, est telle qu'il y a châtelain portant vergue, qui a puis-
» sance et lui appartient de faire tous et autres exploits, tous
« arrêts de corps, de biens, de faire tout ajournement et mettes de la dite bourgeoise dont la connaissance et judicature appartient
« aux bourgeois héritiers tenans héritages en Bourgaige de la dite
» seigneurie, lequel châtelain a aussi connaissance de tout le
» venel d'icelle ville.... (3). »

Il paraît encore qu'au terme de cette coutume, les bourgeois..... y tenaient la loi, c'est-à-dire qu'ils y exerçaient la justice en première instance dans toutes sortes de matières et de circonstances; ils avaient encore à l'instar des gens de loi de l'Artois..... le droit de passer et de recevoir tous les actes et de donner les saisies, dessaisies et hypothèques des héritages (4)

Cette coutume nous apprend ensuite qu'il y avait quatre éwards ou visiteurs assermentés. Je ne fatiguerai pas l'attention avec les 166 articles de la coutume de cette ville, qui jouissait autrefois d'une halle, d'une chapelle des Mayeurs et d'étaux de boucherie (5). Le premier maire fut Jean-Adrien Larse, en 1694, en vertu de l'édit de 1692 qui rendit vénales les charges municipales (6).

En 1785, le magistrat se composait d'un maire ou maycur, de quatre échevins, d'un procureur-syndic, d'un secrétaire-greffier et d'un argentier (7).

(1) Histoire de France, par Jean de Serres.
(2) Requête au Roi, 1782.
(3) Requête au Roi, 1781.
(4) Requête au Roi de 1782.
(5) Requête au Roi de 1781.
(6) Hennebert, Histoire d'Artois.
(7) Pouillé du diocèse de St-Omer.

Lillers, située sur la Nave et fortifiée pour la défendre de l'invasion des Normands, ne consistait originairement que dans un fort orné d'un donjon environné d'épaisses murailles (1). « Close, « comme dit l'enquête de 1506, de murs, de portes, fortifiée de » tours et fossés à eau, et qu'en icelle sont manans et habitans » bourgeois ayant droit de Bourgaige (2). »

Beaulieu donna le plan des dernières fortifications qui lui servirent d'enceinte, et qui furent en partie abatues en 1717 et 1718, après avoir été bien des fois démolies et relevées ; elles furent définitivement démolies pendant que l'on construisait le dernier château de Lillers que nous venons de voir détruire.

Cette ville a assisté à bien des vicissitudes. Apportée en dot, en 1179, par Isabelle de Haynaut, nièce de Philippe d'Alsace, comte de Flandres, à Philippe, dauphin de France, fils de Louis VII (3), Baudouin de Constantinople allié avec Richard, Roi d'Angleterre, la reprit sur la France en 1197. Cette guerre fut terminée par l'arbitrage de Guillaume, évêque de Reims, Pierre, évêque d'Arras, et l'abbé de Cambrai. Philippe-Auguste eut Lillers et tout le pays jusqu'au Neuf-Fossé. Après la mort de ce Prince, Louis VIII entra en possession de ce pays, et par son testament, en 1225, il le donna à son fils Robert de France (4). En 1237, Louis XI érigea l'Artois en comté en faveur du dit Robert, son frère, premier comte qui mourut à la Massoure, en 1250 (5).

Le poids de la guerre pesa bien souvent sur cette malheureuse ville (6). En 1303, elle fut saccagée et brûlée par l'armée flamande ; prise de nouveau en 1479 par le comte de Romont, les Français s'en rendirent maitres en 1537 (7). Tandis que François Ier campait à Pernes avec son armée, Martin du Bellay, historien de cette guerre, s'y renferma avec une garnison de cent chevaux et

---

(1) Hennebert, Histoire d'Artois ; Pouillé du diocèse de St-Omer.
(2) Requête au Roi, par le maire et les échevins de Lillers.
(3) Hennebert, Histoire d'Artois.
(4) Mirœus.
(5) Mémoire de l'Intendant Bignon.
(6) Henebert, Histoire d'Artois.
(7) Pouillé du diocèse de Saint-Omer.

mille fantassins, et en fit le centre de ses courses. Le Roi ayant quitté, le 3 mai, son camp de Pernes, ordonna d'abandonner Lillers en y mettant le feu, et abattant les murailles, afin que les impériaux ne puissent s'y loger. Le monastère des religieuses et l'église furent seuls épargnés (1).

Reprise de nouveau, en 1543, par le Duc de Vandomme, puis en 1637, par le maréchal de la Ferté (2), le général français Frizlière, sous les ordres de la Meilleraye, grand-maître d'artillerie s'en empara par capitulation en 1639 et laissa Grassion pour y commander (3). Elle fut reprise pour l'Espagne par le cardinal-infant, en 1640, et le duc de Guise la rendit à la France à la tête de 1500 chevaux, en 1645 (4). Enfin, le 10 octobre 1711, le maréchal de Montesquieu rasa une redoute que les alliés venaient d'y faire élever et emmena prisonnière à Arras la garnison qui la défendait (5).

2°. ARCHÉOLOGIE. — L'ÉGLISE DE LILLERS

L'an 1043, Wénemart, seigneur de Lillers, pour l'accomplissement d'un vœu, et poussé par les remords de sa conscience, dans ce temps de crimes si fécond en pèlerinages et en fondations expiatoires, résolut de fonder une collégiale en l'honneur du saint Apôtre des Morins. Nous avons déjà parlé de la charte de fondation.

La première question que l'on ait à se faire, est de savoir si le monument que nous avons actuellement sous les yeux, est bien, au moins en partie, celui qu'édifia, en 1043, Wénemart, fondateur du chapitre. L'archéologie presque seule devra résoudre ce

---

(1) Dom De.ienne, Histoire d'Artois.
(2) Pouillé du diocèse de St-Omer.
(3) Dom Devienne, Histoire d'Artois.
(4) Mémoires du Père Ignace, manuscrit de la bibliothèque d'Arras, t. 8, f. 453.
(5) Supplément aux mémoires du Père Ignace, f. 209-210.

problème puisque l'histoire nous donne à cet égard fort peu de lumière ; mais avant de commencer la moindre discussion à ce sujet, il est nécessaire que je décrive minutieusement cet antique et curieux édifice.

L'église de Lillers n'offre malheureusement pas un ensemble harmonieux de toutes ses parties. Les bas-côtés de la nef et du chœur, leurs murs extérieurs, leurs voûtes, peut-être même celle en pierre du dessus de l'autel et de l'orgue, auxquelles il faut ajouter le plafond cintré de la grande nef des transsepts et du chœur, appartiennent évidemment à des époques bien différentes. Quelques-unes de ces parties ne demandent aucun commentaire, car elles portent la date de leur construction.

Les latérales de la nef, travail grossier, à colonnes plates ioniennes, à voûtes en plein-cintre mais à arrêtes, à arceaux, à caissons et à pointes de diamant, furent bâties en 1723, ainsi que nous l'apprend le millésime gravé sur une de leurs clefs. Les voûtes en plafond de la grande nef du chœur et des transsepts, paraissent être environ de la même époque ; elles ne méritent du reste aucun intérêt. Mais ce que nous ne pouvons nous empêcher de déplorer, c'est la perte de l'ancienne tour odieusement réédifiée par l'architecte Letombe en 1821, et qui sous l'impression des traditions mauvaises qui dominaient encore l'art restaurateur de cette époque, en a fait un de ces morceaux d'architecture que réprouve toute espèce de genre ; il n'en est point une pierre dont la coupe ne mériterait la plus amère critique. Tâchons au moins de réédifier dans ces lignes la tour de l'église de Lillers comme elle a dû être primitivement construite.

« Dans le XI° siècle, nous dit M. de Caumont, on exhaussa les tours de plusieurs étages ; on orna leurs murs d'arcales bouchées et de fenêtres (1).

Un grand nombre de tours étaient terminées par une pyramide à quatre pans, soit en pierres, soit en charpente ; le plus souvent cet obélisque était obtus comme dans les siècles précédents ;

(1) de Caumont, Antiquités de l'Ouest.

mais on fit aussi des pyramides très-élevées, et il paraît que l'origine des tours élancées, qu'on a nommées flèches, date du xi° siècle..... mais elles étaient presque toujours à quatre pans. On ne savait pas encore marier les toits octogones aux tours quadrangulaires. »

L'architecture chrétienne sut, dans la suite, tirer un bien haut parti du clocher. Mais revenons à notre église de Lillers. Son appareil n'a rien de bien remarquable ; ce n'est ni l'empierrement régulier des monuments gallo-romains, ni leurs cordons de briques, ni leurs sculptures en poterie. La pierre employée dans la bâtisse de notre église est le calcaire crayeux des environs, dont les assises sont irrégulières en hauteur, et les pierres en dimensions.

Son orientation est la plus générale à cette époque ; le prêtre à l'autel est en face de l'orient, de sorte que le portail principal est à l'ouest. La forme de l'église en croix latine, a presque atteint déjà sa physionomie définitive la plus ordinaire. La basilique romaine tant de fois modifiée ne s'y montre plus ; l'église de Lillers a ses trois nefs ; ses latérales règnent sur le pourtour de l'abside, et ses chapelles commencent à rayonner autour du sanctuaire, belle image des saints auxquels elles sont consacrées qui se groupent comme en nimbe, autour de l'autel du Très-Haut. Il est cependant digne d'attention que lesdites chapelles sont encore très-petites en dimensions, et que celle du fond est de la même grandeur que les autres. Ce n'est que bien plus tard qu'elle acquit, dans nos églises du moyen-âge, la vaste proportion que nous montre la cathédrale d'Amiens et qu'elle fut presque généralement consacrée à Marie (1).

(1) DÉTAIL DES DIMENSIONS DE L'ÉGLISE

	M.	C.
Hauteur sous voûte de la grande nef.	13	75
Des latérales de la nef	6	65
Des latérales du chœur	6	25
Longueur totale dans œuvre	56	60
Largeur de la grande nef	6	»
Largeur du chœur	6	65

» La disposition du plan de cette église, nous dit M. Morey, diffère de celle des églises de Normandie avec lesquelles elle a d'ailleurs plus d'un rapport, en ce que dans ces dernières, les bas-côtés se prolongent au-delà du transsept et s'arrêtent à l'endroit où commence la courbure de l'abside, tandis que dans celle-ci ils tournent au pourtour du chœur. Quant aux chapelles, nous ne saurions, ajoute-t-il, en rapporter la construction à l'origine du monument, car c'est dans le XII° siècle seulement que les exemples en ont été nombreux... »

Quant à leurs voûtes qui paraissent peut-être encore quelque peu plus modernes, cet architecte en assigna aussi la date de construction au XII° ou au XIII° siècle, époque où les architectes devinrent habiles dans ce genre de travail ; ceci s'accorderait très-bien avec ce que nous apprend un précieux manuscrit qu'en 1303, Lillers fut pris et brûlé par l'armée flamande (2).

Le portail principal ou de l'ouest, quoiqu'il ait subi de graves altérations par l'élargissement des latérales en 1723, est encore dans l'état actuel, une partie très-intéressante de l'édifice. Sans être d'une vaste dimension, ses lignes ont une certaine originalité qui plaît. On peut y remarquer la rose à quatre lobes figurée au sommet du galbe ou pignon tronqué, dont les ornements en zigzags ou chevrons pointus, sont répandus dans l'ornementation de l'église entière ; c'est là l'idée première qui se développant plus tard, donna naissance à ces roses magnifiques et éblouissantes dont s'enorgueillissent les cathédrales du XIII° siècle.

La galerie d'arcs en lacis qui surmonte la corniche, cette corniche elle-même, ses médaillons en corbeaux, l'élégante fenêtre géminée dont les voussures sont supportées par de légères colonnettes, l'ornement en zigzags de leur archivolte, le corbeau

Longueur des transsepts	25	90
Largeur des transsepts	6	40
Largeur des latérales de la nef	3	60
Des bas-côtés du chœur	2	30
Hauteur du pavé de l'église à la croix du clocher.	31	»
Sommet du grand comble.	19	15

(2) Pouillé du diocèse de Saint-Omer.

à tête étrange qui appuie leur retombée du milieu, ne manquent pas également d'intérêt. Quant à la porte elle paraît n'avoir jamais été terminée ; ses voussures attendent encore la riche décoration dont les architectes de cette époque se plaisaient à les charger ; les colonnettes mêmes qui devaient les supporter, sont encore à l'état brut, si tant est qu'elles n'aient pas été replacées depuis. Cette porte fait contraste avec la richesse de celle qui s'ouvre dans le transsept nord. Les tympans de ces deux portes n'offrent encore aucun ornement.

Mais voici peut-être les traits les plus caractéristiques de l'ancienneté de notre église de Lillers. Les corniches en platebande que ne surmonte aucune galerie, sont supportées par des modillons ou corbeaux (1) aujourd'hui très-dégradés, mais que l'on peut encore certifier avoir presque tous été dissemblables. Les fenêtres extérieures de la grande nef et du chœur, un peu différentes l'une de l'autre et légèrement enfoncées, sont, quant à celles de la nef, décorées d'une archivolte composée d'un seul boudin qui passe, à la naissance du plein-cintre, d'une fenêtre à l'autre, et qui est supporté par une seule colonnette de chaque côté. Au chœur que l'on semble avoir voulu plus orner, il y a double voussure de même sorte et par conséquent doubles colonnes. Il faut ajouter à cela, ce qui est très-distinctif (2), que le contrefort, excepté peut-être dans la façade et les transsepts, car ils ont été au moins retouchés, ne se montre nulle part dans la construction primitive ; il n'y paraît qu'à titre d'ornement, dans une colonne demi-engagée qui s'élève jusqu'à la corniche entre chaque fenêtre, et qui ne peut être d'aucune utilité pour la solidité de l'édifice, de sorte que les voûtes, sans point d'appui extérieur, ne sont retenues en dedans par aucuns tirans visibles. Nous aurons à revenir sur l'emploi du contrefort ; mais ce serait peut-être ici le lieu de nous demander si l'église de Lillers, dédiée à saint Omer, a été primitivement voûtée.

Puisqu'il ne nous reste encore ici que l'analogie pour arriver à

(1) Antiquités de l'Ouest.
(2) de Caumont, t. 4, p. 126.

la vérité, citons encore M. de Caumont; voici ce qu'il nous dit à cet égard :

« La plupart des églises romanes primordiales n'étaient point voûtées en pierres, la charpente qui supportait le toit demeurait souvent à nu comme dans les basiliques romaines, et les plafonds, lorsqu'on en faisait, étaient presque tous de bois. Les anciens architectes éprouvaient une grande difficulté à construire des voûtes un peu larges en pierres ; ce ne fut qu'assez tard, vers le xe siècle, et surtout après l'introduction de l'ogive qu'ils devinrent habiles dans ce genre de travail. »

A ce précis narré des usages de l'époque, ajoutons quelques exemples pris dans divers pays. La nef romane de la cathédrale de Tournai construite, au dire des historiens, après le siége de cette ville, en 1056, n'était primitivement pas voûtée. La voûte actuelle ne date que de 1777, elle remplaça l'ancien lambris en bois peint à la mosaïque comme on en voit encore dans nos vieilles églises (1).

L'antique église des Bénédictins de Montréal en Sicile, qui fut bâtie en 1174, c'est-à-dire plus d'un siècle après notre édifice de Lillers, laisse encore voir à nu sa magnifique toiture presque entièrement dorée et chargée de mille couleurs (2).

La basilique de Saint-Paul, hors des murs de Rome, possédait encore, avant l'incendie de 1823, cette magnifique charpente dont la réputation n'a pas besoin de commentaire (3).

Si nous avions, après ces exemples, une opinion à émettre, que nous partageons du reste avec M. Morey, c'est qu'il en a été de même pour notre église. Les chapiteaux qui surmontent les colonnes demi-engagées du triforium, sur lesquelles s'appuient les voûtes modernes, pourraient, ce me semble, ajouter beaucoup à cette idée ; car ils sont évidemment aussi modernes, et ne ressemblent en rien à ceux des piliers de la nef.

Les transsepts percés d'une longue fenêtre retouchée, sont

(1) Histoire de l'église de Tournai, p. 82, par Le Maistre d'Anstaing.
(2) Note de Voyage, Artaria, p. 536.
(3) Artaria, p. 104. Vasi et Nibby, p. 102-103.

flanqués de deux énormes contreforts saillants, que l'on pourrait croire ne point appartenir à la construction primitive, car ils ne sont pas même d'égales forces et semblent avoir été faits après coup pour soutenir l'édifice chancelant. Ces deux façades sont couronnées de pignons ou galbes assez remarquables. Celui du nord au-dessus de sa corniche supportée par des corbeaux, est décoré d'une élégante galerie en applique dont l'arcadure à plein-cintre est régulière, excepté celle des deux extrémités qui se surbaisse. Aux trois angles se montrent des roses en plus petit, semblables à celles du grand portail. On pourrait y trouver le symbolisme des trois personnes divines, aux trois extrémités d'un triangle. Le tout est décoré du zigzag ou chevron.

Le pignon du midi, beaucoup plus dégradé, ne diffère de celui-ci que parce que sa galerie est progressive en hauteur, des extrémités au centre, et prend ainsi la forme du galbe qu'elle est appelée à décorer. Tous les chapitaux extérieurs de l'édifice sont cubiques et d'une grande simplicité. Mais ce qui doit surtout attirer notre attention, c'est cette élégante porte, aujourd'hui bouclée, dans le transsept du nord ; c'est la partie peut-être la plus intéressante de l'église de Lillers; elle est d'un riche dessin orné dans les archivoles prismatiques et multipliées, d'une série d'étoiles, du zigzag pointé et d'une espèce de chapelet de pierre d'un assez bon effet. Ses jambages ou colonnettes sont aujourd'hui en partie brisés, excepté leurs chapiteaux. Les bases ont disparu sous l'exhaussement du sol.

Afin de vous rendre ma pensée sur le but primitif d'un travail aussi soigné dans un transsept, permettez-moi de remonter jusqu'en 760, avec M. Guizot, dans son histoire de la civilisation en France.

« Vers cette époque (1), nous dit-il, Chrodegand, évêque de Metz, frappé du désordre qui régnait dans le clergé séculier, et de la difficulté de gouverner des prêtres épars, vivant isolément et chacun à sa façon, entreprit de soumettre à une règle uni-

(1) Tome III, 27 l., p. 34.

forme ceux de son église épiscopale, de les faire habiter et vivre en commun, de les constituer enfin en une association analogue à celle de monastères. Ainsi naquit l'institution des chanoines
. . . .
qui devint bientôt presque générale, puisqu'en 785, 789, 802 et 813, on voit le pouvoir civil et ecclésiastique la sanctionnner avec empressement. Enfin, en 826, Louis-le-Débonnaire fait rédiger en 145 artiéles, dans un concile tenu à Aix-la-Chapelle, une règle des chanoines, qui reproduit et étend celle de Chrodegand, et il l'envoie à tous les métropolitains de son royaume, pour qu'elle soit partout appliquée et devienne la discipline uniforme des églises. »

Ne pourrions-nous pas trouver dans ces faits le motif de la porte si richement ornée dont nous parlions tout à l'heure, en supposant qu'elle servait d'entrée aux chanoines dans la cour ou cloître de leur maison.

La latérale nord du chœur et son transsept contiennent des traces évidentes d'un bâtiment voûté accolé contre ses murs extérieurs. Une colonne ronde demi-engagée et dont le chapiteau cubique, à feuilles rondes et plates est d'une forme toute romane, supportait la retombée d'une de ces voûtes. Ce cloître ou chapelle s'ouvrait par deux arcades ogives sur le bas-côté et également sur le transsept. Ce serait, ce me semble, une manière assez vraisemblable d'expliquer aussi la présence de fortes colonnes cylindriques surmontées d'une voûte dans le transsept du midi et qui donnaient également autrefois entrée à l'église de ce côté, soit dans un cloître, soit dans une chapelle adjacente. On pourrait supposer, ce qui n'était pas rare dans les bâtiments de cette espèce, que la maison claustrale des chanoines enveloppait le chœur et les deux transsepts.

Une phrase de la charte semblerait ajouter à tous ces faits, et prouver l'intention évidente du fondateur à cet égard. « *Prohibimus etiam, ut neque in atrio neque in domibus canonicorum...* » *Atrium* mis en opposition avec *domibus* veut bien certainement dire place, cour intérieure, ou cloître.

Entrons maintenant dans notre église de Lillers. Le premier objet qui se remarque, c'est cette longue et étroite fenêtre retouchée, je pense, qui occupe le fond du chœur, en comparaison des petites et obscures croisées des triforiums. Celles-ci sont surmontées d'arcades plein-cintre sans voussures et flanquées dans les angles de deux petites colonnettes à peine motivées, caractère tout particulier au style roman et sur lequel je crois utile d'appeler l'attention.

La tour placée selon l'antique usage à l'endroit du transept, est supportée par quatre grandes arcades, appelées comme on le sait arcs triomphaux : « parce qu'ils ressemblent, nous dit M. de Caumont, à un arc de triomphe et qu'on y représentait autrefois, en mosaïque, la mort et la résurrection de J.-C. » Les grands arcs de Lillers sont, au moins actuellement, dépourvus de tout ornement et n'ont de remarquable que leur forme légèrement ogive. L'autel sous la tour a précieusement conservé sa place primitive, tandis que la plupart de nos églises ont rejeté à cet égard l'usage traditionnel des premiers temps. Quand la basilique romaine fut transformée, par les premiers chrétiens, en édifice consacré à leur culte, l'autel se plaça vers la fin de la nef, au-dessus d'un souterrain nommé confession, creusé pour renfermer les corps de quelques martyrs, et laissant derrière lui place au clergé qui se rangea au fond de l'hémicycle ou tribune où se plaçaient auparavant les juges ; le trône de l'évêque, le plus souvent en pierre, occupait le milieu et se trouvait ainsi la face tournée du côté de l'officiant et des fidèles. Cet usage s'est conservé dans plusieurs des anciennes basiliques italiennes.

Un manuscrit nous apprend que l'autel paroissial, à Lillers, était situé dans le transsept de gauche, sous l'invocation des saints Jules et Victor. Les chanoines bénéficiers étaient possesseurs du chœur et du maître-autel sous la tour.

Les triforiums de la nef et du chœur, quoiqu'ils paraissent certainement appartenir à la même époque, sont assez différents ; celui du chœur est supporté par de grosses colonnes cylindriques sans renflement ni bases, au moins visibles, à chapiteaux formés de quatre feuilles plates roulées en dedans sur les angles, sous une espèce de tailloir, sur lequel se posent les arcs nus en ogive qui soutiennent la travée. Il y a peut-être ici de quoi s'étonner que le chœur, ordinairement la partie la plus soignée, ait été dépourvu du plus léger ornement, tandis que le triforium est d'une bien meilleure exécution. Les piliers y sont formés d'un assemblage de demi-colonnes, appelé plus tard piliers en faisceaux ; les feuilles des chapiteaux quoique reproduisant la même pensée, sont plus variées en raison de la forme du pilier lui-même, et l'archivolte aussi ogive se découpe en plusieurs voussures qui présentent plus de hardiesse et d'harmonie; il en est ainsi du mur plat du triforium, coupé par les lignes ascendantes des demi-colonnes qui vont actuellement porter les voûtes, et par un cordon horizontal chargé d'étoiles ou têtes de clous qui ne manquerait pas d'une certaine grâce, s'il était dégagé de l'épais badigeon qui en défigure la physionomie primitive.

Près de l'orgue, deux modillons, portant les dernières colonnes, représentent l'un un animal chimérique, l'autre une espèce de minotaure. Les chapiteaux des colonnes et piliers paraissent avoir été anciennement peints en rouge, il en reste encore quelques traces. Mais ce qui doit tout particulièrement nous occuper, ce sont des **ouvertures**, au-dessus des archivoltes de la travée, aujourd'hui bouchées mais encore très-visibles, dont les formes grâcieuses ajouteraient bien à la décoration de cette partie de l'édifice, si elles étaient dégagées des moëllons qui les remplissent. Elles se composent de deux petites voûtes plein-cintre, supportées par trois colonnettes encadrées dans une archivolte également plein-cintre. Les ouvertures correspondantes du chœur ont une tout autre disposition qui ne paraît pas moins ancienne, c'est un plein-cintre unique avec imposte de pierre.

L'agencement de toutes ces parties, qui n'ont certes jamais été des fenêtres, ne pourrait-il pas nous faire supposer qu'avant les latérales que nous voyons aujourd'hui, qui ne datent, celles de la nef que de 1723, les latérales qui les ont précédées étaient surmontées d'une galerie qui s'accorde si bien avec les usages de l'église à l'époque de la construction de Saint-Omer. Voici comment le judicieux historien de la cathédrale de Tournai rend compte de leur emploi dans nos vieilles églises.

« Elles étaient réservées, nous dit-il (1), aux jeunes filles et aux veuves séparées des femmes, ainsi qu'aux jeunes gens séparés des hommes..... Cette séparation était rendue nécessaire par l'usage du baiser de paix que les fidèles se donnaient et dont la tradition nous est restée dans le sacrifice de la messe. »

Cette antique et curieuse galerie a disparu, ainsi que la nef qui la portait. C'est sans doute à la prétendue Renaissance que nous devons cette mutilation. Et pourtant on aurait dû comprendre qu'un monument comme un poème était un, et qu'il est absurde d'accoler des formes prétendues renaissantes à une basilique romane ou ogivale.

Nous ne croyons pouvoir mieux terminer la partie archéologique de cet essai, qu'en disant quelques mots d'un antique et curieux Christ de chêne que renferme cet édifice. Son histoire légendaire nous apprend « que lors de la révolte des Pays-Bas
» contre Philippe II, roi d'Espagne, un Huguenot lui ayant tiré
» un coup d'arquebuse, le sang coula par l'ouverture que la
» balle avait faite, ce qui lui fit donner le nom de Christ des
» Cinq Cents Miracles » (probablement *Saint-Sang Miracle*).

Ce qu'il y a de certain, c'est qu'au côté droit de la statue se montre encore aujourd'hui la tête bien caractérisée d'une cheville, que l'on prétend boucher la plaie faite par la balle.

Mais à quel siècle faire remonter cette sculpture primitive, aux membres raides et tendus, au buste maigre et allongé, à la couronne plate, espèce de bandeau qui lui surmonte la tête? N'est-ce point là l'homme de douleur chargé des iniquités du monde, que les artistes du moyen âge se sont plû à représenter barbu en opposition des Grecs, et réflétant dans la défiguration de sa forme, les péchés dont il s'était volontairement chargé? Nous retrouvons ces types raides et allongés, dans les statues qui

(1) Le Maistre d'Anstaing, p. 21.

décorent le grand portail de la cathédrale de Chartres, que l'on attribue généralement à Thierry ou Théodoric, successeur de l'évêque Fulbert, en 1145 (1). Ces indications toutes générales, que l'on pourrait multiplier davantage, sont les seuls renseignements que nous puissions fournir sur l'âge conjectural de cette sculpture précieuse.

A. DE BEUGNY D'HAGERUE.

On trouve, aux archives du département du Pas-de-Calais, toute une longue série de pièces qui pourraient servir à faire une *monographie* de la ville de Lillers et surtout de sa collégiale.

Il y a, en effet, 1 plan, 9 liasses et 188 titres en parchemin.

La première de ces pièces remonte à 1209. Elles se continuent pendant les XIIIe, XIVe et XVe siècles ; puis elles sont complétées par les liasses qui renferment des documents allant jusqu'à 1789.

Il y a là toute une moisson à récolter pour une publication spéciale : dans un *dictionnaire* nous ne pouvons qu'indiquer ce *puits artésien*, tout disposé à jaillir dès que la sonde y sera mise.

L'idée de puits artésien se présente naturellement, quand il est question de Lillers. C'est en effet à Lillers que ces Puits ont pris naissance. Le premier puits foré remonte, dit-on, à l'an 1210. Dans les villages voisins, il suffit quelquefois de creuser à un mètre de profondeur pour obtenir une fontaine jaillissante.

Les principales dépendances de Lillers sont :

1° HURIONVILLE.—Hameau au sud de Lillers. C'était, assure-t-on, une maison de plaisance de St-Bain, en 696.

2° MANQUEVILLE. — Le *Pralium Mankam* et ses dépendances, s'étendant de la Nave jusqu'au pont de Hédri, fait partie de la dotation de l'abbaye de Ham, fondée en 1080 par Ingelram de Lillers.

3° RIEUX. — *Rivi, Riu* en 1080. Donné à l'abbaye de Ham, ainsi que *Ruillion*.

(1) Gilbert, description de la cathédrale de Chartres.

4° TAILLI. — *Taillich* et *Tailleic*. Compris dans la même donation.

5° RELINGUE.

PIÈCES JUSTIFICATIVES.

Lileriense canonicorum collegium ac templum in Artesia, anno 1043, excitatur à Wenemaro, illius oppidi Domino.

Charte de la fondation telle qu'elle est donnée par Aubert Lemire, p. 150, t. 1, caput XXX.

In nomine Sanctæ Trinitatis. Amen.

Cum inter cetera caritatis opera, eleemosyna teneat principatum, illa dignitate speciali præeminere dignoscitur, per quam novæ fundantur ecclesiæ, vel fundatæ reditibus ampliantur.

Ego si quidem Wenemarus, Dominus de Lilleriis, cum fratre meo Ingelramno, et matre mea Ransuide, concessu Balduini Flandriæ Comitis, ipso etiam Henrico Rege Francorum annuente, et Domino Drogone Teruanensi episcopo, ad mandatum Domini Papæ Gregorii, cujus præsentiam, pro voto meo adimplendo, adii, laudante et confirmante novam matrem et Domini sponsam, sanctam scilicet ecclesiam, in proprio fundo apud castrum de Lilleriis, in honore Domini nostri Jesu Christi, ac B. Mariæ Virginis, nec non sanctississimi confessoris ac episcopi Audomari, construimus.

Ut per hæc et alia bona Deus auctor pietatis nostris iniquitatibus propitietur, et qui pondere peccatorum nostrorum prægravati, in sepulcro nostri fœtoris jacentes, lumen veritatis amisimus, per compunctionem nostri cordis, et largitionem nostræ possessionis, ad solem justitiæ caput erigamus. Actum anno M. XLIII.

—

Copie d'une copie reposant autrefois aux archives de l'Evêché de Saint-Omer.

PRIVILEGIUM DE PRIMA FUNDATIONE ECCLESIÆ LILLERIÆ.

Dum inter cætera charitatis opera eleemosina teneat principatum illa dignitate speciali præminere dignoscitur per quam novæ fundaatur ecclesiæ vel fundatæ reditibus ampliantur, ego si quidem Wenemarus Dominus de Lilleriis cum fratre meo Inguilramo et matre nostra Ransuide concessu Balduini Flandriensis Comitis ipso et Henrico Rege Drogone Teruanensi episcopo ad mandatum Domini Papæ Gregorii cujus præsentiam pro voto meo ademplendo adii laudante et confirmante nostram matrem et Domini sponsam sanctam scilicet ecclesiam Dei et Domini nostri Jesus Christi et ejusdem gloriosæ matris nec non sanctissimi confessoris et episcopi Audomari in proprio nostro fundo de novo construimus bona quoque jure hereditario contingentia ejusdem ecclesiæ canonicorum sustentationi sive gubernationi ab omni laïcali potestate de cœtero libera conferimus et concedimus quiete et libere sicut inferius denotantur possidendo per hæc et alia bona Deus auctor pietatis nostris iniquitatibus propitietur, et qui pondere pecatorum nostrorum prægravati in sepulcro nostri facinoris jacentes lumen veritatis amisimus per componctionem nostri cordis et largitionem nostræ possessionis ad solem justitiæ caput dirigamus. Et sicut eamdem ecclesiam a nobis honorifice constructam specialiter cupimus exaltare et de facultatibus nostris canonicis in eadem ecclesia jugiter servientibus administrare ita etiam exaltare quæsumus dotatio libertatis ne sub tempore alicujus malevolæ potestatis gemat oppressa jugo servitatis de concessione igitur Balduini Flandrensis Comitis, Henrici Francorum Regis et Domini Drogonis Teruanensis episcopi confirmamus ut ipsa ecclesia intra castrum de Lilleriis in honore sancti Audomari confessoris et episcopi a nobis nuper constructa ab omni laïcali potestate sit libera, ut canonici Deo et sancto Audomaro ibi quiete et libere serviant. Atrium quoque et domos quoque canonicorum cum mansuris eorumdem in eadem libertate permanere concedimus, prohibimus etiam ut neque in atrio neque in domibus canonicorum intra castrum de Lilleriis manentium vel servientibus eorum vel omnino in facultatibus eorum et ipsius ecclesiæ nulla laicalis persona mittat manum, bannum aut latronem vel thesauri, etiam alicujus rei conventionem, nulla laicalis persona in prædictis locis sibi usurpare audeat sed ditioni et potestati ecclesiæ omnino subjaceant. Præterea decimam ipsius castri victui canonicorum ab omni jure nostro solutam concedimus. Extra vero idem castrum ecclesiam de Buna decimam, reditus et hospites liberos, cum aliis pertinentiis suis salvo jure episcopi Teruanensis et ministrorum ejus singulis vero annis beato Petro apostolo principi XV denarios Flandrensis monetæ per legatum suum eadem ecclesia transmittat et episcopo Teruanensi solum modo procurationem cum primo post consecrationem in suam ad eamdem ecclesiam accesserit solemniter et non pluries exibeat nullus autem canonicus in supra dicta ecclesia instituatur nisi nostra nostrorumque successorum concessione, ad canonicos vero omnium aliorum beneficiorum pertineat donatio materia per præsentem decernimus jussionem ut nullus laicus qui presumat aliquid auferre de omnibus quæ a nobis vel ab aliis fidelibus ecclesiæ sancti Audomari de Lilleriis sunt attributæ aut in antea Deo auxiliante a quibuscumque fuerint meliorata vel augmentata si quis autem nostro aut futuro tempore hujus nostræ concessionis statutum noscens hujus privilegii dignitatem rescindere, violare, seu minuere conatus fuerit sicut a Rege Henrico et Balduino Comite impetravi quasi inimicus et proditor Domini sui ab omni munere et honore publico avocetur, donec justo judicio ipsi ecclesiæ quam lœsit, satisfecerit, statuimus etiam ut violator hujus præordinatæ libertatis LX libras argenti ipsi ecclesiæ persolvat et quod facere voluit irritum fiat. Ego Wenemarus Dominus de Lilleriis confirmans hoc privilegium sigillo apposito presentibus subscriptis testibus signum Ingelerami, Gribonii, Eustachii, Huberti, Ancelli, Clarembaldi, Godsini, Hatonis, Gotromarii, Geraldi, Ermulphi, Herbonis, Helgeti. Actum anno ab incarnatione Domini millesimo quadragesimo tertio regnante Rege Henrico in Francia et Comite Balduino in Flandria.

MONT-BERNANCHON

Le P. Ignace, dans le tome 4ᵉ de ses recueils, parle ainsi du Mont-Bernanchon :

MONT-BERNANCHON. — « Gros village du diocèse de St-Omer, au doyenné de Lillers. La cure, qui est régulière, est à la collation de l'abbé de Choques, qui y nomme un de ses religieux. La seigneurie appartient à la maison de Ghistelle de Saint-Floris.

» Ce village est à l'embouchure de la Clarence dans la Lys. Il a pour secours un endroit nommé Saint-Hilaire, qui participe à l'adoration avec la principale paroisse. La seigneurie a passé de la maison de Melun Cottenes en celle de Guines. Ces deux villages sont à une lieue et demie de Béthune, au nord. » — (*Recueils, t. IV, folio 53.*)

Voici d'autres documents sur le même village : ils sont extraits des notes de M. Parenty.

MONT-BERNANCHON. — Patron, Saint. Nicaise ; population, 1,150 ; étendue, 1,124 hectares.

» Il n'y avoit au Mont-Bernanchon, avant le XVᵉ siècle, qu'une chapelle de secours, bâtie dans la plaine, qu'on appèle vulgairement *Pacault,* ou plaine de pâturages. Cette chapelle étoit desservie par Gonnehem, elle s'écroula, par défaut d'entretien, après l'établissement de l'église paroissiale qui paroit avoir été bâtie aux frais d'un seigneur du lieu, du nom de Jehan du Mont, surnommé Roland : on voit dans le mur intérieur du chœur sa pierre sépulcrale, qui fixe son décès au 24 septembre 1431. Il est représenté en relief et à genoux devant une image de la Vierge. Ce monument a pour pendant, de l'autre côté du chœur, la représentation du bon pasteur. Cette église n'a qu'une nef qui est bien conservée. L'intérieur est meublé de trois autels et d'une chaire qui sont d'un goût délicat.

» On a élevé dans le cimetière deux chapelles qui sont dédiées à la sainte Vierge.

» Il existoit depuis longtems dans la paroisse une confrérie de Notre-Dame du Rosaire ; elle fut réorganisée, en 1806, par l'évêque diocésain en vertu de pouvoirs spéciaux qu'il tenoit du cardinal alors légat à *Latere* en France. »

Idem. — « Commune de 220 feux, dont 40 sur le Pacau, à une lieue et plus vers Lestrem et à égale distance vers Robecq, même à l'entrée de ce village, sur la Clarence et au-delà. Il est un grand nombre d'autres maisons éparses çà et là, à un quart d'heure et une demi-lieue de l'église, toutes les rues sont bordées de pierres pour en faciliter la fréquentation ; elles ne sont pas en meilleur état au Mont-Bernanchon où est l'église, laquelle est éloignée de Lillers de deux lieues et plus, une lieue et demie de Béthune et autant de Saint-Venant. Elle est fille de celle de Gonehem et appartenoit par suite au diocèse de Thérouanne et depuis à celui de Saint-Omer ; elle a trois autels, une chaire, un clocher. Le cimetière est adjacent.

» Le presbytère est vendu, la maison vicariale est incendiée ; la commune bâtit un nouveau presbytère et assure 500 fr. au desservant. Les pauvres ont 200 fr. de revenu. Il y avoit un château-fort qui est démoli depuis soixante ans ; il reste à la place un monticule de terre. La plus grande partie du territoire est un sol gras, pesant, propre à la poterie, qui n'est devenu fertile qu'à force de culture. »

LE PACAU. — « Pièce de terre située au nord de Béthune, sur la Clarence et la Lave ou Brite, entre une élévation de terre ou chaîne de montagne, depuis la hauteur de Chocques jusqu'au Locon. Ce village, Hinges et Mont-Bernanchon, sont situés en ce quartier. C'est une vallée plate en partie, l'autre est sur la colline. La terre en est fort pesante, difficile à travailler et peu fertile. Aussi les chemins y sont-ils impraticables excepté dans les chaleurs. Cependant les chemins royaux de Béthune à Saint-Venant et de Merville à Béthune le traversent, aussi les communautés qui en sont limitrophes sont souvent contraintes d'y faire des corvées pour qu'on puisse y passer.

» Comme la terre est lourde et peu maniable, la pluie, les neiges, et le terrain bas la rendent presque toujours spongieuse, pleine d'eaux ou de roseaux ; dans les chaleurs, elle fait des crevasses ou lézardes. On fait dans cette terre des tourbes pour brûler. »

L'inscription dont il est fait mention plus haut est ainsi conçue :
» *Cy git Jehan du Mont, dit Roland, au tems de sa vie ecuyer seigneur du Mont-Bernanchon, du Plouich et de Seuveleignes, qui trepassa le XXIV° jour de septembre de l'an mil quatre cent trente et un. Priez pour l'ame de lui.* »

ROBECQ.

Les notes qui suivent, sur Robecq, ont été prises, par M. Parenty, dans les manuscrits du P. Ignace et dans les recherches de M. Coquelet.

ROBECQ. — « Village et principauté d'Artois, sur la rive droite de la Lys, diocèse de Saint-Omer, au-dessous de Saint-Venant et au-dessus de Merville, à une lieue et demie de Béthune. La seigneurie appartient à une branche de la maison de Montmorency, à qui elle a donné son nom, ainsi qu'on peut le voir t. VI de nos mémoires, p. 183.

» Messire Jean de Montmorency, comte d'Estaires, fut fait marquis de Morbecque et sa terre de Robecq fut érigée en principauté par le roi d'Espagne Philippe IV. Ses lettres patentes sont enregistrées à la chambre des comptes à Lille, au registre des chartes qui commence en juillet 1634 et finit en 1637. (*Mém.* t. IV, p. 189).

— « Bourg autrefois du domaine de la maison de Montmorency, à gauche de la Clarence; il est pavé, est situé à deux lieues de Béthune, à trois quarts d'heure de Saint-Venant, à deux lieues de Lillers. 350 feux, dont une partie est hors du bourg, le long de trois chemins praticables au moyen de pierres, ces habitations s'éloignent d'un quart d'heure, d'une demi-lieue et même de trois quarts d'heure, surtout dans le hameau des Amusoires au Nord.

» L'église est sous le vocable de Saint Maurice ; elle est grande, belle, a un chœur orné de stalles et de lambris, trois autels, deux confessionnaux ; le clocher est en forme de pyramide et tout en pierres de taille ; le cimetière est clos par des fossés et environne l'église, il s'y trouve deux chapelles. Robecq était du diocèse de Saint-Omer.

» Le presbytère et la maison vicariale sont vendus. Les pauvres ont conservé quelques revenus.

» La partie de ce lieu qui est près du moulin, et qui appartient au Mont-Bernanchon, seroit mieux avec Robecq. »— (*Notes données par M. Coquelet*).

« Charles de Montmorency, prince de Robecq, etc., lieutenant général des armées du roi, épousa, le 13 janvier 1704, Isabelle-Alexandrine de Croisolre. Elle mourut veuve à Madrid, étant dame d'honneur de la reine d'Espagne, le 13 mars 1739, âgée de 67 ans ; elle s'était mariée en cette ville le 13 janvier 1714, à Charles de Montmorency, prince de Robecq, marquis de Morbecq, grand d'Espagne de 1re classe, lieutenant général de S. M. catholique et colonel du régiment de ses gardes Wallonnes, dont elle n'eut pas d'enfants ; son mari mourut, le 15 octobre 1716. (*Généalogie de la maison de Croy*, t. VI, *mém.*, p. 41)

L'autel de Robecq a été donné par le baron Milon à l'abbaye de Saint-Augustin avec toutes ses appendances et appartenances, ce qui a esté confirmé par Pierre, évesque de Terrouanne, l'an 1241. (Voir au besoin le titre dans la notice de l'abbé Ledé, p. 7.)

Il y avait dans ce lieu un fief du nom de Cirquemandryc. — (*Archives du couvent de la Paix du Saint-Esprit à Béthune.*)

« Le 27 octobre 1745, Anne Alexandre de Montmorency, prince de Robecq, grand d'Espagne de la 1re classe, chevalier de la Toison d'or, lieutenant général des armées du roi et ci-devant majordome de la maison de la reine d'Espagne, veuve de Louis 1er roi d'Espagne, mourut à Lille, âgé de 67 ans, laissant deux fils au service de France, dont l'un étoit colonnel du régiment de Limousin, infanterie, sous le nom de comte d'Estaires ; l'autre étoit mousquetaire. L'aîné prit, après la mort de son père, le titre de prince de Robecq. » — (*Additions aux mém., t. VII, fo 164.*)

SAINT-FLORIS.

« Saint-Floris, petit village aux confins de l'Artois, paroit tirer son nom de saint Florent, prêtre et hermite, qui y est honoré comme patron. Saint-Floris, limité au nord par un demi-cercle que forment les vestiges de l'ancienne Lys, avoit autrefois plus d'étendue pour le spirituel : Corbie, hameau formant à peu près le tiers de la paroisse, portoit le nom de Saint-Floris-Flandre et étoit situé au nord près la rive droite de la Lys ; quelques années avant la Révolution on redressa le cours de cette rivière pour l'avoir en ligne directe de Saint-Venant à Merville, et Saint-Floris-Flandre, faute de communication, se détacha de Saint-Floris-Artois, aujourd'hui le curé ne compte plus qu'environ 600 parroissiens.

« Le moyen de l'ancienne communication entre Saint-Floris-Artois consistoit en un bateau, chacun passoit gratis moyennant un *Ave Maria*, une petite chapelle dite la chapelle de l'*Ave Maria* étoit bâtie à l'entrée du chemin, c'étoit là sans doute qu'on devoit s'acquitter de sa dette ; une fondation avoit pourvu à l'entretien du bateau et le gardien y trouvoit une demeure adjacente avec environ six quartiers de terre.

« Cette chapelle, située vers le milieu de la rue de Saint-Floris, a été détruite pendant la Révolution.

« Saint-Floris, avant que le cours de l'ancienne Lys fût détourné, étoit un sol assez riche, son étendue qui forme onze cents mesures de terre, ne présente plus aujourd'hui, surtout en hyver, qu'un triste étang au nord, et, en été, que des prairies boueuses qui exhalent une odeur assez malsaine.

» Saint-Floris, paroisse aujourd'hui dépendante de l'évêché d'Arras, dépendoit avant la Révolution de Saint-Omer et recevoit ses pasteurs de son évêque (plusieurs de leurs pierres sépulcrales se trouvent encore dans l'église, sur l'une desquelles on lit : « Ici repose le corps du vénérable homme maître Grisselin qui, après avoir été 10 ans chapelain et 60 ans curé de cette paroisse, a résigné sa cure en 1711, et est mort en 1721 à l'âge de cent et onze ans).

» On rapporte qu'à l'âge de 100 ans il alloit encore à pieds de Saint-Floris à Aire (environ 3 lieues de distance) et en revenoit le même jour ; qu'il fit un jour un enterrement et que le nombre de ses années, de son clerc et de la personne enterrée formoit réuni 300 ans ; on rapporte encore que le vénérable patriarche disoit du commandant de Saint-Venant, mort à 115 ans : « Ho ! s'il avait mangé tous les jours soir du lait battu comme moi, il vivroit encore ; c'est le vin qui *l'a fait mourir.* »

» L'église est d'une construction nouvelle, on en voit la date sur le frontispice du grand portail, 1771. Le corps de l'église, bâti avec des blancs est assez solide quoiqu'il y paroisse quelques petites fentes ; elle n'a qu'une seule nef large d'environ 28 pieds sur 60 de longueur ; la charpente du toit est bonne et bien conditionnée ; elle a été rebâtie aux frais de la commune ; le chœur est bâti en briques, ce sont les chanoines d'Ypres qui en ont soutenu la dépense. — Les révolutionnaires lui ont enlevé ses fenêtres et ses sommiers de fer, auxquels on a suppléé par des fenêtres et des sommiers de bois.

» L'église avoit, avant la Révolution, environ 500 francs de revenus, tous ses biens-fonds ont été vendus, elle n'a conservé qu'une demi-mesure de terre indivis avec les pauvres ; cinq verges situés à Robèque, et neuf à Saint-Floris, tous ses titres ont été brûlés, elle perçoit néanmoins encore environ cent cinquante francs de rentes et de fondations, sans autre titre que ses ceuilloirs.

» L'église ne possède dans son mobilier rien de fort remarquable, la boiserie du chœur, haute d'environ 10 pieds, et en bois de chêne, est d'un travail soigné ; cette boiserie dont les panneaux sont sculptés vient, à ce que l'on croit, de l'abbaye d'Ham.

» L'ancienne église, sur l'emplacement de laquelle la nouvelle a été bâtie, avoit trois nefs et un clocher, on croit que ce sont les espagnols qui l'avoient fait construire.» — (*Ces renseignements ont été donnés par M. Degruson, curé de cette paroisse.*)

SAINT-FLORIS. — « Le marquis de Ghistelle en est seigneur, sa terre de Saint-Floris, qui est du baillage de Lillers, fut érigée en marquisat, en 1674, en faveur d'Adrien François de Ghistelle, à qui a succédé Philippe Alexandre, son fils, père de celui d'aujourd'hui, 1750. » — *Mém.*, t. III, p. 472).

« Le marquis de Ghistelle possède le marquisat de Croy, la terre d'Eclimeux et celle de Saint-Floris, qui est en cette maison depuis 1600. Il est aussi seigneur de Vieille-Chapelle et de Bouvigny-Boyeffles. C'est une ancienne maison originaire de Flandre, dont une branche cadette passa en Artois avant 1600, à cause des biens qu'elle y avait depuis l'alliance que Charles de Ghistelle, seigneur de Provin et de la Motte, gouverneur de Lens, fit avec Barbe de Planques, héritière de Watines. — (*Mém.*, t. III, p. 479. — *V. ailleurs Ghistelle.*

» Un membre de cette famille fut religieux à Blangy.

» Messire Louis de Ghistelle fut tué à la bataille d'Azincourt. — (*Mém..* t. VII, p. 40).

» Jacques de Ghistelle, chevalier, Sgr de la Motte et de Berghes, fut fait mayeur de Saint-Omer, le 5 janvier 1478. Il devint conseiller et chambellan du duc de Bourgogne et souverain Bailly de la Flandre, par résignation de Josse de Lallaing, seigneur de Montigny, le 9 mai 1478 et y servit jusqu'en 1484.

» Il avait épousé Jeanne de Stavelle qui lui donna deux enfants.

» Jacques de Ghistelle fut enveloppé dans la disgrâce de Maximilien d'Autriche et fut arrêté avec lui dans le tumulte des bourgeois de Bruges.

» Il portait de gueule au chevron d'hermine. — DENEUVILLE. — *Hist. de Saint-Omer*, f° 241, t. III).

» M. Grisselin, curé de cette paroisse de l'ancien diocèse de Saint-Omer, mourut le 26 mars 1721, à l'âge de 111 ans, après avoir dirigé cette cure pendant 60 ans. Il était du village de Ligny-en-Arois. » — (DENEUFVILLE, t. II, fo 556).

SAINT-VENANT.

Le lieu où se trouve la petite ville de Saint-Venant était autrefois couvert de bois. Il y avait depuis Aire jusqu'à Estaires, nous dit Malbrancq, (*de Morinis*, lib. I. cap. VIII), une forêt appelée *Silva Tristiacensis* dans la vie de saint Riquier.

On donnait aussi à cette forêt le nom de *Wastelau,* où on a vu bien à tort, selon nous, *Vastus saltus*. La langue latine n'a rien à voir, en effet, dans nos vieux noms saxons, et mieux vaudrait assurément, si l'on tient absolument à une étymologie, y voir *Waldlauh,* la forêt au feu, la *forêt charbonnière,* nom qu'on donnait encore, il y a peu de temps, à ce qui reste de cette vaste étendue de bois, c'est-à-dire à la forêt de Nieppe, ce dernier nom lui vient d'un ruisseau qui l'arrose vers Strazeele et au-delà. Cette forêt ancienne, allant d'Aire à Saint-Venant, Estaires, etc., et se dirigeant d'autre part vers Lillers, avec des intermittences et des marais, a bien pu avoir les vingt-neuf lieues de tour que lui donnent les anciens annalistes, avant d'être réduite aux sept lieues qui lui sont restées par suite des défrichements. Quant au nom de forêt charbonnière, elle n'a pas cessé de le justifier, puisqu'aujourd'hui encore on y fait en abondance du *charbon de bois,* appelé dans le pays *charbon de faux*. Quant à présenter ces bois comme faisant partie de la forêt des Ardennes, c'est une erreur manifeste, déjà réfutée par Malbrancq.

César venait de la Germanie dans la Morinie et il voyait à sa droite une série de bois depuis les Ardennes jusqu'à la mer, c'est vrai : mais il ne devait pas conclure de cette observation très-superficielle à une identification qui n'a jamais existé.

Il paraît que vers l'endroit où se trouve la ville de Saint-Venant se trouvait un petit village, un lieu habité appelé, dès avant le VII siècle : *Papingahem.* Hennebert et plusieurs autres avec lui expliquent ce mot par : habitation de Pépin. C'est plus qu'arbitraire. D'abord ce nom existait avant Pépin ; ensuite il a une forme saxonne évidente, remontant *au moins* à l'invasion du V siècle, ainsi qu'on pourra le voir dans la dissertation sur les noms de lieux à forme étrangère, qui va être insérée à la suite du canton de Lillers dans le présent volume du *Dictionnaire du Pas-de-Calais.*

C'est à Papingahem, ou dans les environs, que vint, au VIII siècle, s'établir un solitaire, dont le nom fut plus tard donné à la ville. Voici comment la tradition, les livres liturgiques et les mémoires du pays nous racontent la vie de saint Venant.

Venant, homme de noble extraction (probablement même membre de la famille impériale et royale des Carlovingiens, et parent de sainte Isbergue), se livra dans sa jeunesse à l'exercice des armes. Il aimait surtout, selon le coutume du temps, à montrer son adresse et sa valeur dans ces fêtes à la fois militaires et civiles où les hommes, en présence de la foule de leurs compagnons et d'un grand nombre de nobles dames, luttaient l'un contre l'autre avec des armes qui trop souvent ne respectaient point le caractère de ces combats, et les faisaient dégénérer en assauts meurtriers. Venant fut donc gravement blessé à la jambe dans une de ces dangereuses rencontres, et, comme plus tard saint Ignace de Loyala, retenu longtemps sur un lit de douleur, il eut le loisir de rentrer en lui-même et de méditer sérieusement sur la fin pour laquelle il était créé. La conclusion de ses réflexions salutaires fut que désormais, imitant son patron, saint Venant de Bourges, il suivrait un tout autre genre de vie. Aussi, à peine fut-il guéri, ou à peu près, de sa blessure, qu'aussitôt, laissant là parents et amis, il vint s'enfoncer dans une vaste solitude qu'il y avait alors sur les bords de la Lys. Là, vers l'endroit où s'élève aujourd'hui la petite ville qui porte son nom, il se construisit une petite cabane, qui était ainsi assez peu éloignée de l'église de Saint-Pierre sur la Montagne, qui fut depuis appelée Sainte-Isbergue (1).

Les religieux qui desservaient cette église voyaient souvent ce pieux solitaire venir adorer le Seigneur dans son temple et prendre part aux sacrements. Ils parlèrent de ses vertus extraordinaires ; bientôt le château de la Salle retentit des éloges que l'on faisait de sa sainteté ; tous voulurent le connaître, et la pieuse Giselle (sœur de Charlemagne et fille de Pépin, qui demeurait à Aire, comme nous le verrons plus loin,) dans des vues bien supérieures à celles d'une simple curiosité, ou même d'une édification passagère, désira vivement entrer en communication avec ce grand serviteur de Dieu. Déjà elle méditait un genre de vie plus parfaite encore que celle qu'elle avait menée jusque-là ; elle pressentait que c'était là le secours que Dieu lui envoyait pour l'aider à accomplir ses généreux desseins.

Les leçons de saint Venant eurent bientôt opéré de grands fruits dans l'âme si bien préparée de sainte Isbergue. Attentive à ces leçons sublimes, appuyées d'exemples si éloquents, elle marcha bientôt dans la voie des conseils évangéliques et n'eut plus qu'un désir, qu'un but, celui d'être entièrement et sans réserve à son Dieu.

C'est sur ces entrefaites que Constantin Copronyme, empereur d'Orient et parent de la reine Bertrade, ayant entendu parler de la grande beauté et des brillantes qualités d'esprit de Giselle, envoya une noble ambassade vers le roi Pépin, afin d'obtenir sa main pour son fils Léon, bien assuré qu'il ne refuserait pas une aussi haute alliance, et il l'accompagna de riches et magnifiques présents destinés à la princesse. Pépin et Berthe furent agréablement flattés de cette démarche ; déjà ils voyaient leur fille chérie assise sur le trône impérial d'Orient, et leur famille régner en quelque sorte sur le monde entier.

---

(1) C'est là, en effet, que les auteurs déjà cités placent l'endroit de l'ermitage de saint Venant. Les Bollandistes sont du même avis.

Mais les saints voient les choses de ce monde d'une tout autr
manière que les simples fidèles. Ce qui causait tant de joie au ro.
et à la reine était un sujet d'amère douleur pour la pieuse princesse, éclairée de lumières plus vives, qui lui faisaient estimer
les choses comme Dieu les estime, et non pas selon les jugements
erronés des hommes. Dans cette grande perplexité elle va trouver
son conseiller fidèle saint Venant, elle lui dit qu'elle est décidée
à n'avoir jamais d'autre époux que le Seigneur, et l'homme de
Dieu la rassure, la console et lui donne le conseil de faire immédiatement le vœu de virginité perpétuelle, l'assurant que Dieu
saurait bien venir à son secours dans ce danger pressant. Sainte
Isbergue, pleine de confiance dans la parole de son guide spirituel,
fit sur-le-champ le vœu qu'il lui conseillait ; puis, se recommandant à son bon Maître, elle retourna au palais, où elle vit que
Dieu avait disposé les choses d'une manière conforme à ses
ardents désirs. En effet, les conseillers de Pépin, tant ecclésiastiques que séculiers, étaient unanimes à lui parler contre ce
projet de mariage, et peu de temps après le pape Paul Ier venait
au secours de sa filleule adoptive, et par une lettre des plus
énergiques achevait de décider le roi à ne pas contracter alliance
avec cette cour de Byzance, où régnaient l'erreur iconoclaste et
tous les désordres du Bas-Empire.

Ainsi sainte Isbergue fut-elle providentiellement préservée de
ce premier danger. C'était pour tomber bientôt après dans un
autre beaucoup plus pressant.

Un noble prince du pays de Galles (d'autres disent un roi des
Écossais), ayant entendu parler de la beauté extraordinaire et des
autres grandes qualités de la sainte, vint en personne la demander
en mariage, et comme il était bon catholique (nous disent les
historiens du pays) (1), beau, bien fait, riche et accompli de tous
points, il plut beaucoup au roi, à la reine et à toute la cour.

---

(1) Voir Jean d'Offaigne, le P. Lahier, le P. Malbrancq, les manuscrits
des archives de Sainte-Isbergue, les peintures murales citées et décrites dans
ces manuscrits, les vers et inscriptions qui s'y trouvent reproduits.

Giselle seule était plongée dans la tristesse. Pressée par ses parents de consentir à ce mariage, elle leur demande une nuit pour y penser et fait dire à saint Venant de la passer de son côté en prières, afin d'obtenir de Dieu la rupture de ce second projet et l'éloignement de ce péril nouveau. Cependant saint Venant priait ardemment, criait vers le Seigneur, en même temps qu'il affligeait son corps par une rude discipline ; et sainte Isbergue passait, elle aussi, en prières ferventes, cette nuit qu'elle avait obtenue pour tout délai. Et comme elle savait quelle était la cause principale qui la rendait un objet de désir pour ce prince, elle demandait à Dieu de lui ôter cette beauté qui lui faisait courir tant de dangers. Tout à coup elle sent que sa demande est agréable au Seigneur et qu'il va l'exaucer. Une fièvre ardente la saisit, et en même temps elle est couverte d'une sorte de lèpre si hideuse, qu'elle devient un objet d'horreur pour ceux qui la regardent. Ses parents ne doutent pas qu'il n'y ait là une marque d'intervention céleste ; ils cessent de lui parler de mariage, et le prince d'outre-mer, l'ayant vue si laide et défigurée, prend congé du roi et s'en retourne en son pays.

Toutefois il avait appris que c'était par les conseils et les exhortations de saint Venant que Giselle avait été amenée à penser et agir ainsi qu'elle l'avait fait. Il manifeste alors hautement sa colère, et dès ce moment deux des hommes de sa suite se mettent à chercher les moyens de le venger.

L'occasion ne leur fit pas défaut. En effet, ils persuadent à quelques scélérats qu'Isbergue, dans ses visites mystérieuses, va porter à Venant une foule d'objets précieux, que tous ces trésors sont cachés dans la cellule de cet ermite, et tout aussitôt ceux-ci ont résolu de tuer le saint solitaire, afin de se rendre maîtres de ces richesses supposées. Et bientôt saint Venant est tué par ces impies, et ainsi reçoit-il la palme du martyre, en récompense du sage conseil qu'il a donné à la princesse (1).

(1) Voir le Propre des Saints du diocèse d'Arras, in festo sancti Venantii martyris : in mercedem sapientis consilii palmam martyrii adeptus est.

Cependant le corps de saint Venant est retiré de la rivière où les meurtriers l'avaient jeté : la tête séparée du tronc est également retrouvée : la pieuse Giselle a miraculeusement recouvré la santé, et le roi, pénétré de vénération et de reconnaissance, ordonne qu'on rende au saint martyr les honneurs les plus grands. L'évêque de Thérouanne, Radwald, vint présider à ces funérailles, auxquelles assistèrent Godefroid, évêque d'Arras, Haldrade, abbé de Saint-Bertin, et plusieurs autres évêques et abbés (1). On porta solennellement le corps saint dans l'église où il avait coutume d'aller prier, celle de Saint-Pierre-sur-la-Montagne (aujourd'hui Sainte-Isbergue), et il y fut inhumé (2). L'endroit où il avait mené la vie érémitique devint célèbre par la suite, et prenant de l'accroissement forma une ville qui porta le nom du saint et s'appela *Saint-Venant*.

Le petit village près duquel saint Venant avait habité s'accrut et devint un attrait pour plusieurs qui vinrent s'y fixer. On ne sait rien de bien certain sur ce lieu pendant les deux siècles qui suivirent ; mais on sait qu'au XII° siècle la ville de Saint-Venant a sa monnaie.

On ne connaît que deux variétés des deniers de cette ville ; ces pièces sont d'argent assez pur et pèsent l'une 38 centigrammes, l'autre 45. Elles sont contemporaines de Philippe d'Alsace et appartiennent à la fin du XII° siècle. Voici la description qu'en donne M. Dancoisne dans sa *Numismatique Béthunoise*, page 211 :

« Ces monnaies sont l'imitation servile d'un denier de Béthune. Le droit est tout à fait semblable ; quant au revers, il ne diffère que par la légende. Mais cette différence est importante et significative : si le denier de Béthune porte le nom de *Betunie,* sur ceux décrits ci-dessus on lit : *Vnaent O*. Ce dernier mot, qui ne peut

---

(1) Le P. Malbrancq ; le Propre du diocèse d'Arras.

(2) C'est là un point de tradition constante, formulée d'une manière populaire (comme nous le dirons plus tard en parlant du culte rendu à sainte Isbergue par les pèlerins), et confirmé par des documents peints et écrits.

être qu'un nom de lieu, ne convient-il pas à merveille à Saint-Venant ? En effet, pour retrouver ce nom, il suffit de remettre à sa place la lettre *e* ; par cette transposition on aura *Venant O*. La lettre finale, inutile et même surabondante, pourrait être prise pour un annelet. Rappelons que cette singulière disposition se remarque dans plusieurs légendes de monnaies flamandes et artésiennes de la même époque, notamment dans celle du denier du comte de Flandre Philippe d'Alsace, frappé à Arras, qui porte *Arras O*.

» Les deux lettres cantonnant la croix du revers peuvent être considérées comme le commencement de la légende ; ce sont sans doute ici les initiales de : *Signum sancti* (Signe de saint Venant). »

Dans le XII° siècle, devenu ville (dit M. Béghin dans son *Histoire de Saint-Venant*, pp. 37 et suiv.), Saint-Venant obtint des franchises et priviléges ; mais cette localité ne fut érigée en Comté que le 17 décembre 1655, par le roi d'Espagne, en faveur de Maximilien d'Ostrel de Lières, mestre de camp de dix compagnies Wallonnes, gouverneur de Saint-Omer, qui eut pour successeur (14 janvier 1682) son fils, Jacques-Théodore de Lières, époux de Marie-Anne-Thérèse de Thiennes. A la mort de ce dernier, la seigneurie de Saint-Venant revint dans la maison de Béthune, par suite du mariage d'Adrien-François de Béthune Desplanque avec la fille aînée de Maximilien de Lières.

« La terre et seigneurie de Saint-Venant était tenue du comté d'Artois à cause de son château d'Aire, elle appartenait au bailliage d'Amiens et faisait partie de la prévôté de Beauquesnes. » — *Extrait des coutumes du Bailliage de Saint-Venant*.

« Cette terre ainsi que celle de Busnes appartenaient au siècle dernier aux princes de Croy. » — (*Id.*)

Donnons ici, d'après divers auteurs, la nomenclature des faits principaux qui concernent l'histoire de cette petite ville.

En 1127, Guillaume d'Ypres s'empare de Saint-Venant. Evrard, natif de Saint-Venant, renommé par ses vertus, donne, en 1253, aux religieux de la Sainte-Trinité de Douai un terrain sur lequel ils font bâtir leur couvent.—(*Histoire de la province de Lille, etc.*, f° *613.*)

Bien que le territoire de Saint-Venant soit souvent ravagé par les armées belligérantes, cette ville ne paraît plus jouer aucun rôle militaire jusqu'en 1320.

« A cette époque, Robert de Béthune, comte de Flandre, qui, par le traité du 11 juillet 1312, avait été contraint de renoncer à ses droits sur l'Artois, ayant pris les armes pour reconquérir cette province, Philippe V réunit une armée à Saint-Omer sous les ordres du connétable de Châtillon. Ce dernier vint, avec un détachement, surprendre Saint-Venant où se trouvait une partie de la garnison du château qu'il fit prisonnière. Le gouverneur, Guillaume de Noyon, regagna, lui quatrième, le fort ; mais, attaqué immédiatement, il dut se rendre après quatre jours de résistance. » — (*Hist. de Saint-Venant par M. Béghin.*)

En 1383, les Anglais, commandés par l'évêque de Nordwich, après avoir pris Dunkerque, Bourbourg et Cassel, attaquèrent Saint-Venant. Guillaume de Mêlle, son gouverneur, retrancha une partie de la garnison dans le cimetière et le reste dans le château-fort. La ville ne put faire, dit Froissard (*Tome II, page 136*), une longue résistance, attendu qu'elle n'était entourée que d'un fossé garni de palissades ; mais le château ne fut point attaqué parce qu'il était, ajoute le même historien, *merveilleusement* fort, étant entouré de larges et profonds fossés.

Peu après, ce pays rentre sous l'autorité des comtes de Flandre et se trouve, plus tard, réuni par alliance au duché de Bourgogne avec les comtés de Flandre et d'Artois.

A la mort de Charles le Téméraire, Louis XI s'étant emparé de la plupart des villes de l'Artois et de Saint-Venant (1477), Maximilien d'Autriche, par un retour offensif, reprit cette place (1479), et en fit démolir les fortifications qui, du reste, furent rétablies, sans doute, plus solidement, peu de temps après (*Mémoires d'Olivier de la Marche*).

Le 21 avril 1514, le Pape Léon X accorde cent jours d'indulgences aux fidèles qui visiteront la chapelle de Saint-Venant le jour de la Résurrection de Jésus-Christ, le lundi de la Pentecôte et les jours de fête de saint Étienne, martyr, et de saint Venant.

En 1537, François Ier, roi de France, qui venait de se rendre maître du château d'Hesdin et de Saint-Pol, envoya reconnaître le pays du côté de Lillers par le duc de Montmorency et le duc de Guise accompagnés d'un certain nombre de gendarmes et de chevau-légers. Arrivés près de Lillers, les avant-coureurs, surpris de ne trouver aucune résistance, escaladèrent la muraille au moyen d'échelles prises dans des maisons du voisinage, et ne trouvèrent dans la ville que des religieuses qui leur apprirent que le seigneur de Liévin, gouverneur, s'était retiré à leur approche, par la porte *du Marais*, sur Saint-Venant et Merville. Le capitaine *du Bellay*, dans les mémoires duquel nous prenons ce récit (*Livre VIII*) (1), en fut fait commandant; on lui laissa deux cents chevau-légers et mille fantassins avec mission de contenir les garnisons de Merville et de Saint-Venant, opération des plus difficiles, attendu que les coureurs ennemis, traversant les marais, trouvaient une retraite assurée à Saint-Venant, que cet auteur dit être un *lieu merveilleusement fort d'assiette et qu'on jugeait n'être forçable*. Il ajoute que la rivière de la Lys, en cet endroit, fait une île triangulaire qu'on avait fortifiée de remparts et au moyen d'écluses qui faisaient flotter l'eau à l'entour, de sorte qu'on ne pouvait y arriver que par un front de quatre-vingts mètres de largeur environ, coupé par un fossé profond, large et pourvu de bonnes défenses.

Le duc de Montmorency résolut de forcer ce passage, qui doit être le côté actuel 2-3, et de priver les Bourguignons de ce refuge. Il prit avec lui quatre mille lansquenets et autant de fantassins sous les ordres du comte *Guillaume de Furstembecq*, et essaya de surprendre la ville. Les lansquenets furent vigoureusement repoussés ; la nuit venait et les Français songeaient à se retirer,

---

(1) *Mémoires de Martin du Bellay, seigneur de Langey, et suite de Guillaume de Bellay. — Les choses advenues en France depuis* 1513 *jusqu'en* 1546, publié par René du Bellay. — *Paris*, 1572, in-fol. Réimprimé en 1586.

lorsque *Charles Martel*, seigneur de *Bacqueville*, gentilhomme Normand, découvrit un endroit moins bien garni de défenseurs (ce doit être à notre avis le côté actuel 4-5) : soutenu par le capitaine *La Lande*, de Picardie, il poussa son attaque, de ce côté, avec tant d'impétuosité qu'il pénétra jusque dans l'intérieur de la ville. Les assiégés, alors, se voyant pris à revers, se retirèrent dans un second fort, très-probablement le château ; mais, vivement poursuivis, ils n'eurent pas le temps de se reconnaître et de profiter des défenses de cette forteresse, qui, en toute autre circonstance, auraient exigé un siége en règle car on n'y pouvait accéder que par un pont en tête duquel se trouvait un moulin en pierres de taille, garni de barbacanes ; le reste était défendu par un fossé rempli d'eau et bien palissadé.

Les vainqueurs se montrèrent impitoyables, même pour les femmes ; tout ce qui fut pris fut passé au fil de l'épée. La ville ne fut abandonnée que pillée et réduite en cendres. Les pertes de cette journée furent considérables de part et d'autre et furent évaluées de douze à quinze cents tués. Le seigneur de Châteaubriand n'avait pu rejoindre le corps d'armée avec son artillerie.

Le duc de Montmorency, ayant appris, deux jours après, que les Bourguignons et les habitants de Saint-Venant étaient revenus dans cette ville et qu'ils en relevaient les fortifications, ordonna au capitaine *du Bellay* d'aller reconnaître ce qui se passait de ce côté et d'y mettre ordre. *Du Bellay* et le capitaine *La Lande* se rendirent aussitôt à Saint-Venant avec la majeure partie de la garnison de Lillers, en faisant éclairer la route par des arquebusiers et une trentaine de cavaliers, attendu les difficultés qu'offrait l'état marécageux de ce pays. A peine les éclaireurs furent-ils en vue de Saint-Venant que les six cents hommes qui se trouvaient dans cette place, coupèrent le pont et se retirèrent à Merville, où se trouvait un corps d'armée de six mille hommes, et à la Motte-aux-Bois.

Peu de jours après, le gouverneur de Béthune fut averti qu'un convoi se trouvait organisé au camp de Pernes pour venir, le premier mai, chercher à Lillers des farines provenant des moulins qu'on y avait remis en état. Il résolut d'enlever ce convoi et prépara une expédition dans ce but : quinze cents hommes furent laissés en embuscade près d'un pont à Chocques et trois cents cavaliers vinrent surprendre le convoi et firent prisonnier un commissaire des vivres porteur d'une somme de quinze cents écus destinée au paiement des farines. Les cris des combattants et les hennissements des chevaux attirèrent l'attention de *du Bellay* commandant de la place de Lillers. Il accourut à la tête de cent cavaliers, attaqua les Bourguignons avec tant d'impétuosité qu'il ne leur laissa pas le temps de se reconnaître et les mit en déroute ; puis, il ramena le convoi plus six hommes d'armes et huit archers faits prisonniers. Le commissaire des vivres fut également délivré encore muni de son argent. — (*Hist. de Saint-Venant*, par M. *Béghin*.)

En 1543, les fortifications de Saint-Venant n'étaient pas encore relevées, attendu que *du Bellay* dit, au commencement du X° Livre de ses Mémoires, page 454, que le Roi, ayant rassemblé son armée, était indécis d'envahir le Haynaut ou l'Artois ; que dans ce dernier cas, on proposait de fortifier Lillers et Saint-Venant, ce qui eut permis de faire des courses en Flandre sans rencontrer d'obstacle.

1559. — Mort de Pierre Galand, né à Saint-Venant, décédé à Paris, docteur de l'Université et chanoine de l'église Notre-Dame. Il avait établi un collége dans cette dernière ville, et y avait fondé plusieurs bourses en faveur d'enfants pauvres de sa ville natale.

1565. — Institution, en l'église paroissiale de Saint-Venant, de la confrérie du Saint-Sacrement ; des indulgences y sont attachées par bulle spéciale.

En 1608 se passe un fait très-important pour l'histoire de Saint-Venant, c'est la découverte du corps du saint martyr dans l'église de Sainte-Isbergue. Nous raconterons plus tard les circonstances de cette invention.

Pendant près d'un siècle, il n'est plus question de Saint-

Venant. Ses fortifications probablement sont abandonnées ; cependant, malgré son peu de défense, cette ville ne repousse pas moins, en 1639, une attaque dans laquelle les habitants montrent beaucoup de courage. Voici en quelles circonstances :

Les Français, qui venaient de se rendre maîtres de Lillers, avaient envoyé deux mille cinq cents hommes pour s'emparer de Saint-Venant. A la première nouvelle de ces événements, les habitants, après avoir ramassé ce qu'ils avaient de plus précieux, se hâtaient d'aller se mettre en lieu de sûreté, lorsque Jean de Nelle, seigneur de La Couture, aidé des principaux de la ville, prit ses dispositions pour repousser les Français. Il courut après les fuyards et parvint à en retenir un petit nombre qu'il conduisit immédiatement à la porte de Béthune où il fit construire quelques barricades ; ensuite il fit sonner le tocsin, persuadé que ceux qui avaient sauvé leurs effets reviendraient secourir leurs compatriotes qui se dévouaient à la défense commune : c'est ce qui arriva. L'ennemi dut se retirer après six à sept heures d'attaque ; cependant, il faut le dire, la nature marécageuse du sol, les chemins mauvais et rompus vinrent surtout en aide à la défense.

En 1644, les Espagnols, trouvant la position favorable, fortifièrent de nouveau Saint-Venant ; cependant on y fit peu de choses ou, peut-être même, les fortifications de cette ville n'étaient-elles pas achevées, car, en 1645, l'année même du siége de Béthune par Gaston d'Orléans, le maréchal de Gassion la reprit sans action militaire.

Les Français ne gardèrent cette place que peu de temps. Assiégés, en 1649, par Carlo Campi, gouverneur d'Armentières pour le roi d'Espagne, ils durent capituler le dix mai, après quelques jours de siége.

Les Espagnols y firent d'importants travaux de défense ; on peut même dire que, de cette époque seulement, Saint-Venant fut fortifié régulièrement et assez solidement pour exiger les honneurs d'un siége en règle. On dit même que ces fortifications étaient revêtues en maçonnerie ; mais, comme dans la suite il n'a été trouvé aucune trace matérielle pour appuyer cette assertion, nous supposons qu'on aura voulu dire que la palissade du fossé d'enceinte de la ville fut remplacée par un mur crénelé. Les manœuvres d'eau pour inonder les abords de la place furent augmentées et améliorées.

Ces travaux défensifs avaient pour but d'assurer aux Espagnols la possession de la ligne de la Lys et de leur faciliter l'entrée de la France.

On explique ainsi la différence de conduite des Français et de leurs ennemis à l'égard des fortifications de Saint-Venant.

A cette époque, tout le pays de l'Alleu était impraticable aux armées par suite de la nature marécageuse de son sol. La Lys seule pouvait servir avantageusement aux transports des troupes et des munitions, de sorte que Saint-Venant, qui barrait ce passage, était un point offensif très-secondaire contre la France ; il n'était pas nécessaire de le garder, attendu que l'entrée de ce pays se trouvait suffisamment défendue par l'état impraticable des routes dans un rayon de deux à trois lieues et la situation marécageuse du bassin de la rive droite de la Lys, du côté de Robecq. Au contraire, le bassin de la rive gauche, aux abords de Saint-Venant, était praticable en tout temps et il était indispensable de défendre cette entrée de la Flandre. C'est ce qui nous indique pourquoi les Français détruisaient, lorsqu'ils s'en emparaient, les fortifications de Saint-Venant, qui ne leur étaient d'aucune utilité, et pourquoi leurs ennemis, au contraire, les rétablissaient. — (*Ibid.*)

1655. — Le duc d'Elbœuf envoie Raille, ancien gouverneur de Saint-Venant, avec quelques troupes pour s'emparer de cette ville par surprise, mais ce dernier ayant été tué, d'un coup de canon, par les Espagnols, l'entreprise fut abandonnée.

1656. — L'année suivante, le maréchal de Turenne se préparait à assiéger Saint-Venant ; mais, en présence de forces supérieures commandées par Don Juan et le prince de Condé, il retrancha son armée sur les monts en avant d'Houdain.

1657. — La situation de Saint-Venant, que nous avons cherché à expliquer plus haut, entre des pays toujours en guerre, ne devait jamais laisser à cette ville un moment de tranquillité pour se remettre de ses désastres. Relativement au siége de 1657, nous reproduirons une relation de cette époque, que nous possédons ; nous regrettons de ne pouvoir en citer l'auteur, assez modeste pour ne pas signer son œuvre, mais qui a poussé la prévoyance jusqu'à faire un double de son travail. Nous retrouvons, du reste, en partie, le passage que nous transcrivons, dans les *Mémoires de Turenne* et dans *Beauveau, livre 3, folio 160*.

« Après la prise de Montmédy par M. de la Ferté, en 1657,
» M. de Turenne, qui avait été chargé d'observer les ennemis
» pendant la durée de siége, vint faire celui de Saint-Venant. Les
» marches forcées qu'il fit dans cette occasion, n'ayant pas permis
» à son artillerie de le suivre, le prince de Condé engagea Dom
» Juan à saisir le moment pour secourir cette ville ; mais le
» général espagnol] mit quelques retards à suivre cet avis et
» trouva, en arrivant à Calonne, notre camp retranché et l'artil-
» lerie arrivée. Changeant alors ses premières dispositions, il se
» contenta de faire canonner les lignes du côté de Mont-Bernan-
» chon et partit, la nuit, pour aller attaquer Ardres, espérant
» obliger M. de Turenne à abandonner son entreprise pour venir
» à son secours ; mais ce général pressa si vivement ses attaques
» qu'il s'empara de la ville qu'il attaquait et fût délvrer l'autre.
» Ce fut dans cette occasion que, manquant d'argent pour la
» dépense de ce siége, il fit couper sa vaisselle d'argent en mor-
» ceaux pour la distribution aux soldats de son armée (1).
» La tranchée fut ouverte devant cette place le 14 ou le 15
» d'Août ; la véritable attaque était du côté de Saint-Floris ; deux
» autres était dirigées : l'une sur le front du côté de Busnes,

---

(1) Cette monnaie de convention portait une fleur de lis et cette inscription : *Pour 30 solz de la vaisselle du maréchal de Turenne assiégeant Saint-Venant.* 1657. La pièce de vingt sols ne portait qu'une fleur de lis, sans l'inscription.

» l'autre sur celui de Flandre (1). On les poussa si vivement
» que, le 24 au soir, on fut en état de s'emparer du chemin-
» couvert du côté de Saint-Floris, d'un ouvrage en avant de la
» porte de Béthune où commandait le prince de Robecq, et de
» prendre poste au pied de la chaussée qui conduit à la porte de
» Flandre.

» La nuit du 25, on plaça quelques pièces de canon sur la
» contrescarpe, qui mirent bientôt en brèche la demi-lune, et
» M. *de la Verne*, gouverneur de la ville, ayant fait faire une
» sortie sans succès, étant d'ailleurs intimidé par M. de Turenne,
» fit battre la chamade le 26 au soir et se rendit le 27. Ce général,
» qui était alors dans la tranchée, disait, un moment aupa-
» ravant, qu'il donnerait cent mille écus que pour la place capi-
» tulât; il eût été obligé de lever le siège pour aller secourir
» Ardres, si l'on eût tenu jusqu'au lendemain, ce que l'on pou-
» vait faire d'autant plus sûrement que la brèche de la demi-lune
» n'était pas praticable; que son fossé n'était rempli qu'à
» moitié; qu'on avait encore à ouvrir le rempart de la place et à
faire le passage de son fossé. »

La campagne de 1657 fut si glorieuse pour la France que le roi voulut en perpétuer le souvenir au moyen d'une médaille qu'il fit frapper, représentant la France tenant, d'une main, une épée nue, et de l'autre, un bouclier, pour indiquer que, dans cette campagne, on avait montré la même énergie dans l'attaque que dans la défense.

La légende est : *Fines defensi et amplianti ;* l'exergue : *Mardico et Fano sancti Venantii captis, Ardra obsidione liberata M. DC. LVII.*

Le traité des Pyrénées consacra, deux ans après, la réunion

---

(1) L'attaque eut lieu par les côtés 2-3, 5-6 et 4-5 ; la véritable attaque fut dirigée sur 4-5.

La brèche dont il est question (*Côté* 2-3. — *demi-lune* 9) fait upposser qu'à cette époque, une partie de la fortification était revêtue de maçonnerie ; cependant, ainsi que nous l'avons dit précédemment, on n'en trouve aucune trace dans la suite.

de Saint-Venant à la France. (*Hist. de Saint-Venant, par M. Béghin*).

Le 9 septembre 1666, un incendie violent se déclare à deux heures après-midi et dévore cette ville; l'église, l'ancienne chapelle et quelques maisons échappent seules au désastre. La réédification des maisons brûlées demande sept ans; elles furent, par ordre, rétablies uniformément en pierres et couvertes en tuiles. Durant cette époque, on construisit les casernes; les fortifications subirent encore de grands changements: elles furent détruites et relevées à peu près comme elles sont aujourd'hui; on fit six bastions, deux portes (celles de Béthune et de Flandre), une redoute de l'autre côte de la Lys, entre la *Croix du Vivier* et les fortifications; on détourna le cours de la Lys, à l'endroit, où elle recevait le Guarbecque, pour faire passer cette rivière en avant des nouvelles fortifications, par les fossés du demi-front de droite 1-6 et du front 6-5; on fit construire l'écluse 19 près la porte de Flandre, en la protégeant par le redan 16, pour tendre l'inondation supérieure de la Lys; enfin, on utilisa l'ancien lit de la Lys pour faire passer le Guarbecque dans la ville; mais le moulin à eau, qui se trouvait sur la Lys dans l'intérieur de la ville, fut supprimé et remplacé par un moulin à vent établi dans le bastion 1. (*Voir Livre II, chap. V.*)

En 1668, une maladie épidémique fit périr un grand nombre d'habitants de Saint-Venant. Cette circonstance détermina la création, la même année, de la confrérie de Saint-Roch et de Saint-Sébastien.

Le 27 mai 1670, Saint-Venant fut visité par Louis XIV, qui avait quitté Béthune le même jour. Ce roi autorise les Religieuses de Bourbourg à construire un couvent à Saint-Venant. (*Voir Livre II. — Asile d'aliénées.*)

1679. — Etablissement d'un franc-marché qui se tenait le troisième samedi de chaque mois, et de deux foires s'ouvrant le 11 avril et le 11 octobre. Actuellement, la foire a lieu le second mardi d'octobre, et ne dure qu'un jour; il n'existe plus de franc-marché, mais, chaque semaine, s'ouvre le samedi un marché pour toute espèce de grains et un autre le mardi pour le fil et le lin. L'établissement de ce dernier date de 1828.

Hennebert, dans son *Histoire d'Artois*, mentionne un cas de longévité assez rare : c'est celui de Frigeac, major de Saint-Venant, décédé en cette ville, le 7 janvier 1731, à l'âge 112 ans 8 mois. La durée de ses services militaires était de 96 ans.

Les fortifications, démolies pour la quatrième fois, en 1677, furent rétablies en terre, 1708 à 1710, par ordre du maréchal de Vil, lars ; les manœuvres d'eau pour tendre les inondations furent perfectionées : au siége suivant, on a constaté que la surface qu'elles permettaient d'inonder, en remontant la Lys et le Guarbecque était d'environ six cents mètres de longueur sur quatre cents environ dans sa plus grande largeur, et que la profondeur de l'eau, au milieu et prés des bords de la Lys et Guarbecque, était d'environ deux mètres.

Les fortifications n'étaient pas encore terminées lorsque les alliés, après la capitulation de Béthune, désirant terminer la campagne par prise d'Aire, vinrent mettre le siége devant Saint-Venant, dont la position sur la Lys les empêchait de profiter de la navigation de cette rivière pour les transports, et, par son écluse, maintenait tendue l'inondation de la ville d'Aire.

L'attaque fut dirigée par le prince de Nassau et la défense par de Selve, brigadier des armées de France, qui n'avait que sept bataillons à opposer aux vingt de l'armée assiégeante.

La place fut investie du 6 au 16 septembre.

Nous ne décrivons pas ce siège, qui a été raconté plusieurs fois. La ville dut se rendre le 30 septembre. Elle fit retour à la France par le traité d'Uthecht.

MONUMENTS ET ÉTABLISSEMENTS DIVERS.

M. Parenty a laissé la note suivante sur l'église de Saint-Venant.

Nous avons visité, le 13 juin 1850, l'église de Saint-Venant ; on trouve au-dessus du maître-autel et au fond de l'abside, un tableau qui représente l'Annonciation. Il a été donné récemment par le gouvernement de la République, sur la demande de M. Denissel, représentant du peuple.

On voit par la base de quelques colonnes défigurées par les restaurations qu'elles remontent à l'ère romaine ; ces bases sont en majeure partie enterrées.

Les fonts baptismaux sont évidemment romans. On les trouve décrits dans les mémoires de la Société des antiquaires de la Morinie.

L'ensemble de l'église n'a rien de monumental.

Elle a été reconstruite dernièrement au moyen d'une souscription volontaire qui a produit vingt-deux mille francs, d'une large subvention de la ville et de secours alloués par l'Etat et le département. Les travaux de reconstruction, commencés en 1800, ont été terminés en 1866. Cette église a été bénite la même année.

Les cloches sont au nombre de trois.

Les fonts baptismaux de Saint-Venant, ont été dessinés et décrits, en 1851, dans la statistique monumentale du Pas-de-Calais.

Voici un extrait de ce travail.

Dans nos contrées, ainsi que dans la Belgique (1), la plupart des anciens fonts baptismaux que le temps a épargnés sont en pierres dite de Tournay ; ils sont portés par un seul pédicule carré ou cylindrique, souvent cantonné de quatre colonnes.

Les fonts baptismaux de Saint-Venant ont précisément cette dernière forme.

Dans le désir de toujours exprimer par la pierre ou le bois de leurs monuments les idées et les doctrines de l'Evangie nos aïeux aimaient à soumettre leurs œuvres d'art aux lois d'un symbolisme de convention. Ici ils avaient à rendre cette idée qu'il faut, pour le salut, croire et être baptisé. Or, les choses à croire sont renfermées dans les quatre évangiles ; c'est donc par ces quatre colonnes de l'Eglise chrétienne qu'ils feront supporter la source de la régénération, et sous ces mêmes colonnes ils écra-

---

(1) M. Schayes. Histoire de l'architecture en Belgique, t. 2, p. 71.

seront les diverses erreurs ou superstitions idolâtriques, figurées par ces têtes monstrueuses que nous remarquons à la base de nos fonts baptismaux Mais ce qui donne surtout une importance réelle à ces fonts de Saint-Venant, ce sont les bas-reliefs qui décorent les quatre faces de la partie supérieure. C'est donc particulièrement sur ce point que nous appellerons l'attention de la Commission.

Les quatre bas-reliefs représentent dans leur ensemble les sujets suivants : la dernière cène du Seigneur, la trahison de Judas, Jésus emmené par ses ennemis, la flagellation, le crucifiement, Jésus porté au tombeau, les saintes femmes auprès du Saint-Sépulcre ; l'Ange qui annonce la résurrection du Sauveur. On le voit donc, dans ces huit sujets se trouve toute l'histoire de la Passion. Essayons de décrire chacune de ces scènes ; l'exécution est, sans doute, disons le mot, d'une barbarie incomparable, mais l'idée se trouve sous cette rude écorce, et cette idée est toujours d'un ordre élevé.

Le premier des sujets qui se présentent à notre examen est la dernière cène du Seigneur et l'institution de l'Eucharistie. Devant une table longue et étroite, tous du même côté, tous vus de face, et debout (selon les prescriptions mosaïques), on aperçoit le Sauveur et ses douze Apôtres. Tous ont les pieds nus, comme signe de la dignité de la prédication évangélique, et cette règle d'iconographie est observée dans les autres bas-reliefs : ceux qui ne sont pas Apôtres sont chaussés. Les apôtres et même les Disciples montrent à découvert cette partie de leurs corps qui est le symbole de leur gloire, parce qu'ils sont les pieds qui portent l'Evangile et lui font parcourir le monde. Jésus a le nimbe crucifère ; sa tête, ainsi que celles des Apôtres et généralement de tous les autres personnages, est comme encadrée dans un demi-cintre reposant sur de petites consoles, et tous ces demi-cintres, ainsi appuyés sur des supports plus ou moins développés, forment, sur les deux premières faces du monument, une série d'arcatures qui ne sont pas sans une certaine grâce. Le Sauveur et les Apôtres sont vêtus de robes longues et de manteaux plus ou moins ornés. Ces manteaux rappellent assez bien la chape ; celui de N.-S. a une forme spéciale dont nous parlerons tout-à-l'heure. Les plis des robes sont disposés de diverses manières symétriques ; l'un des apôtres a par-dessus sa robe une sorte de manteau qui ressemble fort à une chasuble ancienne. Devant Jésus est le calice et il le bénit (à la manière latine), en même temps qu'il tient encore de la main gauche le pain consacré. Quant aux Apôtres, ils ont tous la main droite sur la table et de l'autre main appuyée contre la poitrine ils tiennent un objet qu'il nous est bien difficile de définir. Cet objet offre d'ailleurs des variétés de forme et semble être un instrument propre à saisir la nourriture. Volontiers nous y eussions vu le bâton du voyageur, également prescrit par la loi de Moïse dans cette solennité pascale, mais cette interprétation semble difficile, car l'instrument dont il est question se termine immédiatement au-dessous de la main qui le tient. Ajoutons, pour être complets, que quatre des Apôtres tiennent un couteau de la main droite et qu'un autre saisit de la même main un morceau de pain. La table est du reste chargée de plats de diverses dimensions, de pains et d'autres objets. La chevelure du Sauveur est divisée sur le haut du front, six des Apôtres semblent l'avoir de même.

Une circonstance assez singulière se remarque encore dans ce curieux tableau : sur les pieds de Notre-Seigneur est couchée une figure, dont on ne voit que la tête, le buste et les mains jointes. Que signifie cette figure? Est-ce un souvenir de l'acte de piété exercé par Marie-Madeleine lors d'une autre cène du Sauveur? Est-ce la Sainte-Vierge qui se tient là pour recevoir la divine Eucharistie, ainsi que le veulent des traditions de l'Orient, est-ce autre chose enfin ? Impossible de résoudre ce problème, car il n'est même pas possible de dire si cette figure est celle d'un homme ou d'une femme. Nous passons donc à la scène suivante, au premier des trois sujets représentés sur la seconde face de notre curieux monument.

Ce sujet est composé de deux personnages : Jésus et Judas le traître. Judas s'avance et va trahir son maître par un baiser ;

Jésus, même à ce moment, le bénit. L'un et l'autre portent la barbe et la chevelure longues ; Jésus a le nimbe crucifère et les pieds nus. Ici, comme dans la scène suivante, il porte par-dessus la robe une sorte de large étole croisée. Judas a renoncé à sa qualité d'Apôtre : il n'a plus la chape, il a les pieds couverts.

Le sujet qui vient ensuite nous montre encore deux personnages : Jésus, avec les mêmes symboles, et un soldat qui le saisit et l'emmène.

Le troisième sujet de ce second bas-relief représente la flagellation. Afin de donner à la figure du Sauveur la place du milieu, l'artiste a singulièrement groupé les personnages de ce drame sanglant : à la droite de Jésus, il a mis un soldat armé de verges ; à sa gauche, il en a mis cinq. Tous ces soldats sont armés de verges diversement agencées. Ils ont sur la tête un casque conique assez semblable à celui que l'on trouve sur les monuments du Xe siècle et du XIe, notamment sur la célèbre tapisserie de Bayeux. Debout et dépouillé de ses vêtements, à la réserve d'une pièce d'étoffe qui va du milieu du corps jusqu'aux genoux, Jésus est lié par les pieds et par les mains à une petite colonne qui n'empêche pas qu'on le voie de face. Nous retrouvons cette disposition dans un manuscrit du XIIe siècle que nous avons sous les yeux. Les proportions des personnages qui occupent la première des faces de notre monument étaient assez bonnes, celles de la face que nous examinons sont, au contraire, on ne peut plus mauvaises Les têtes sont monstrueuses ; elles occupent à elles seules le quart et parfois même le tiers de toute la hauteur du corps ; c'est le mépris le plus complet des règles du dessin.

La troisième face des fonts baptismaux de Saint-Venant ne nous offre qu'un seul sujet : le crucifiement du Sauveur. Au centre de cette nouvelle scène s'élève la croix. Jésus y est étendu, la tête ornée d'un diadème chargé de trois croix d'une forme carlovingienne. Deux soldats, montés sur des échelles, lui enfoncent des clous dans les mains ; deux autres soldats, dont on ne voit que les bustes, lui enfoncent deux autres clous dans les pieds. Les clous sont donc au nombre de quatre, circonstance qu'il ne faut pas négliger pour apprécier l'âge de notre monument. Quant aux deux larrons, ils sont suspendus de la manière la plus irrégulière et la moins historique qu'il est posssible d'imaginer. Nus comme le Sauveur des hommes, à l'exception du petit lambeau d'étoffe dont nous avons parlé, ils sont suspendus par les mains rapprochées, et peut-être par dessous les épaules, à une sorte de potence qui ne ressemble en rien à une croix. C'est là une erreur véritable, car tous les monuments anciens, et spécialement l'histoire de l'invention de la Sainte-Croix par l'impératrice Hélène, nous disent, après l'Evangile, que les deux larrons furent *crucifiés* et non pas pendus. Quoiqu'il en soit, une disposition mystérieuse et fort belle de pensée se remarque ici. En effet, le bon larron, celui qui est à la droite de Jésus-Christ, ainsi que les deux soldats casqués et armés, l'un d'une lance et l'autre d'un glaive, qui se trouvent du même côté, ont la tête tournée vers le Sauveur des hommes. Ils représentent ainsi le peuple fidèle, composé principalement des Gentils qui viennent à la foi et formeront l'église, à laquelle nous fait penser cette lance qui est dans la main de ce soldat, qui plus tard sera saint Longin. Le mauvais larron au contraire, celui qui est à la gauche de la croix, détourne la tête ; il regarde de l'autre côté, vers cette ville de Jérusalem, devenue la cité déicide, vers cette forteresse romane surmontée pourtant de deux croix carlovingiennes, et ornée de portes à larges ferrures, que l'on aperçoit à l'extrémité de ce côté de nos fonts baptismaux. Il y a là tout un enseignement profond que l'on retrouve à toutes les époques du moyen âge : la réprobation des Juifs, la vocation de toutes les nations à la vraie lumière du Christianisme. Sous ce rapport, et en ne tenant pas compte de la forme matérielle, notre monument offre assurément un grand intérêt.

La première des scènes du quatrième côté nous représente Jésus porté au tombeau. Jésus conserve le diadème orné de croix. Il est, du reste, dans l'état où il se trouvait sur la croix, et non enseveli ni entouré de bandelettes, ce qui est encore contre l'histoire écrite et contre la tradition. Les deux Disciples qui le portent ont les pieds nus, ainsi que déjà nous l'avons fait remarquer.

Entre ces Disciples et le Saint-Sépulcre sont trois soldats, vêtus comme tous les autres d'habits longs, et armés de lances et d'épées. Leurs boucliers sont remarquables par leur forme, qui s'accorde si bien avec l'âge que nous attribuons au monument. Leurs casques sont coniques; l'un d'eux, en outre, est revêtu d'une cotte de mailles. Leur chevelure et leur barbe sont très-épaisses, et tout l'ensemble de leur pose et de leur armure offre quelque chose de ces guerriers perses que l'on voit sur les monuments de l'antique Ninive.

Enfin vient le Saint-Sépulcre, supporté par huit colonnettes et sept arcades romanes. Les trois saintes femmes sont derrière le tombeau du Sauveur, tenant à la main les vases de parfums qu'elles avaient apportés pour l'embaumer. Debout, à l'extrémité de ce dernier côté de nos fonts baptismaux, se tient l'ange qui vient leur annoncer la résurrection de Notre-Seigneur. De la main gauche, il a la croix de procession ou la croix pascale, symbole spécial de son message actuel; de la main droite, il bénit à la manière latine. Là est le terme des scènes que l'artiste de ce siècle reculé a gravées sur ces pierres; là se clot la série des tableaux dans lesquels il a voulu représenter les divers actes de la passion du Sauveur.

Une question se présente maintenant : quel est l'âge de ce monument si curieux ?

Montfaucon (Monarchie française, t. 1er), en parlant des figures en habits de guerre, couvertes de cottes de mailles de pied en cap, avec casques pointus et boucliers non *blasonnés*, les place vers le commencement de la 3e race de nos rois, c'est-à-dire à la fin du xe siècle. (Voir dans le même auteur, t. 1er, p. 384, les vitraux de Saint-Denis qui représentent la première croisade.)

Or, tel est bien le genre de boucliers que nous trouvons sur nos fonts de Saint-Venant : nulle trace de blason, donc préjugé favorable à l'opinion qui les fait remonter à la fin du xe siècle.

Dans la tapisserie de Bayeux (Mém. de l'Acad. des belles-lettres, t. 6 et 8, — Montfaucon, Mon. française, t. 2), attribuée à Mathilde de Flandres, femme du duc Guillaume le Bâtard, qui vivait en 1066, les boucliers sont blasonnés ; ils sont donc moins anciens que ceux de notre monument, qui se trouve ainsi, conformément encore à la règle de Montfaucon, devoir être reporté à la fin du xe siècle.

M. Vitet, dans son rapport au Ministre de l'intérieur, en 1831, fait aussi remonter au xe siècle l'origine du monument qui nous occupe : « Il est, dit-il, d'un type trop grossier pour appartenir soit au xie, soit à l'époque de Charlemagne. »

Dans sa notice sur les fonts baptismaux de Saint-Venant, M. Woillez cite un bas-relief qui orne l'église de Saint-Georges de Bocherville, édifice du xie siècle, et dans lequel on voit aussi des guerriers avec cottes d'armes ou hauberts, casques pointus et boucliers de même forme que ceux de Saint-Venant. Il cite encore de Wrée, qui reproduit des casques de même forme dans les sceaux des comtes de Flandres (chartes de 1063, 1072 et 1093). Il cite également, comme monuments du xie siècle, où les costumes sont les mêmes que ceux de nos bas-reliefs : le sceau d'Etienne de Normandie, le jeu d'échecs dit de Charlemagne, dont les pions et les cavaliers portent aussi des costumes semblables à ceux des Normands lors de la conquête de l'Angleterre, et à celui des guerriers que l'on voit sur nos fonts baptismaux.

M. Félix Devigne, de Gand, bien connu par ses études spéciales sur les costumes du moyen âge, exprime ainsi son opinion sur le monument que nous venons de décrire :

« Selon moi, ces fonts baptismaux sont des plus curieux et paraissent appartenir à l'ère saxonne. A en juger d'après les costumes militaires, je les mettrai du xie au xiie siècle, l'absence du *nasal* au casque, de même que sa forme conique ainsi que leur grand bouclier (pavois) me font pencher pour le xie siècle (1070), car la plupart des monuments du xiie siècle et quelques-uns de la fin du xie se distinguent déjà par la présence du *haume-à-nasal*, c'est un petit détail mais qui fixe assez bien l'époque : ce sont justement ces petits détails de ces époques reculées qui seuls peuvent nous donner une date approchante ; l'aspect des costumes depuis le VIII° jusqu'au XII° siècle n'ayant presque pas changé.

» Un monument des plus curieux pour le XII° siècle, est la tapisserie de Bayeux. Eh ! bien, dans ce monument toutes les figures portent le casque-à-nasal : le temple qui se trouve sur les fonts baptismaux ressemble identiquement à l'architecture représentée sur la tapisserie de Bayeux. »

Puis il cite des fragments de fonts baptismaux qui ressemblent fort à ceux de Saint-Venant et que l'on vient de retrouver dans les fondations de la vieille citadelle de Gand. Ces derniers fonts sont certainement d'assez longtemps antérieurs à l'an 1072 ; ils offrent des dessins d'arcades, de colonnettes, de construction, analogues à celles que l'on voit dans la tapisserie de Bayeux ; or, ces mêmes détails sont bien plus grossiers dans les bas-reliefs de nos fonts de Saint-Venant qu'ils ne le sont sur la célèbre tapisserie de la duchesse Mathilde ; donc, nous sommes en droit de conclure toujours à une date plus éloignée : la fin du X° siècle ou le commencement du XI°. C'est du reste en ce sens que M. Devigne résume son opinion.

Enfin, M. de Longpérier, également consulté sur cette question importante pour l'histoire de nos contrées, émet une opinion analogue. C'est donc avec un grand degré de probabilité que nous pouvons conclure à reporter à la fin du X° siècle ou au commencement du XI° la date de notre monument.

Quant à la tradition qui tendrait à faire provenir ces fonts de Thérouanne, nous n'avons rien trouvé ni dans les dires du pays, ni dans les livres, à l'exception de ce qu'en dit M. Woillez, qui pût de près ou de loin appuyer cette tradition, tout-à-fait fautive, à notre avis.

Ces fonts, en pierre de Tournai, auront été sculptés à Tournai même peut-être et facilement transportés par eau jusqu'à la place qu'ils occupent depuis cette époque reculée. C'est précisément vers ce temps que la petite ville de Saint-Venant acquit plus d'importance, et une chose remarquable du reste, c'est l'harmonie qu'il y a entre les bases qui restent des colonnes de la vieille église et celles des fonts eux-mêmes.

Une difficulté semblerait naître de l'usage où l'on était alors de baptiser par immersion, mais cette difficulté n'est qu'apparente. D'abord il était fort possible d'y baptiser des enfants par immersion, car la cuve a des dimensions considérables ; puis il est certain qu'alors on baptisa aussi par infusion ; puis encore il n'est pas moins certain qu'à cette époque et depuis lors on a baptisé par immersion et infusion à la fois, dans des cuves qui étaient larges mais peu profondes.

En résumé, ce monument, ouvrage du xe siècle ou du xie, remarquable par la richesse des idées qu'il exprime, mais grossier et barbare au point de vue de l'art absolu, est assurément un des plus intéressants de ceux que possède le Nord de la France. C'est à ce titre qu'il méritait une étude spéciale, accompagnée de dessins.

LES BONS FILS OU FRÈRES PÉNITENTS DU TIERS-ORDRE DE SAINT-FRANÇOIS. — « Cette Société prit naissance à Armentières en 1615 par cinq artisans fort pieux dont le plus ancien se nommait Henri Pringuel, né en cette ville, que l'on peut regarder comme fondateur de cette congrégation. Il avait pour directeur, ainsi que ses compagnons, le père Ange, capucin, et forma, d'après son conseil une petite communauté, dans laquelle chacun apportait le produit de son travail. Ces religieux vécurent ainsi jusqu'en 1626, époque où ils embrassèrent la 3e règle de Saint-François. Ils prirent un habit régulier qui consistait en une robe ou tunique sans capuce, en draps gris, liée d'une grosse corde blanche avec un manteau et un chapeau de la même couleur. Le manteau avait un collet. Un chapelet était suspendu à la corde au côté gauche.

» Ils se mirent sous la direction du provincial des récollets de la province de Saint-André et du directeur du tiers ordre du couvent d'Arras qui était, en ce tems là, de cette province. Ils furent soumis aux récollets jusqu'en 1670. Mais, délaissés par les visiteurs et privés de leurs conseils, ils soumirent leur congrégation aux évêques des lieux où ils fondèrent des établissemens : car, outre celle d'Armentières, ils en avaient une dès 1664 à Lille. Gilbert de Choiseul et Guy de Sève approuvèrent leurs constitutions.

» Ils vinrent à Saint-Venant en 1679, l'évêque de Saint-Omer, Anne Tristan de la Baume de Suze approuva aussi leurs onstitutions.

» Louis XIV donna aux bons fils, à la sollicitation du marquis de Louvois son ministre d'Etat, la direction des hôpitaux de terre et de mer à Dunkerque, Bergues et Ypres, en sorte que leur congrégation fut composée de six maisons ou familles comme ils les appelaient : on leur ôta les trois dernières après la paix d'Utrecht en 1713.

» Tous les trois ans ils tenaient chapitre en l'une de ces familles à l'alternative ; ces assemblées étaient présidées par un vicaire général délégué par l'évêque ou un doyen rural ou de chrétienté. On y élisait les supérieurs de chaque famille ainsi que ses conseillers au nombre de trois. On y rendait les comptes de chaque administration et en s'aidant mutuellement. Le peuple a toujours nommé ces religieux bons *fieux* ou bons fils. Ils ne portaient point de linge et couchaient vêtus sur des paillasses, prenaient trois fois la discipline chaque semaine, se levaient à quatre heures et récitaient en commun l'office de la Vierge.

» Dans quelques-unes de leurs maisons, ils tenaient l'école et prenaient en pension des jeunes gens qui avaient besoin de correction, ou d'autres qui avaient perdu l'esprit. Ils allaient, quand on les demandait, soigner les malades à domicile. » — (LE P. IGNACE. — *Mém.* t. III, p. 517 et suiv.)

M. Béghin, dans son *Histoire de Saint-Venant*, a donné tous les détails utiles sur l'asile des aliénées : nous reproduisons ici les pages qu'il a consacrées à cet établissement important.

ASILE D'ALIÉNÉES. — Le principal établissement de Saint-Venant, celui, du reste, auquel cette ville doit son importance actuelle, est son hospice d'aliénées.

En 1670, à la suite d'une maladie épidémique qui avait causé de grands ravages à Saint-Venant, plusieurs religieuses de Bourbourg vinrent s'établir dans cette ville, où on leur accorda le terrain nécessaire à leur installation. Elles construisirent leur couvent près de la porte de Béthune, sur les ruines de maisons qui n'avaient pas été rebâties depuis l'incendie de 1666. Plus tard, ces religieuses, ayant contrevenu aux règles de leur ordre, furent renvoyées à Bourbourg, et les *Frères du Tiers-Ordre de Saint-François*, appelés aussi *Bons-Fils*, nouvellement établis à Lille et à Armentières, demandèrent et obtinrent, en 1702, l'autorisation de venir s'installer dans les bâtiments laissés vacants par le départ des sœurs. Il leur fut imposé, pour condition, d'établir un hôpital militaire. Les Bons-Fils furent autorisés, par la suite, à convertir leur établissement en maison de force; ils étaient au nombre de dix-huit et soignaient les malades en ville. Bien que la Révolution eût supprimé les congrégations religieuses, les Bons-Fils, devenus laïques, n'en conservèrent pas moins la direction de l'Asile de Saint-Venant jusqu'en 1819, époque de la cession de cet établissement au département, par la ville.

La cession fut faite à la condition que l'établissement conserverait sa destination ; aussi, dès ce moment, les aliénés des deux sexes, placés dans différentes maisons du département, et principalement à Arras (aux Baudets) où il y en avait cent vingt, furent réunis à Saint-Venant. Cette mesure n'obtint pas le succès qu'on en espérait ; le Conseil général ne tarda pas à reconnaître que les résultats n'étaient pas en rapport avec le surcroît de dépenses que le nouvel établissement occasionnait. Les plaintes sur l'administration, la tenue de la maison, la manière dont les malades y étaient traités, se renouvelaient à chaque session, si bien qu'à celle de 1838, le Préfet proposa son abandon. Cette fois cependant l'ajournement prévalut ; à la session suivante, en 1839, sur le vu d'un rapport de l'architecte qui établissait que, depuis 1819, l'asile avait coûté au département 145,000 francs d'entretien et de réparations, et qu'il faudrait, pour y conserver les deux sexes, même dans des conditions qui laisseraient encore beaucoup à désirer, y dépenser 165,000 francs, l'abandon est voté à une grande majorité. Le même vote est renouvelé dans les deux sessions suivantes, malgré les vœux réitérés en faveur de la conservation, formulés par le Conseil d'arrondissement de Béthune et énergiquement appuyés par les conseillers généraux de l'arrondissement, surtout par les représentants des cantons de Béthune et de Lillers (MM. Lefebvre-Dupré et Fouler de Relingue). Sur leurs instances, le Préfet, en 1842, demanda l'autorisation de placer les aliénés hommes à Lommelet et de faire, à Saint-Venant, l'essai d'un asile exclusivement consacré aux femmes. Le Conseil accorda cette autorisation, tout en maintenant le principe de l'abandon.

Au moment de prendre un parti définitif, le Préfet voulut bien connaître l'établissement afin d'apprécier par lui-même ce qu'il était possible de faire. Après l'avoir examiné dans le plus grand détail, il revint à la sous-préfecture de Béthune, sous une impression si fâcheuse qu'il paraissait disposé à se ranger à l'opinion des conseillers qui, après avoir visité l'asile, avaient affirmé au Conseil que toute amélioration y était impossible (séances des 4 septembre 1839 et 1er septembre 1841). C'eût été la condamnation sans appel. Heureusement, Saint-Venant avait, dans le sous-préfet, un défenseur aussi habile que zélé. Comme aucun crédit n'avait été voté pour l'étude de la réorganisation, la science n'avait pas été consultée. M. Lequien se rattacha à cette dernière ressource ; il fit appel aux lumières et aux sentiments d'humanité du docteur Amédée Leroy, de Béthune, qui, à la prière du Préfet, consentit à aller, sur les lieux, étudier la question. Le plan de réorganisation qu'il proposa, ayant obtenu l'approbation du Conseil des Inspecteurs généraux des asiles d'aliénés, ce magistrat n'hésita pas à en faire l'essai ; mais il voulut que son auteur fût chargé d'en réaliser l'exécution. M. Leroy fut nommé directeur-médecin et une nouvelle commission de surveillance, dont M. le comte Fouler accepta la présidence, fut instituée en même temps.

En quelques mois, la transformation fut si complète que, dans la séance du 26 août 1844, le préfet s'exprimait en ces termes :

« Ainsi que nous l'avions espéré, l'ancienne prison de Saint-
» Venant est aujourd'hui transformée en un hospice. Déjà la mor-
» talité a diminué et les guérisons sont plus nombreuses. Ces
» heureux résultats sont dus à l'amélioration du régime alimen-
» taire et des conditions hygiéniques dans lesquelles se trouvent
» les malades, autant qu'aux soins éclairés et affectueux dont ils
» sont l'objet. Ils ne peuvent qu'aller en progressant. Le traité
» passé avec le département de la Seine, qui a déjà reçu un com-
» mencement d'exécution par l'envoi de cent aliénées, va procurer
» à l'asile de nouvelles ressources qui lui permettront certaine-
» ment de se suffire à lui-même... »

Il termine en exprimant le regret de la retraite du docteur Leroy qui, après avoir terminé la réorganisation, n'a pas consenti à continuer son œuvre. Il est d'ailleurs bien remplacé par un médecin-directeur, également du pays, zélé et expérimenté.

Dès ce moment, la cause de Saint-Venant était gagnée et il ne fut plus question de l'abandonner. L'asile était, en effet, entré dans une ère de prospérité telle que, non-seulement il put depuis lors vivre de ses propres ressources, subvenir aux frais d'entretien et de réparation des bâtiments, tout en ne recevant du département qu'un prix de journée bien inférieur au prix de revient, mais qu'il construisit de nouveaux quartiers, ainsi que des dortoirs confortables et élégants, fit l'acquisition d'un terrain et de neuf maisons, et réalisa en outre des économies qui s'élèvent à près de 1,200,000 francs. Cependant, la population de l'asile allant toujours en augmentant, on le trouve aujourd'hui trop restreint; le Conseil général, dans sa séance du 25 août 1865, en a décidé la reconstruction en dehors de la ville, sur un terrain élevé dont la contenance serait de six hectares. Un terrain situé près de la route nationale n° 16 a été choisi pour emplacement du nouvel asile; une partie contenant 3 hectares 84 ares 90 centiares a été acquise de M. le chevalier Le Vasseur de Rambecque-Mazinghem, suivant contrat passé devant M° Ruart, notaire à Aire, le 20 janvier 1868. Le Conseil municipal de Saint-Venant, par une délibération en date du 23 janvier 1864, s'est engagé à acquérir les

2 hectares 15 ares 10 centiares nécessaires pour compléter les six hectares demandés par le Conseil général, et les principaux habitants de la ville, au nombre de dix, se sont obligés, par acte du 23 août 1864, à garantir le paiement du prix de ces terrains complémentaires. Le nouvel asile, d'après la décision du Conseil général en date du 28 octobre 1871, sera exclusivement destiné aux femmes.

Les nouvelles constructions coûteraient, d'après le projet, 1,450,000 francs, et devront s'effectuer au moyen des ressources disponibles de cet établissement. Le compte administratif de l'asile présente, chaque année, en moyenne, un excédant de recettes de quatre-vingts mille francs.

La population de l'asile dépasse aujourd'hui quatre cent cinquante malades. Le personnel se compose de vingt sœurs de l'*Enfant-Jésus de Lille*, avec un directeur, un médecin, un receveur, un économe et un aumônier. Nous sommes heureux de constater que la conservation de cet établissement qui, depuis plus de trente ans, a été si utile et si productif au département est due en grande partie à quelques-uns de nos concitoyens. Un seul existe encore aujourd'hui, c'est l'honorable docteur Leroy qui, dans l'exercice de sa profession comme dans les nombreuses et importantes fonctions publiques qu'il a remplies dans sa longue carrière, s'est concilié l'estime et la sympathie de tous les gens de bien. Puisse-t-il vivre encore assez longtemps pour jouir de la satisfaction de voir érigé le monument destiné à perpétuer le souvenir de l'éminent service qu'il a rendu à son pays, en prenant l'initiative des mesures qui ont amené le Conseil général à revenir sur ses décisions réitérées d'abandonner Saint-Venant. Entré dans le Conseil de surveillance de l'asile, en 1844, en quittant ses fonctions de directeur-médecin, M. le docteur Leroy en est le président depuis le décès de M. le comte Fouler.

Au nombre des personnes influentes qui ont défendu avec le plus de zèle la cause de l'Asile pendant tout le temps que son existence a été menacée, nous devons citer M. Lissacq qui était alors maire de la ville de Saint-Venant. Il fut aussi, pendant plusieurs années, membre de la Commission de surveillance dont les sages conseils et la sollicitude éclairée ont si puissamment contribué à la prospérité de l'Asile.

Il y a également à Saint-Venant un hospice civil et militaire.

Il s'y trouve aussi deux écoles où l'instruction est donnée gratuitement, dans des locaux de la ville et à ses frais :

1° — Celle des *Sœurs de la Providence de Rouen*, ouverte le 11 octobre 1846, et dirigée par quatre religieuses;

2° — Celle des *Frères des Écoles chrétiennes*, ouverte le 8 avril 1858, et dirigée par trois de ces religieux.

DE

QUELQUES NOMS DE LIEUX

A FORME ÉTRANGÈRE

QUI SE RENCONTRENT DANS LE PAS-DE-CALAIS

SURTOUT DEPUIS LA LYS JUSQU'A LA MER

On trouve, dans le département du Pas-de-Calais, certains noms de villages et hameaux qui affectent une forme entièrement étrangère aux langues parlées dans ce pays depuis les temps dont on connaît l'histoire. Telles sont les formes dont la terminaison est en *ghem* ou *inghem*, *thun* ou *incthun*, *hove* et *zeele*.

Les premières surtout sont très-nombreuses. On peut dire qu'elles sont presque dominantes dans les arrondissements de Saint-Omer et de Boulogne ; elles sont encore abondantes dans une partie de ceux de Montreuil et de Saint-Pol. On les retrouve d'ailleurs dans le département voisin, celui du Nord, arrondissements de Cassel, de Dunkerque, d'Hazebrouck ; enfin elles entament une petite portion de la Belgique.

En somme, leurs limites répondent assez exactement aux limites de l'ancien Diocèse de Térouanne, qui sont fort probablement celles du Pays des Morins.

Donnons d'abord, par ordre alphabétique, les noms de lieux en *ghem* et *hem* que l'on trouve dans le Pas-de-Calais. Cette nomenclature n'est pas tout à fait complète, car elle ne renferme, en fait de hameaux, que ceux de l'arrondissement de Saint-Omer. Telle qu'elle est pourtant, elle donnera une idée de l'importance du sujet que nous traitons, puisque voici plus de cent noms de cette catégorie, même sans y comprendre ceux de la Belgique et du département du Nord.

Dans cette liste, nous donnons les noms divers et authentiques, tels qu'on les trouve écrits depuis le temps présent jusqu'aux époques reculées, qui sont, pour beaucoup, le viie siècle. Le Cartulaire de Saint-Bertin nous en fournit à lui seul un grand nombre, et de celles qui mettent sur la voie de l'interprétation présentée dans ce travail.

Audinghem — Audenghehem.

Audrehem — Odrehem — Aldenhem — Audenhem.

Assinghem — Hessinghem — Hassinghem.

Autingues (voir Houtinghem comme rapprochement).

Bainghem — Beningahem — Beingahem — Baingahem.

Balinghem — Balingahem — Bavelingehem.

Barbinghem — Bermingahem.

Bayenhhem-les-Eperlecques — Bavingahem. — Bahingahem.

Bayenghem-les-Seninghem — Bavingahem — Beingahem.

Barlinghem — Berningahem.

Bazinghem — Beisinghem.

Bézinghem.

Boisdinghem — Bethlo-Sylva — Baudinghem — Bottniggahem — Botingahem.

Bonningues-les-Ardres.

Bonningues-les-Calais — Boninga.

Bouvelinghem — Bavelinghem.

Cohem — Coehem.

Corbehem — Corbehan.

Cottehem — Cauthem.

Cuhem *et* Culhem.

Crehem — Crohem.

Dohem — Dalhem.

Echinghem — Eschingahem.

Elinghem.

Elvelinghem — Elvinghem.

Etrehem — Strato — Strathem — Estrahem.

Florenghem — Florengahem.

Ferlinghem — Frelinghem *et* Fersinghem — Fresingahem.

14

Glomenghem — Gomelinghem — Gummelinghem.
Garlinghem.
Gonnehem — Gonncheim.
Guzelinghem.
Halinghem.
Hallinges.
Hardinghem *et* Saint-Martin-d'Ardinghem — Dardingahem.
Herbinghem — Ebresingahem.
Hermelinghem — Ermelinghem — Hermelghem.
Hervelinghem — Elvelinghem.
Heuringhem — Henrikingahem.
Honinghem.
Hocquinghem — Okkaningahem.
Houtinghem — Autingahem — Hautingahem — Hottinghem.
Inghem — Aingahem.
Inglinghem *et* Islinghem — Yzelinghem.
Ledinghem — Ledingahem villa — Ledingheham.
Lestrem.
Leubringhem.
Leulinghem — Leulingue — Lulinga.
Leulinghem — Lulinga — Loninghem.
Linghem — Linguehem.
Lottinghem — Lottinguehem.
Lozinghem — Lothinghem.
Maninghem-au-Mont.
Maninghem-Wimille.
Matringhem — Materinghem.
Mazinghem.
Molinghem — Molenguehem.
Moringhem — Moringahem.
Nabringhem.
Nord-Leulinghem — Lulinga — Lulingahem.
Oblinghem — Amblainghem.
Peuplingues — Popelinghem — Peplinghem.
Pihem — Pithem.

Racquinghem — Rakingahem — Rakingen.
Radinghem.
Raminghem.
Reclinghem — Ricolvingahem.
Relingues.
Rodelinghem — Rodinguehem — Rollingehem — Reudelinghem.
Ruminghem — Rumingahem — Rummingahem.
Sanghem — Sangahem.
Seninghem — Sinningahem — Sellinghehem — Senegem — Siningahem.
Tardinghem — Terdeghem.
Tatinghem — Tatinga villa — Tathingahem.
Tournehem — Tornehem.
Upen — Uphem.
Vaudringhem — Wabringhem — Vualdingahem.
Wacquinghem.
Westrehem — Westringues — Westrihem.
Wicquenghem — Wicquengahem.
Widehem — Widingahem.
Wins — Winningahem — Vindingahem.
Zebblinghem — Zevlinghem.
Que signifient ces noms? — D'où viennent-ils?

Telles sont les deux questions que nous allons examiner.

On est généralement d'accord sur le dernier élément de ces mots, la syllabe *hem*. Elle veut dire certainement *habitation collective*. C'est la *villa* des noms de lieux tirés du latin, la *court* d'autres noms de lieux d'une époque différente, le village ou le hameau.

Il est utile néanmoins de remonter à l'origine de ce mot, et d'en bien préciser les variations : on comprendra tout-à-l'heure la raison de ces recherches.

La langue-mère des langues du Nord est certainement la langue des Goths de la Mœsie, le Mœso-Gothique, si heureusement conservé dans la traduction du Nouveau-Testament d'Ulfilas, monument du vi° siècle, le plus ancien de ce genre, et qui est presque du sanscrit.

Or, dans Ulfilas, l'idée du village se rend par *haims,* ce qui, prononcé à l'ordinaire, à la matière réellement antique, donne le *hem* moins l'*s*.

Plus récemment nous trouvons les variations que voici :

Vieux-Saxon : Hem ;

Anglo-Saxon : Ham ;

Haut-Allemand ancien : Heime, Haime ;

Haut-Allemand moderne : Heim ;

Vieux-Franc : Hem, Him ;

Suédois : Hem ;

Danois : Hjem ;

Voilà donc un élément sur lequel on est parfaitement d'accord.

Un autre élément sur lequel il ne saurait non plus s'établir de doute, c'est le premier, composé d'ailleurs souvent de plusieurs syllabes. Ceci est *un nom propre*, toujours ou presque toujours.

Mais ce nom propre emporte-t-il à lui seul toutes les lettres qui vont jusqu'à la terminaison Hem ? Ou bien y a-t-il, entre ce nom et la terminaison, un troisième élément ? En d'autres termes, les éléments sont-ils au nombre de trois, ou seulement au nombre de deux ? Tel est le point à résoudre d'abord.

Si l'on considère attentivement tous ces noms, on sera tout de suite frappé d'un caractère d'identité qui se produit dans la syllabe qui précède la terminaison Hem. Dans la forme actuelle, c'est la syllabe *ing* qui se présente invariablement : Racq-ing-hem ; Glom-ing-hem ; Mol-ing-hem, etc., etc. ; toujours ing devant hem. Donc *ing* est un mot séparé, ou bien une désinence trop importante pour ne pas avoir une signification spéciale.

Mais si, au lieu de s'arrêter à la forme actuelle de ces noms de lieux, on remonte, à l'aide des chartes et des anciens ouvrages aussi haut que possible dans leur forme première, alors c'est un changement surprenant, dont le caractère, toujours le même, devient singulièrement intéressant.

C'est ainsi que Hocquinghem devient *Okkaningahem,* dans une pièce de 668 et dans une autre de 779; Heuringhem s'écrivait *Henrikingahem* en 668 et en 827 ; Ebblinghem se nommait *Humbaldingahem* en 826, dans le Cartulaire de Saint-Bertin.

Il en était ainsi de tous les autres noms, sans une seule exception, et toujours il y avait *inga* au lieu de ing avant le mot hem. Or, que signifie *Ing* et *inga ?*

Le savant ouvrage de Hickésius, intitulé: *Thesaurus linguarum septentrionalium*, publié à Oxford au commencement du xviii° siècle, nous dit que Ing est une terminaison patronymique qui s'ajoute aux noms d'hommes, dans le genre de l'Iades des Grecs et des Latins. Ing veut dire *fils*, et il me semble qu'il y a un souvenir de cette racine fort vieille dans le Young des Anglais.

De plus, nous trouvons dans le même ouvrage, que l'*a* est la marque du génitif pluriel, dans le Saxon, le Franc théotisque et l'Islandais, mais plus particulièrement chez les Anglo-Saxons et les Saxons : car dans le Mœso-Gothique il n'en est pas ainsi.

Wachter, dans son *Glossarium Germanicum*, explique le mot *Ing* de la même manière, et parmi les exemples qu'il apporte à l'appui de son enseignement, il cite des expressions fort usitées, dont le sens apparaît avec une clarté parfaite : *Merovingii, Mérovingiens, Carolingii Carolingiens*, descendants de Mérovée, de Charles. On peut y joindre bien d'autres expressions analogues : *Lotharingiens*, etc., etc.

Donc, pouvons-nous dire dès maintenant, nous avons la réponse à la première question, et la seconde elle-même commence à s'éclaircir (1). Evidemment, le sens de ces mots est celui-ci : village ou hameau, ou habitations des enfants d'un tel. C'est le Beni des Arabes, la Familia des Romains ; c'est l'usage antique, oriental, universel, patriarchal au premier chef.

Quelques exemples sont vraiment surprenants de clarté.

---

(1) Je dois déclarer ici que l'idée de chercher dans Ing le complément du sens de ces noms de lieux a été prise par moi dans un travail publié par M. l'abbé Mahieu, *Bulletin du Comité Flamand de France*. C'est à contrôler et à développer cette idée féconde que s'est bornée ensuite cette partie de mon propre travail.

Heuringhem, avons-nous dit, est primitivement *Henrik-inga-hem*; cela veut dire à la lettre : *Habitations des enfants d'Henri*. Les latins n'ont eu qu'à ajouter *us* pour faire *Henric-us*. Dringham, canton de Bourbourg, se lisait autrefois *Dagmar-inga-hem*; c'est le village des fils de Dagmar, et ce nom de Dagmar se porte encore aujourd'hui en Danemarck.

Eblinghem, canton d'Hazebrouck, se disait *Humbald-inga-hem;* c'est le lieu de séjour des enfants d'Humbald, forme bien connue dans nos histoires.

Hocquinghem nous donne le village des fils d'Okkan, forme également connue et familière.

Le même procédé s'applique d'ailleurs aux quelques terminaisons différentes que nous trouvons, celles-là en petit nombre, dans des noms d'origine analogue, en *thun*, en *hove*, en *zeele*.

Thun signifie une haie, un enclos; hove une ferme; zeele ou sala une demeure importante, château ou palais.

Eh! bien, Verlincthum, primitivement *Dior Wald inga tun*, signifie l'enclos des Enfants de Diorwald ; Polincove=*Pollinga-hove*= la ferme des fils de Poll. Les noms qui se terminent en zeele ou sala auront un sens analogue, et parfois même le mot *inga* n'y sera pas, et la raison en est claire : c'est que là était le palais du chef; on n'avait donc pas à mentionner les fils, *inga*.

Nous avons évidemment le mot de l'énigme pour cette première question : voyons maintenant la seconde.

D'où viennent ces noms ?

Evidemment ils sont saxons; ils viennent des Saxons.

Mais, à quelle époque doit-on les faire remonter ?

Ici se présente un fait d'une importance extrême.

Si vous consultez une carte bien faite et détaillée de l'Angleterre, vous serez frappé du nombre très-considérable de noms en *Ingham*, qui se rencontrent depuis le comté de Kent jusqu'au Northumberland et seulement là. Le Cournouailles n'en a guères; le pays de Galles n'en a pas; l'Ecosse n'en a pas. Il n'y en a que dans les limites de l'antique heptarchie saxonne ; mais là ils foisonnent, on y trouve les Buckingham, les Birmingham, les Notingham, et des centaines d'autres, et ce serait une nomenclature fort longue que celle qui les comprendrait tous. Disons aussi que des passages de l'histoire ecclésiastique des Anglais, par Bède, nous prouvent que la terminaison de ces noms fut d'abord *Ingaham*.

Or, on sait parfaitement la date de l'invasion saxonne dans la Bretagne, le milieu du v° siècle. D'autre part, la différence, légère mais importante pour la question, la différence que l'on remarque entre la terminaison *Ham* des noms de lieux en Angleterre et la terminaison *Hem* des noms de lieux de la Morinie, nous indique une invasion plus récente chez les Bretons, puisque la forme Ham est anglo saxonne, tandis que la forme Hem est du vieux-saxon. Donc nos villages en Inghem sont plus vieux que le v° siècle.

A quelle époque remontent-ils ?

Ici la réponse n'est pas facile.

Nous savons qu'un essai d'invasion a été fait au III° siècle, essai repoussé par Carausius.

Nous savons que, sous Auguste, il y a eu des mouvements analogues, et même on peut suivre l'histoire de ces expéditions des hommes du Nord jusqu'au IV° siècle avant Jésus-Christ.

Le champ est vaste, on le voit et

Adhuc sub judice lis est.

En attendant, c'est déjà beaucoup de connaître le *sens* de ces noms, dont peut-être un jour nous pourrons préciser la date.

L'Abbé E. Van Drival.

CANTON

DE

NORRENT-FONTES

AMES.

Le P. Ignace désigne Ames comme il suit :

« Village du diocèse de Boulogne, entre Aire, Lillers, Pernes. Il est du doyenné d'Auchy-au-Bois. Il y a un prieuré simple, dont le titulaire présente à la cure du lieu. » — *Recueils*, t. IV, f° 19.

Plus récemment, voici ce qu'en dit M. Coquelet :

« Commune de 98 feux, y compris le hameau de la Bellerie éloigné d'un quart d'heure au sud-ouest. Elle est située dans une vallée sur le ruisseau de Nave, à une lieue et demie de Norrent, autant de Lillers, trois lieues et demie de Béthune.

» Eglise du vocable de Saint-Pierre. Vieille, mais solide encore, bien réparée. Il s'y trouve trois autels, une chaire, un clocher, une cloche. Le chœur ressemble aux anciennes tours et forteresses : il est muni de machicoulis. Le cimetière est adjacent ; Ames appartenoit au diocèse de Boulogne. L'instituteur, chantre, habite la maison vicariale.

» Le desservant, M. Caron, natif de Burbure, occupe l'ancien presbytère qui ne fut pas vendu : c'est une belle maison entre deux jardins, fort près de l'église. »

A ces renseignements on peut joindre ceux qui ont été envoyés à l'évêché d'Arras, en 1845 :

« La tour est entre le chœur et la nef. Ce chœur se termine carrément. On remarque au clocher, dont le haut a été restauré, des pierres saillantes de la première construction ; elle représentent des têtes de lion, de singe, d'ours et deux figures humaines grimaçantes. On y remarque aussi des créneaux, des meurtrières et dans l'intérieur des cheminées.

» La voûte du chœur est à nervures saillantes et arrondies, celle de la tour en a d'anguleuses.

» Les fonts baptismaux paraissent anciens ; on remarque sur l'une des faces, une colonade à double cintre fort bien sculptée.

» On pense que cette église fut saccagée par les huguenots et que la duchesse de Parme, de concert avec le roi d'Espagne, la firent restaurer. » — (*Renseignement fournis par M. Allart. Janvier 1845.*)

Il y avait à Ames un fief et noble tenement avec toute justice et seigneurie vicomtière, le fief des Vachaux. La dîme se levait au territoire d'Ames et Amettes, Ferfay ou Frefay, Lepesse et audit lieu des Vachaux, comme aussi dessous les hunets, dessous le buisson pendu, dessous le Perroy entre deux lignes, et au lieu dit les Couturelles. Au rôle des vingtièmes de 1757, nous trouvons comme seigneur M. le comte d'Esterne.

AMETTES.

Amettes appartenait au diocèse de Boulogne, doyenné d'Auchy-au-Bois. Le titulaire de l'Eglise est Saint-Sulpice, le Patron ou collateur du Bénéfice était le grand pénitencier de Boulogne. Seigneurs : le comte de Hornes, et le prince de Salmes.

Amettes est célèbre sous plusieurs rapports.

D'abord, son église a possédé plusieurs objets d'art. Elle con·

serve encore deux reliquaires remarquables, dont l'un a été décrit et dessiné dans les bulletins de la Commission des monuments, tome second, pages 111 et 112.

Ce petit monument d'orfèvrerie, que l'on a vu à plusieurs expositions, a été fait à Arras, au XVIᵉ siècle, et restauré avec intelligence aussi à Arras, au XIXe. Il est plein de légèreté et de grâce. On y voit la statuette de saint Sulpice, patron d'Amettes, et celles de saint Nicolas et de saint Adrien. Le dessin de broderie, qui forme encadrement au cylindre de corne où sont les reliques, est fort gracieux. Il avait beaucoup souffert, mais M. Chatelain, orfèvre à Arras, l'a rétabli dans toute sa pureté.

L'autre reliquaire renferme une petite fiole d'huile ou manne rapportée, il y a des siècles, du Mont Sinaï, couvent de Sainte Catherine. Malbrancq en a parlé au troisième volume de son ouvrage *de Morinis*, page 216. « *Notandum verò*, dit-il, *in dictâ Hamettensi ecclesiâ, oleum ex monte Sinaï allatum honorifice asservari, nec sine prodigio......* » Cette petite fiole rapportée du Sinaï est toujours là dans l'autre reliquaire, en argent massif comme le premier et non moins beau. Cette huile ou manne du Sinaï est une liqueur semblable à celle que l'on retire du tombeau de saint Nicolas, semblable encore à celle de sainte Elisabeth de Hongrie.

Une autre illustration d'Amettes, c'est que ce village est le lieu de naissance d'un grand serviteur de Dieu, aujourd'hui honoré d'un culte tout à fait extraordinaire, à Amettes même et dans tout le diocèse d'Arras, comme à Rome où il a passé une partie de sa vie. Nous voulons parler du bienheureux Benoît-Joseph Labre.

La vie du Bienheureux a été écrite plusieurs fois et tous la connaissent. La béatification de Benoît-Joseph Labre a été, en 1860, l'objet de fêtes extraordinaires qui ont été racontées et décrites dans un ouvrage spécial accompagné d'un grand album (1). A la suite de cette béatification, et à cause du Pèlerinage qui s'est établi à Amettes, où l'on va vénérer la relique insigne du bienheureux et visiter la maison qu'il habita, toute une organisation nouvelle a dû être donnée à cette paroisse, que des religieux administrent aujourd'hui, en même temps qu'ils reçoivent les pèlerins et pourvoient à leurs besoins spirituels. Des bâtiments ont dû être construits et toute une grande œuvre établie dans Amettes ainsi transformé. L'église aussi a dû être agrandie.

Enfin une troisième illustration de cet humble village, c'est d'avoir été le principal berceau d'une autre œuvre devenue aujourd'hui considérable, celle de l'instruction secondaire et de l'éducation des jeunes gens dans le diocèse d'Arras.

M. Paternelle, né à Enguinegate d'une famille de cultivateurs, avait été curé de Wambrecourt, avant la Révolution : c'était un des meilleurs élèves de l'Université de Douai.

M. Paternelle partit pour la terre étrangère, en 1792, avec la pensée de rentrer bientôt dans sa patrie pour y travailler au salut des âmes. Il y revint, en effet, avec la qualité de préfet de missions, après avoir passé quelque temps dans le Hanovre, et se livra aux travaux du saint ministère à Amettes et dans les environs, jusqu'à la conclusion du concordat, époque où Mgr de la Tour le nomma curé d'Amettes.

A peine installé dans son nouveau poste, il réunit chez lui plusieurs jeunes gens; entre autres MM. Félicien et Barnabé Dumetz, pour les initier aux études latines. En 1803, il ouvrit un pensionnat, et, peu de mois après, dix-huit élèves prenaient des leçons d'instruction secondaire sous le toit de chaume de la maison presbytérale. Il appela près de lui M. l'abbé Joyez qui venait de recevoir la prêtrise et d'être nommé vicaire de Calais. M. Stanislas Decroix vint à son tour de Dohem, où il était professeur de cours élémentaires, pour remplir les mêmes fonctions à Amettes.

L'année suivante, on fit des constructions, considérables pour les circonstances ; les élèves devinrent nombreux ; on put ouvrir toutes les classes jusqu'à la rhétorique, dont le régent fut M.

---

(1) Récit des Fêtes célébrées à Arras, au mois de juillet 1860, vol. in-8, et album de ces fêtes, 24 planches in-folio.

Delattre de Zoteux, élève distingué du célèbre M. Piers, moine de Saint-Bertin.

Mgr d'Arras reconnut pour second petit séminaire l'établissement d'Amettes dont il voulut faire lui-même la bénédiction solennelle. Il permit d'y étudier la théologie sous la direction de M. Paternelle, et admit aux saints Ordres, après un examen préalable, les jeunes gens qui en avaient suivi les cours, tant il avait de confiance dans les lumières et les vertus du saint fondateur.

L'affluence des élèves détermina M. Paternelle à construire un nouveau bâtiment qu'on nomma le collége d'*En-Haut*, et dont la présidence fut confiée à M. Stanislas Decroix, auquel on donna pour collègue M. Vaillant. Il y avait, dans l'établissement, plusieurs autres ecclésiastiques en qualité de professeurs ou de directeurs, parmi lesquels se trouvait le pieux abbé Devis, mort curé doyen de Fillièvres. Amettes était dans un état de prospérité véritable, lorsque, par suite du décret impérial de 1811, M. Paternelle fut obligé de transporter tout son personnel à Saint-Omer, ne conservant qu'une école primaire dans sa paroisse.

L'établissement d'Amettes devint donc par suite du décret impérial de 1811, une école primaire libre, jusqu'en 1816, où les cours de latin recommencèrent. Son fondateur ne devait pas achever l'œuvre de sa restauration : M. Paternelle mourut en 1819, avec la réputation d'un des prêtres les plus vertueux et les plus solidement instruits du diocèse.

Par son testament, il avait institué M. Braure son légataire, en lui recommandant de continuer ses œuvres à Amettes. Plein de respect pour les dernières volontés de son confrère et intime ami, M. Braure confia la direction de l'établissement d'instruction secondaire à M. l'abbé Stanislas Decroix, qui, ayant pris le diplôme de bachelier ès-lettres et de bachelier ès-sciences, y vint avec le titre de chef d'institution. Né dans le pays et connu pour ses talents naturels, il fut bien accueilli par tous les pères de famille, et le nombre de ses élèves s'accrut rapidement. Il eut soin de s'entourer d'hommes capables et dévoués. Il avait pour directeur M. Eugène Dumetz, qui le quitta quelques années après pour devenir principal du collége de Saint-Pol ; pour professeurs, plusieurs jeunes ecclésiastiques, entre autres MM. Boursin, actuellement doyen de Samer ; Delforge, curé de Ferfay ; Fiévé, curé de Fiefs; Debret, curé de Biache, et quelques laïques, parmi lesquels on doit signaler, MM. Binse et Payelle distingués par leurs connaissances littéraires.

Des difficultés sérieuses, qui s'élevèrent en 1829 entre M. le recteur de l'académie de Douai et le chef de l'établissement, inspirèrent des craintes à Mgr de la Tour d'Auvergne pour l'avenir du pensionnat ; et Sa Grandeur donna à M. Decroix le conseil de céder pour quelque temps à l'orage et de confier la supériorité à son frère Bonaventure Decroix, curé d'Embry, qui avait été longtemps directeur à Dohem et à Saint-Omer. Il en coûta beaucoup au titulaire de quitter une maison dont M. l'abbé Braure l'avait rendu propriétaire ; mais il ne voulut pas déplaire à son évêque, et il s'éloigna, attendant des temps meilleurs. Sept ans après, il revint comme principal, et reprit, conjointement avec son frère, la direction du collége, où il avait retrouvé beaucoup de ses anciens maîtres et un nombre assez considérable d'élèves.

Plus tard, l'établissement d'Amettes dut cesser devant les accroissements considérables de celui de Dohem, qui contribua bientôt à la fondation définitive d'une société spéciale vouée à l'instruction et à l'éducation de la jeunesse : la Société de Saint-Bertin.

Déjà, dans une lettre du 11 août 1809, M. de Gantès, inspecteur des bâtiments civils, rendait justice à l'établissement d'Amettes. Il disait y avoir vu, dans le plus grand détail, une maison d'éducation, et avoir trouvé dans cette maison plus de 200 jeunes garçons, bien logés, bien portants, ayant un grand terrain pour les moments de récréation. « Il paraît, ajoute M. de Gantès, que
» M. Paternelle, chef de cet établissement, outre les soins qu'il
» donne à former des sujets au Gouvernement, ne néglige rien

» pour la conservation des édifices appartenant à la commune où
» il réside. »

AUCHEL.

« Village du diocèse de Boulogne, du doyenné d'Auchy-au-Bois et de l'archidiaconé de Flandre. Il est à une lieue au-dessus de Pernes et a Cauchy-à-la-Tour pour secours. L'abbé de Saint-Jean-au-Mont, près Ypres, est collateur de la cure. » — LE P. IGNACE. — *Recueils*, t. IV, f° 19.

Sur le village d'Auchel, M. Coquelet donne les renseignements suivants : « 125 feux, dans un lieu fertile, à un quart d'heure à droite de la route romaine, à deux lieues de Norrent, une lieue e demie de Lillers, à une lieue de Pernes, et deux et demie de Béthune.

» Eglise de l'ancien diocèse de Boulogne, dédiée à saint Martin, elle fut bâtie en 1559, elle est bien réparée, mais le chœur menace ruine, elle a un clocher, une forte cloche et un cimetière adjacent, vaste et bien planté.

» Il y avait un bénéfice dont jouissait le vicaire à charge de faire l'école. Le presbytère et la maison vicariale furent vendues. »

Ce qui suit est encore tiré du P. Ignace : « Huës du Chastelet, écuyer, puis Bauduin le Prévost, à cause de sa femme, possédait un fief en ce lieu sur lequel Demiselle Alips de Pippemont, veuve de Jean du Châtelet avait son douaire. Ce fief relève du château de Lens. Il en donna son dénombrement le 5 mars 1384. » — *Mém.*, t. VI, p. 749.

Aux registres des vingtièmes de 1757 nous trouvons : Le comte de Béthune, propriétaire de la Seigneurie du dit lieu...; — M. de Bachy d'Hauteville ; le sieur de Grusilliers, propriétaire du fief de Bergival, consistant en droits seigneuriaux et en censives, du revenu de 41 livres.

Le dénombrement de 1851 nous donne les rues de Calonne, de Cauchy, grande rue, la place, petite rue, rue d'En-Bas, et rue *des Barbarins.*

AUCHY-AU-BOIS.

Auchy-au-Bois, patron St-Gilles, population 260, étendue 800 mesures. Mirœus conjecture que cette paroisse est désignée comme faisant partie de la dotation assurée par saint Omer à l'abbaye de Sithieu, depuis si connue sous le nom de Saint-Bertin. Cet auteur rapporte textuellement l'acte de cette fondation, t. 1er, p. 7. Après la ruine de Thérouanne et la suppression de son évêché, la cure d'Auchy *Alciacum* fit partie du diocèse de Boulogne et devint chef-lieu du Doyenné qui portait son nom. La dîme du territoire ayant été dévolue au chapitre d'Ypres dont l'Evêché étoit aussi un démembrement de celui de Thérouanne, les chanoines qui avoient à leur charge l'entretien du chœur, furent investis du droit de nommer à la cure. L'Eglise porte la date de 1669; elle a perdu quatre mesures de terres qui au siècle dernier, assuroient son entretien ; il ne lui reste que 22 fr., provenant de fondations, et le produit de la location des chaises.

Les collateurs de la cure d'Auchy-au-Bois étaient les chanoines gradués d'Ypres. Le Seigneur était le comte de Hornes.

« Plusieurs fiefs étaient mouvans de la seigneurie principale qui portait le nom de seigneurie d'Auchy. Ces fiefs sont désignés dans diverses chartes et dénombrements sous les noms de Nattoy, d'Auvin ou Anvin et Monissard.

» Jacque de Monissart, écuyer, vendit le fief de ce nom à Jeanne Marche, le 12 décembre 1542.

» Une charte de Bauduin de Lens, du mois d'avril 1308, dont voici un extrait.

» Jou Katherine de froit (ou frou) Mantel, dame de Anvin, et Jou Bauduins de Lens, chevaliers, sires de Anvin et barons a le Dame devant dite, faisons savoir à tous chiaus ki ces présentes lettres verront et orront que nous avons donné karte et otreci à Adrian de Auchi et à Jehan le Flament de Mernes sen baron et à leurs hoirs ct congiet que il pocent faire et un four pour le fief qu'ils tiennent de nous à Auchy-au-Bos a demi-lige en acroissement de chel fief devant dis et a leur hoirs a toujours frankement et y retaulement de nous et de nos hoirs sans lommage du fief devant dit. » — (*Archives départementales.*)

Nous trouvons dans les papiers de M. l'abbé Parenty la note suivante, que nous citons dans sa forme dubitative :

AUCHY. — « (Probablement Auchy-au-Bois, canton de Norrent). Hutin de Mailly, troisième fils de Jean IIIe du nom, et de Catherine de Mammetz, fut seigneur d'Auchy et de la Neuville-le-Roi. Il vivait en 1478. Il eut entre autres enfans, pour hériter de cette terre, Jean de Mailly, capitaine de mille hommes de pied de la légion de Picardie, en 1534 ; il mourut cette même année. Antoine, son fils, seigneur d'Auchy, etc., capitaine des légionnaires de Picardie, servit ès-guerres de Piémont et de Picardie, fut tué en faisant les approches du siége d'Hesdin, en 1537, en réputation d'un grand homme de guerre ; il ne laissa qu'une fille alliée : 1° à Jean de Thays, chevalier de l'ordre du roi, colonel général de l'infanterie française, grand maître de l'artillerie, etc.; 2° à François, seigneur de Soyecourt et de Tilloloi. Ainsi finit la branche de Mailly-Auchy. » — LE P. IGNACE, — *Mém.*, t. VI, p. 270).

Le nom latin des Chartes est *Alciacum in nemore.*

BERGUETTE.

« Village d'Artois, bailliage de Lillers, diocèse de Saint-Omer et doyenné de Lillers, secours de Guarbecque ou Garbecque. L'abbé de Ham nomme à la cure et possède la seigneurie. » — (LE P. IGNACE.—*Recueils*, t. IV, fol. 69).

Sur le village de Berguette, M. Coquelet nous donne ce qui suit :

« Commune de 80 feux, dont les plus éloignés sont à un quart d'heure de l'église, qui étoit secours de Guarbecq et du diocèse de Saint-Omer ; ces deux communes sont séparées par le ruisseau qui vient de Norrent. Berguette en est à une demi-lieue et à six quarts d'heure de Lillers. L'église est isolée sur une petite éminence qui donna son nom au village *Berg-Montagne*. Elle est antique mais bien entretenue, il y a clocher, le cimetière y tient ; elle a pour patron saint Pierre. La maison vicariale est vendue. La commune procure un logement au curé.

» M. de Berguette, seigneur du lieu, conseiller au parlement de Flandre, mourut à Douai, il y a environ 30 ans, en odeur de sainteté. »

« Nous avons visité, dit M. Parenty, le 13 juin 1850, l'église de Berguette. Elle n'a qu'une nef. On y pénètre par un portail de style grec surmonté d'une niche vide de statue : au-dessus de ce portail est un clocher qui s'engage dans la nef et fait corps avec elle. Le bas de l'église est moderne comme le portail, mais le haut, qui se termine brusquement, c'est-à-dire sans hémicycle, est assez remarquable par une voûte ogivale du XIII° siècle ; on y remarque quelques figures grimaçantes qu'il serait bon de dégager des couches épaisses de badigeon dont elles sont recouvertes. »

BLESSY.

« Village du diocèse de Saint-Omer et du doyenné d'Aire. La seigneurie appartient à la maison de Montmorency-Robecq. » — (Le P. Ignace. — *Recueils*, t. IV, fol. 19).

« Commune de 130 feux, y compris le hameau de Hame, où sont 30 maisons ; il est au-delà d'un marais tourbeux à un quart d'heure de l'église, c'est de ce côté qu'était l'ancien château du prince de Robecq, il y en a un autre avec une ferme qui sont la propriété de M. Delalleau. Le territoire s'étend beaucoup à l'occident, du côté d'Enguinegatte.

» Eglise dédiée à saint Omer et de l'ancien diocèse de ce nom; elle est vieille mais solide et bien réparée, la flèche est en pierres de taille, il y a cimetière adjacent.

» A une lieue et demie de Norrent, une lieue de Thérouanne, cinq quarts d'heure d'Aire, cinq lieues et demie de Béthune, presbytère vendu, il reste la maison vicariale, qui est à la disposition du desservant. » — (*Notes de M. Coquelet.*)

» 1194. L'an 1194, Philippe, comte de Flandre, continuant ses libéralités et aulmônes, donna à la dite église de Saint-Augustin (lez Terrouanne), 26 mesures de terres de sa mouvance à Blessy (ces terres sont en la cense de l'Abiette, qui peuvent contenir environ 28 mesures).

» 1218. L'an 1218, Louis, fils aîné de Philippe-Auguste, roi de France, estant seigneur d'Artois du chef de sa mère Elisabeth de Haynaut, recognoissant que son vivier avoit fait dommage à la dite église et abbaye en la plupart des dites 26 mesures de terre ; donna en récompense et restitution, à la dite église, 10 mesures de terres au dit lieu de Blessy, jusques à tant que le dit abbé et couvent aient récupéré les terres en la dite mouvance. » (*Extrait de la notice de l'abbé Ledé*).

BOURECQ.

Bourecq s'appela aussi *Bouraich*, et *Beurech* en Régale. Ce village est ancien : il dépendait de la Régale de Térouanne.

Après la destruction de cette ville et la partition du diocèse en trois, il appartint au diocèse de Boulogne avec Ecquedecques pour annexe. On le trouve dans le Pouillé du diocèse de Boulogne de la fin du XVIIe siècle sous le doyenné d'Auchy-au-Bois.

Voici quelques documents recueillis sur Bourecq, en 1839, par le curé de ce village et envoyés alors à l'évêque d'Arras, Mgr de la Tour d'Auvergne.

« Bourecq a toujours eu pour patron saint Riquier, abbé, et de temps immémorial succursale, avec Ecquedecques pour annexe ; pendant la Révolution cependant Bourecq fut chef lieu de district des paroisses de Ham, Ecquedecques et Lépesses. Il est impossible de connoître quels furent les donateurs de cinq quartiers de terres que l'église possédoit au moment de la Révolution et qui furent alors aliénés avec le presbytère : « la maison que j'habite actuellement servait alors de logement au vicaire. Depuis lors elle ne possède plus rien, et n'a, pour son entretien que le modique produit des chaises. L'étendue du territoire est de quatre cents hectares environ, et sa population de cinq cents vingt habitants. L'intérieur de l'église fut délabré pendant la Révolution, on y fit même du salpêtre : « le chœur actuel est de temps immémorial, la voûte basse et massive indique son ancienneté : la nef fut construite en 1728 ; le bâtiment entier se trouve dans un état assez satisfaisant ; mais l'intérieur, surtout pour le plancher de la nef, demanderait d'assez fortes réparations : il y existe cependant une propreté ordinaire, et pour son mobilier, il n'y a rien que de commun et elle ne possède que ce qui est d'absolue nécessité pour l'exercice du culte ; les reliques, placées sur l'autel, nous ont été données par Votre Grandeur, il y a deux ans, et sont de saint Venant et de saint Riquier, patron de la paroisse invoqué fréquemment par des pèlerins qui viennent du bas pays pour implorer la protection du saint pour les maladies des enfants: une assez grande quantité de guérisons s'en suivent, d'après les rapports qui m'en sont faits, de temps en temps par les parents eux-mêmes. Bourecq était du diocèse de Boulogne, avant la Révolution.

« Ecquedecques a toujours été, de temps immémorial, annexe de Bourecq, et, avant la Révolution, il y avait un vicaire dépendant du curé de la succursale ; le patron a toujours été aussi saint Omer ; cette église avait alors quatre hectares, quatre-vingt seize ares de terres, en vertu d'une donation faite, en 1667, par dame Marie Maës, veuve d'Adrien Lenoir, et par Liévin Maës, bourgeois de la ville d'Aire. Cette donation eût lieu en vertu du testament de M. François Maës, frère et oncle des susdits donateurs, et prêtre et vicaire de la collégiale de Saint-Pierre, à Aire ; l'étendue du territoire est de deux cents cinquante-sept hectares, quarante-sept ares environ, et sa population de trois cent cinquante habitants. L'église a conservé deux mesures de terres provenant de la susdite donation, le bâtiment de l'église, quant à l'extérieur, est en assez bon état, sauf le clocher qui est en bois, fort bas et qui tombe en ruine. Elle fut construite en 1536, et en 1821 la commune, de concert avec la fabrique, y fit ajouter un bout de dix mètres carrés, parcequ'elle se trouvoit insuffisante pour la population. Quant à l'intérieur, il est aussi dans un état décent, quoique peu orné, et son mobilier est à peine suffisant pour l'exercice du culte ; les reliques, placées sur l'autel, nous furent données, par Votre Grandeur il y a deux ans, et sont de sainte Marie-Magdelaine, pénitente, et de saint Omer, patron de l'église. Ecquedecques était du diocèse de Boulogne, avant la Révolution. »

Quelques notes de M. Parenty confirment et complètent ces renseignements, les voici :

« Bourecq, patron saint Riquier ; population, 520 ; étendue 400 hectares. Le chœur de l'église, dont la voûte est basse et massive, parait être d'une haute antiquité, mais la nef fut construite en 1728 ; tout le batiment souffrit beaucoup pendant la Révolution, car on s'en servit pour faire du salpêtre : les habitants le restaurèrent depuis et il se trouve dans un bon état de conservation. Mgr l'évêque d'Arras a envoyé, depuis peu, à Bourecq une relique du patron et une autre de saint Venant ; on vient, des cantons voisins vénérer celle de saint Riquier, pour les maladies des enfants. Bourecq appartenait, avant la Révolution au diocèse de Boulogne, ayant Ecquedecques pour secours. L'évêque de Saint-Omer y nommait.»

« Ecquedecques, patron saint Omer; pop. 350, étendue; 257 hectares.

L'église était, avant la Révolution comme aujourd'hui, annexée à celle de Bourecq. Elle fut bâtie en 1536 ; devenue trop petite pour la population, on l'augmenta de dix mètres, en 1821. François Maës, vicaire de la Collégiale d'Aire, donna, en 1667, environ dix mesures de terres, dont deux mesures furent conservées et servent encore à l'entretien de l'église. Mgr l'évêque d'Arras lui a donné, depuis peu d'années une relique du patron et une autre de sainte Marie Maddeleine.

M. Coquelet. — « 70 feux, à un quart d'heure de Bourecq, près de la Nave, une partie de ce village qui se nomme Lahaie et où sont douze maisons, depend de Lillers. L'église est un ancien secours de Bourecq, pour patron saint Omer : elle a un clocher et une cloche, un cimetière bien clos. La maison vicariale n'est pas vendue.

DES RECHERCHES DE M. COQUELET. — Commune de 100 feux, sur la route royale de Béthune à Aire et sur le ruisseau de Nave, à trois quarts d'heure de Norrent et autant de Lillers. Le château de Melanois et quelques maisons sont à une-demi heure de l'église, vers le marais qui est tourbeux. Il y avait anciennement un château-fort près de l'église, dont les restes sont à usage de ferme.

L'église qui est de l'ancien diocèse de Boulogne, est sous le vocable de saint Riquier, elle est vieille mais encore bonne, elle a clocher et cloche. Dans l'angle du cimetière est la maison vicariale qui sert d'école, elle ne fut pas vendue comme le presbytère. Il reste quelque bien pour les pauvres.

La commune livre une maison pour le desservant.

Il y avait une chapelle bénéficiale au château de Melanois, qui est vendu.

Des détails concernant deux chapelles ont été envoyés, sur sa demande, à Mgr de la Tour d'Auvergue, évêque d'Arras, par M. L. Briois, curé de Bourecq, l'auteur des notes précédentes. On les lira avec intérêt. La lettre est du 4 mars 1839.

Il m'a été bien difficile de trouver des personnes qui aient pu m'en donner quelques détails. Pour la chapelle, dite de Notre-Dame de Calfordal, et qui était jointe au chœur de l'église, elle n'existe plus depuis longtemps ; mais on en voit encore les fondations. Il s'y trouvait une entrée sur le chœur, et c'est par là et dans cette chapelle que le seigneur de Calfort assistait aux offices. On ne connait plus rien de ce qui constituait le bénéfice de Calfort, seulement on se rappelle avoir vu une inscription ainsi conçue au-dessus de la chapelle de la Sainte-Vierge dans la nef ; *Ici, autel du bénéfice de Calfort.* M. Saligot, nommé curé de Bourecq, vers l'an 1750, a fait plâtrer une statue de Mme de Calfort, d'une assez grande dimension, et qui se trouvait dans l'arcade de l'entrée de la chapelle dans le chœur de l'église : je n'ai pu savoir l'époque précise, et dans laquelle cette statue a été recouverte, mais cela eut lieu plusieurs années avant la révolution. Il est possible que l'évêque de Saint-Omer en nommait le titulaire : on m'a assuré qu'il était décimateur, et qu'il avait sur Bourecq, un carreau de dîmes : quant à la nomination à la cure, aucun des plus anciens paroissiens n'a pu m'en rien dire ; mais ils ne le croyent pas, la paroisse étant du diocèse de Boulogne. Quant à ce qui regarde l'administration spirituelle d'Ecquedecques, on ne croit pas non plus, que le titulaire de Calfort, en ait été jamais chargé, Ecquedecques ayant toujours eu un vicaire sous la dépendance du curé de Bourecq.

Pour ce qui regarde la chapelle castrale de Mallanoy, le seigneur du lieu en nommait le titulaire. Cette chapelle, d'une assez vaste dimension et très-bien ornée, se trouvait dans l'intérieur du château. Le dernier titulaire a été M. Toffart, chanoine de Lillers, qui y allait dire la messe chaque dimanche et deux fois la semaine : il y avait pour ce bénéfice cinq mesures moins un quart de terres, et dont jouissait par lui-même le bénéfice. Cette chapelle fut dévastée le même jour que l'église de Bourecq, et actuellement on n'en voit même plus la place. Voilà, Monseigneur, les faibles renseignements que j'ai pu avec peine trouver. »

Ce qui suit est extrait des manuscrits du P. Ignace.

BOURECQ. — CHAPELLE DE CAFFORT. — « En 1379, Jeanne Trouillart, demoiselle de Caffort, fonda en la paroisse de Bourech, deux chapellenies que la diminution des revenus fit réduire à une. Le chapelain acquitte trois messes par semaine.

» Pour doter ces chapelles, elle démembra d'un fief qu'elle avait dans le terroir de Lens, relevant de la chatellenie de Lens, une partie des redevances et la donna à ces deux chapelles.

» Le roi Charles V autorisa cette fondation, par lettres d'amortissement du 3 mai 1379, attendu que ce prince conservait la souveraineté sur l'Artois. Par actes les plus solennels du 20 juillet et 2 septembre de la même année, Marguerite de France, comtesse d'Artois, dame suzeraine du fief de Caffort, et Jean de Récourt, qui, comme chatelain de Lens, en était le seigneur dominant immédiat, approuvèrent ce démembrement et cette donation.

» L'évêque de Thérouanne approuva aussi cette libéralité.

» Ferdinand Saladin, curé de la Madeleine, à Arras, était titulaire de la chapelle de Caffort, en 1745. » — (*Extrait d'un mémoire imprimé, additions aux mém. du P. Ignace.* t. VII, fol. 564 et suivant).

« Jeanne de Caffort (nom tiré d'un fief de ce nom au territoire de Lens), fonda, en 1379, une chapelle dans l'église paroissiale de Bourecq, diocèse de Boulogne, près Lillers, entre cette ville et l'abbaye de Ham. On lui donna le nom de Notre-Dame de Caffort à cause qu'elle fut mise sous le titre de la Sainte-Vierge à charge de trois messes par semaine. Le revenu de ce bénéfice fut fixé sur les biens et fiefs que la fondatrice possédait sur la seigneurie de Caffort; cette chapelle fut amortie le 2 septembre de la même année 1379, par Jean de Recourt, écuyer, châtelain de Lens. » — *Mém.*, t. VI, p. 392.

» Ferdinand Saladin, natif de La Bassée, cumulait ce bénéfice avec la cure de la Madeleine à Arras, au commencement et jusqu'au vers le milieu du XVIIIe siècle. Il résigna sa cure, en 1747, à Langlart, son neveu, natif de Saint-Omer. Ce Saladin avait été secrétaire du vicariat de l'abbaye de Saint-Vaast. » — *Mém.*, t. VI, p. 427.

« Village du diocèse de Boulogne-en-Artois, bailliage de Lillers, doyenné d'Auchy-au-Bois, quelques manuscrits écrivent *Bouroi*. La cure est à la collation de l'évêque de Saint-Omer, elle a pour secours Ecquedecque. » — *Recueils*, t. IV, f° 69.

BOURECQ. — « Il y eut un château près de l'Eglise, ce qui en reste est à usage de ferme. Il y eut aussi dans le voisinage un château nommé Melannoi ou Melantoi. Un capitaine français s'y étant enfermé avec peu de monde, en 1481, arrêta pendant trois jours l'armée ennemie commandée par l'archiduc Maximilien en personne, et il ne se rendit qu'à condition d'avoir la vie sauve. Mais Maximilien, irrité de sa résistance, le fit pendre. Louis XI l'ayant appris, fit pendre devant ce château sept prisonniers qu'il avait faits, et d'autres devant d'autres places. » — (*Note de M. Podevin, sous-préfet de Béthune.*)

MALANOY, COMMUNE DE BOURECQ. — « Cet immense château, entouré d'eau, dont il reste encore une vielle tour et quelques fragmens d'anciennes fondations, était autrefois une forteresse très-importante, entre Béthune et Aire ; elle était flanquée de douze tours, et soutint plusieurs assauts. Le fameux Marlborough, dont le nom est devenu si trivialement populaire, y passa quelques jours avec son quartier général, à l'époque du siége d'Aire. En différents temps et surtout sous Louis XI, dix à douze hauts et puissants seigneurs y furent pendus ou décapités. Henri IV donna ce château, et une très-riche appendance et dépendance, à un des fils de la Belle Gabrielle d'Estrées, Duchesse de Beaufort. Cette famille en jouit jusqu'à ce que la Convention l'eut déclaré propriétaire nationale. Le père du propriétaire actuel l'avait acheté en troisième main, et avant l'indemnité, il fit légitimer son acquisition en donnant une somme convenable à une dame de Beauffort alors en Belgique. — Août 1843, D. X. »

Saint Ricquier est toujours très-honoré à Bourecq et son pèlerinage est fort fréquenté.

N.-B. — Ecquedecques est maintenant séparé de Bourecq; mais les documents qui précèdent parlent si souvent de ces deux villages à la fois, qu'il est bien difficile de ne pas confondre un peu leur histoire en une seule. On saura, du reste, rapporter à Ecquedecques ce qui lui appartient en propre.

BURBURE.

BURBURE. — Il y a deux endroits de ce nom qui diffèrent l'une de l'autre. Maillard n'en fait qu'un dans sa table alphabétique et leur donne une même position. Burbure est un village au-dessous de Lillers, du ressort de ce Bailliage et du diocèse de Boulogne, au doyenné d'Auchy-au-Bois. La cure est à la collation de l'abbé de Saint-Denis de Reims, ordre de Saint-Augustin, et la seigneurie fait partie du marquisat de Lillers.

» Burbure en Oresmieux est un fief et hameau enclavé dans la châtellenie de Lille, au quartier de Weppes, diocèse d'Arras. » — (Le P. IGNACE. — *Recueils*, t. IV, f° 64.)

Voici les renseignements donnés sur Burbure, par M. Coquelet : « 170 feux réunis en partie sur une place élevée et couverte de gazon, qui porte le nom de Riez. L'autre partie est dans une vallée, et c'est là qu'est l'Eglise, sur la route publique de Lillers à Saint-

Pol, à une lieue et demie de Norrent, à trois quarts d'heure de Lillers, et trois lieues de Béthune.

L'Eglise, sous l'invocation des saints Gervais et Protais, était du diocèse de Boulogne, elle est antique, mais bien réparée, elle a un bel autel provenant de l'abbaye de Chocques. Le sanctuaire est pavé de marbre, un clocher, une cloche. Le curé habite le presbytère qui ne fut pas vendu. »

L'autel, provenant de l'abbaye de Chocques, est, au jugement de M. Parenty, un hors-d'œuvre dans un vaisseau trop étroit et trop peu élevé.

On lira avec intérêt la note suivante sur la famille de Burbure.

« Messire Robert de Burbure, chevalier, seigneur de Burbure, prit alliance, vers 1352, avec noble demoiselle de Flavignies, valeureuse famille du Cambresis : son fils René de Burbure, écuyer, seigneur de Burbure, épousa, en 1387, Marie de Fraisne, fille de Guillaume et de Mensia Sernay. Le fils aîné de René, s'appelant également René, épousa demoiselle Magdeleine Desprez, vers 1430. Son frère Guillaume était abbé de Saint-Denis, l'an 1440. Son frère, Henri, épousa, en 1439, demoiselle Sophie de Grave, fille de Messire Jean, chevalier. Jean de Burbure, écuyer, fils du prédit René et de Magdeleine Duprez, fut pannetier du pays et comté d'Artois et épousa demoiselle Catherine Cornar, dite Richemont, famille ancienne et noble. Gérard de Burbure, écuyer, frère du prédit Jean, épousa Alaïde, fille du seigneur comte de Wibesteyn et fut tué à Paris vers 1449, sous le règne de Charles VII. Son fils Henri épousa demoiselle Gertrude de Brassart, dit Saint-Hilaire. Renaud de Burbure, autre frère de Jean de Burbure susdit, eut deux fils de son épouse, demoiselle Jeanne Colibrant : 1° Waléran, qui épousa Barbe de Ferlin, et 2° Robert, qui épousa en 1496, demoiselle Philippote de Ressel. Le susdit Jean de Burbure eut deux enfants de son épouse Catherine Cornar, dite Richemont : Marguerite de Burbure, qui épousa Jean de Gulpen, et Philippe de Burbure, écuyer, qui épousa demoiselle Else de Gothem. C'est de Philippe de Burbure que nous descendons directement par son fils Michel, son petit fils Antoine, son arrière petit fils Robert de

Burbure qui habitait Saint-Omer, en 1591, et successivement par le fils de Robert-Gillyn de Burbure, écuyer, qui vint habiter Bruxelles, par le fils de Gillyn (Gislin), le fils de celui-ci François de Burbure, seigneur de Wesembeke, Ophem, etc., et, de père en fils par François-Joseph Gaspar, Jean, Guillaume, François, Emmanuel ; jusqu'à Philippe-Edouard-Guillaume-Marie de Burbure de Wesembeske, mon père encore vivant et en bonne santé.

Parmi les pièces authentiques, je rencontre le testament d'Antoine de Burbure, fils de Michel et époux de Mathilde Sayt, par lequel il lègue, entre autres, une somme de 400 florins pour être employée et mise en rente au profit de l'église paroissiale de Burbure. Cet acte, rédigé à Saint-Omer, le 8 mars 1578, prouverait, ce me semble, qu'à cette époque, la seigneurie de Burbure appartenait encore à la famille de ce nom. » — (*Extrait d'une lettre adressée, le 20 juillet 1842, à M. Amédée d'Hagerue, par M. Léon de Burbure de Weximbeck, datée de Termonde (Belgique)*).

. On trouve à Burbure une rue d'*Hurionville,* qui rappelle les temps anciens et l'histoire de saint Lugle et de saint Luglien.

CAUCHY-A-LA-TOUR.

CAUCHY-A-LA-TOUR. — Ce village, dit M. Harbaville, est le *vicus Turringahem in pago ternensi*, que l'abbé Hilduin acquit à saint Bertin, en 877, et dont il est question dans un diplôme de la trente-septième année du règne de Charles-le-Chauve. (*Malbrancq, de Morinis*, tom. I.) Dans les temps féodaux, ajoute-t-il, une tour y existait pour protéger un péage. Ce mot *Tour* ne serait-il pas plutôt un souvenir du vieux nom *Turr*, adapté au nom nouveau de Cauchy, nom désignant l'emplacement sur la *chaussée* Brunehaut ? Turr est certainement un nom d'homme, le chef des Saxons qui s'établirent en ce lieu, comme l'indique le mot saxon *Turringa-hem.*

« Le village de Cauchy-à-la-Tour, quoique paraissant aujourd'hui de peu d'importance, ne laisse pas que de procurer matière à l'histoire. Ce village, situé à une lieue et demie de Lillers, à trois quarts de lieue de Pernes, et entre ces deux endroits, a une partie de son territoire traversé par la route royale, n° 16, de Paris à Calais.

» L'étendue de son territoire est actuellement de 299 hectares 84 ares, et sa population est de 358 habitans. Il est borné à l'Est par le territoire de la commune d'Auchel, au Sud par celui de Camblain-Châtelain, à l'Ouest par celui de Floringhem, et au Nord par celui de Ferfay.

» La chaussée Brunehault le divise en deux parties dans toute la longueur de son territoire ; la partie à l'Ouest de ladite chaussée appartenait, avant la Révolution, pour le spirituel, à la commune de Floringhem, qui n'était alors qu'un vicariat de Pernes, et la partie à l'Est était secours ou annexe d'Auchel.

» Il a existé jadis à Cauchy-à-la-Tour, un château-fort dont les anciens nous assurent avoir vu les ruines, et dont il existe encore aujourd'hui les fondations. Ce château était entouré de fossés, et, selon l'opinion générale, il était flanqué d'une haute Tour, d'où l'on croit que le village tire son nom de Cauchy-à-la-Tour, pour la distinguer de Cauchy-Sauchy, village du canton de Marquion. »
— (*Renseignements locaux envoyés à l'évêché d'Arras, en 1840.*)

On trouve aux registres de l'élection, de 1735 à 1745, page 18, Archives du Pas-de-Calais, des lettres de noblesse accordées au sieur Philippe Hanotel, de Cauchy-à-la-Tour, et lettres patentes qui l'exceptent et ses enfants de la révocation portée par l'édit du mois d'août 1715. Ces lettres sont de juillet 1698 et 11 février 1737. Aux registres aux vingtièmes de 1757, on trouve M. de Cauchy, seigneur de ladite terre, consistante en une maison et dépendances et de quatre mesures de manoir estimé 60 livres.

M. Coquelet dit de Cauchy-à-la-Tour que c'est une « riche commune de soixante-dix feux réunis dans un lieu champêtre et fertile sur la route romaine, à un quart d'heure d'Auchel à l'occident. L'église ou chapelle est à l'orient du village. Il y a chaire, autel et clocher à lunettes avec un cimetière. Elle est voisine du château ou maison autrefois seigneuriale. Cauchy était secours d'Auchel. »

ECQUEDECQUES.

Ecquedecques. — (*Voir plus haut au mot* Bourecq.)
L'histoire de ce village est tellement unie à celle de Bourecq, qu'on n'a pas cru devoir les séparer.

ESTRÉE-BLANCHE.

Estrée-Blanche. — « Village situé sur la chaussée romaine, *strata*, d'Arras à Thérouanne, au bas d'une colline couverte de pierrailles blanches. Il existe près de là un ancien château appelé Criménil. Il est entouré de larges fossés pleins d'eau et flanqué de tours : il y avait une chapelle sous l'invocation de saint Louis. » (*Note de M. Podevin, sous-préfet de Béthune.*)

« L'église date du XIV° siècle : Son architecture annonce peu de génie et peu de ressources. Une nef très-basse a été supprimée au nord : les arcades sont remplies par une maçonnerie beaucoup plus récente que les murs. La tour et la flèche, en pierres blanches, sont beaucoup mieux que le reste de l'église, et remontent au XIII° siècle. Un grand nombre de pierres endommagées par des projectiles prouve que les habitants ou les soldats retranchés dans la tour y ont été assiégés : ce qui, d'ailleurs, lui est commun avec tous les grands bâtiments des environs de Thérouanne. Estrées-Blanche qui appartenait autrefois aux ducs de Luxembourg, était depuis longues années la seigneurie des sires de Lannoy, qui étaient aussi seigneurs de Linghem, Rely, la Tirmande : car on les appelait MM. de Linghem... Pierre-Antoine de Lannoy est décédé en 1797, à l'âge de 57 ans, et son épouse Cécile-Françoise Boitel du Cardonnois est décédée, en 1791, âgée de 51 ans. Le nom de cette branche est éteinte ; les petits enfants n'ont plus rien dans les propriétés seigneuriales de leurs ancêtres.

» Ce château, dont l'origine se perd dans la nuit des temps, a été reconstruit, en partie, sur ses anciennes fondations. Un ovale presque rond, découpé à angles obtus, entourait la cour, offrant à chaque courbe une tourelle dont plusieurs subsistent encore, et formant un décagone irrégulier. Deux de ces tourelles, très-rapprochées, soutiennent la voûte d'entrée où est fixée la bascule dont les grosses chaînes baissent ou relèvent le pont-levis. Les eaux poissonneuses qui lavent le pied du mur dans tout son contour : les fontaines, les ruisseaux, les aqueducs ; une superbe variété de fleurs et d'arbustes, un vaste boulingrin entouré d'ormes magnifiques ; le vaste château de Liettres à l'Est, la tour et la flèche du clocher d'Estrée-Blanche à l'Ouest, les charmiers du hameau de Longhem (longamansis) et les bois en amphythéâtre au Sud, les champs cultivés au Nord, font de cette demeure un paysage enchanteur...., c'est le palais d'Armide.

» Ses anciens châtelains avaient des propriétés et des droits seigneuriaux à Fiefs et autres villages. J'ai sous les yeux un contrat de 1716, par lequel la dame Claire Lemercier de Lespinoy, épouse de Ferdinand Duhamel, seigneur de La Ronville, écuyer, etc., cède une maison et 50 mesures de terre environ, situés à Vestrehem, paroisse de Ligny-les-Aire.... Un autre, de 1725, où François-Joseph Lemercier, écuyer, seigneur de Criminil et autres lieux, traite de ses intérêts avec le Bailly des terres et seigneuries de Fiefs, Bauquêne, Quevaussart, etc. Sa demoiselle Marie-Isabelle-Rose, fille unique, décédée à Criminil, en 1766, a fait des dons à l'église d'Estrée-Blanche où se trouve son marbre tumulaire.

» Le dernier rejeton de cette antique famille, M. l'abbé Lemercier de Criminil est mort, il y a quelques années, curé de Busne. Il répétait volontiers dans ses vieux ans : «Moi je suis un ci-devant.... » Ses manières nobles étaient dignes de sa naissance. » — (*Renseignements donnés par M. Decroix, curé d'Amettes, en 1843.*)

L'église de ce village très-ancien, selon les chroniqueurs, portait l'empreinte des ravages du temps, et son misérable aspect contrastait avec le majestueux clocher qu'on y avait joint. Ajoutez que les dégradations étaient telles qu'on pouvait craindre la ruine prochaine du bâtiment, et qu'il fallait renoncer à toute idée de restauration.

D'un autre côté, le projet de reconstruire ce vieux sanctuaire ne devait paraître sérieux à personne, la fabrique et la commune étant dépourvues de ressources pécuniaires. Pourtant, cette reconstruction était l'objet des vœux des habitants et du curé de la paroisse en particulier.

Dans cet état de choses, une honorable famille de la localité offrit trois mille francs pour la réalisation d'une œuvre de nature à procurer la gloire de Dieu et le bien des âmes. Ce fut un encouragement pour le pasteur, déjà disposé à s'imposer de grands sacrifices; et le conseil municipal se détermina à porter au budget une somme de quinze cents francs, en laissant toutefois au curé la responsabilité de l'entreprise.

Plein de confiance en la Providence, M. l'abbé Cochet pressa M. Bresselle, alors curé de Mazinghem, de faire les plan et devis du nouveau monument qu'il voulait élever à ses risque et péril.

Au mois de février 1866, on démolit la vieille église, à l'exception du clocher; le 21 mars, on jeta les fondements de la nouvelle, qui fut couverte au commencement de décembre de la même année. Les travaux avaient marché avec une grande rapidité, et les fonds arrivaient à temps pour les payer, grâce à la générosité du curé, des paroissiens et de l'État, qui contribua à la dépense pour une somme de sept mille francs.

Le nouvel édifice, construit en pierre blanche du pays, est du style ogival de la troisième période, et s'harmonise avec la tour ancienne. Il n'a qu'une nef dont la longueur dans œuvre, à partir de la tour qui fait saillie, est de 22 mètres, 20 cent., la largeur de 6 m. 65 et la hauteur de 8 m. 50 du sol à la clef de voûte. Un croisillon ou transept la sépare du chœur ; il a 11 m. 50 de longueur. Ces proportions sont en rapport avec la population du village qui est de 440 habitants.

Les neuf fenêtres à meneaux ont 4 m. 50 de hauteur, 1 m. 40 de largeur et sont ornées de verrières. Celle du fond, derrière le maître-autel, représente Notre-Seigneur Jésus-Christ montrant son cœur aux hommes. Les deux fenêtres du bras de croix contiennent, l'une l'Annonciation de la très-sainte Vierge, l'autre saint Blaise, patron de la paroisse. Les six autres verrières sont en grisaille ou mosaïques de couleurs habilement nuancées.

Le maître-autel et les deux autels latéraux sont en pierre de Creil, attendant encore le ciseau du sculpteur. Les marche-pieds sont en marbre du Boulonnais ; le pavé du chœur et celui du reste de l'église en marbre de Belgique, alternant pour le chœur, avec le marbre blanc d'Italie.

Le ravallement des voûtes et des murs, tant à l'intérieur qu'à l'extérieur, ainsi que la pose des vitraux et des autels, ne furent terminés qu'au mois de juin 1869. L'ameublement est loin d'être complet, et déjà la dépense s'élève à plus de 25,000 francs.; bien que la plupart des charrois de matériaux aient été faits gratuitement par les habitants.

La consécration de cette belle église a été faite le 17 du mois de juin, par Mgr Lequette, entouré d'une trentaine d'ecclésiastiques et au milieu d'une foule considérable où l'on voyait les notabilités de la commune et des communes voisines accourues à cette auguste et imposante cérémonie. Sa Grandeur, dans une allocution toute paternelle, a adressé ses sincères félicitations au prêtre zélé, à qui l'on devait l'initiative de cette œuvre si digne d'éloges, et aux paroissiens qui s'étaient montrés si généreux pour en assurer l'exécution. — *(Annuaire du diocèse, année 1869.)*

FERFAY.

Fracfagium, *Freffai*, *Fréfaye*, *Fréfay*, *Ferfay*, tels sont les noms successifs de ce village, qui était déjà connu en 689.

Quelques années plus tard, il devenait tristement célèbre par le meurtre de deux saints personnages : saint Lugle et saint Luglien. La vie de ces deux saints, Irlandais de race royale et missionnaires pleins de zèle, a été publiée dans le Légendaire de la Morinie. Donnons ici la fin de cette vie, c'est-à-dire ce qui a rapport à Ferfay.

« Cependant, les deux frères sortirent de la ville de Boulogne, accompagnés du peuple et du clergé, qui les reconduisirent hors des murs en chantant des hymnes à la gloire de Dieu. Parvenus à une distance de quatre milles, ils s'arrêtèrent, exhortèrent cette multitude à demeurer fidèle au Seigneur, puis, après l'avoir bénie, ils la congédièrent, ne gardant avec eux que les serviteurs qui les avaient suivis d'Irlande.

» Ils continuèrent leur chemin et traversèrent des lieux arides et déserts. La Providence les fit arrêter à Thérouanne, dont l'église était alors gouvernée par Théodoric Baïnus. Le premier soin de nos saints, en arrivant dans la ville, fut d'aller adorer Dieu dans la métropole. Après qu'ils y eurent fait leur prière, fatigués du voyage, ils se retirèrent dans une hôtellerie, ne voulant point que le bruit de leur renommée parvînt aux oreilles de Baïnus, ils appréhendaient surtout que l'évêque ne les retînt, et leur intention était de poursuivre leur voyage avec diligence. Mais, malgré leur soin extrême à se cacher, Dieu les fit connaître par un éclatant miracle. La nuit qui suivit leur arrivée à Thérouanne, au moment où tous les habitants étaient plongés dans un profond sommeil, et que les deux saints psalmodiaient à voix basse dans leur lit, des cris sinistres se firent entendre. Les habitants, réveillés par ces cris et par les gardes, sortent en toute hâte, et voient avec horreur un vaste incendie allumé au milieu de leur ville. Le feu, qui s'était déclaré dans la maison contigüe à l'hôtellerie où reposaient les saints, avait déjà envahi un grand nombre de maisons et menaçait de détruire entièrement la cité. Au premier signal d'alarme, tous s'étaient rendus sur le lieu, théâtre du sinistre, et chacun se hâtait d'apporter de prompts secours. Mais le vent, qui soufflait avec assez de force, rendait tous leurs efforts inutiles, et la crainte de voir leur ville devenir la proie des flammes commença à glacer leur courage. Ils se mirent alors à pousser vers le ciel des cris si perçants, qu'ils éveillèrent l'hôte des deux frères, enseveli dans un profond sommeil. Celui-ci, effrayé d'un tel tumulte, se lève, accourt à sa porte, et l'ouvre pour connaître la cause du bruit qu'il entend. Il bondit d'étonnement et d'effroi, en voyant, au lieu d'une nuit obscure, une lumière vive et claire. S'apercevant alors que la flamme a déjà dévoré la partie supérieure de sa maison, il rentre, et pensant que les deux frères dormaient, il leur crie d'une voix terrible : Irlandais, levez-vous promptement, ma maison est en feu !

» A la voix de leur hôte, poussés par la charité bien plus que par la crainte des flammes, les deux saints accourent à la porte, se prosternent tous deux, et recourent à la prière. Lugle alors, s'avançant en archevêque, la main levée pour bénir, lève les yeux au ciel, et n'oppose à l'incendie que le signe de la croix. Aussitôt la flamme, dont l'intensité était extrême un instant auparavant, se dissipe tout à coup, comme si une douce rosée l'eût éteinte. C'est ainsi que les éléments obéissaient à la voix et au moindre geste de ces saints qui, pour plaire au Seigneur, avaient quitté leur patrie et les honneurs et les biens qui les y attachaient. Il semblait que plus ils voulaient s'humilier et se dérober aux regards des hommes, plus Dieu se plaisait à les faire connaître et à les exalter. A la fin de la nuit, les deux frères, craignant, s'ils étaient reconnus, d'être comblés d'honneurs, comme ils l'avaient été à Boulogne, se retirèrent précipitamment de la ville, et continuèrent leur voyage.

» Dieu leur révéla que ce jour était le dernier de leur vie mortelle, et que le martyre allait couronner le saint abandon qu'ils avaient fait pour lui de leur rang et de leur patrie. Ils arrivèrent en chantant des psaumes, à la vallée de Scyrendal. Cette contrée, récemment ravagée par une armée de Vandales, offrait encore de toutes parts des traces de dévastation ; peu d'habitants y demeuraient, et ils étaient alors de vrais bandits, pillant, rançonnant ou massacrant les voyageurs. Trois frères surtout avaient acquis une redoutable célébrité, et étaient devenus l'épouvante de ces lieux. L'un, nommé Bovon, résidait à Bunet, l'autre, Escelin, près de Ferfay, et Bérenger, non loin de l'ersy (*près de Pernes*).

» Leurs nombreux satellites infestaient les forêts environnantes; ils virent venir de loin les deux frères Lugle et Luglien et se cachèrent dans les taillis pour les attendre à leur passage. Les saints, exempts de toute crainte, s'avançaient en chantant des psaumes, afin de sanctifier ces lieux, théâtre de tant de crimes. Comme des vautours fondent sur de timides colombes, les satellites tombent à l'improviste sur les deux saints et les entraînent loin de la route. Tous ceux qui les suivaient prennent la fuite à travers la forêt ; un seul d'entre eux, poussé par un sentiment d'humanité, retourne sur ses pas, fâché d'avoir fui, et court à l'endroit où sont ses maîtres. Les brigands, furieux, le percent de coups et le laissent à demi mort. Les deux saints, pénétrés de compassion, se tiennent auprès de leur fidèle serviteur et ne cessent de prier jusqu'à ce que le coup mortel leur soit donné. Ils achèvent à peine le verset du psaume « mon âme vivra et vous louera » que les persécuteurs les égorgent et s'emparent de leurs dépouilles. Mais le scélérat qui avait frappé le premier les saints martyrs, ne tarda pas à recevoir le châtiment de son crime, car, saisi soudain du démon, il devint la proie des bêtes féroces, dont ces bois étaient infestés.

» Le compagnon fidèle qui était resté couché auprès du corps des saints, affirme avoir vu, pendant la nuit, le Ciel s'ouvrir sur les deux frères, et des chœurs d'anges environnés d'une grande lumière, descendre d'une échelle éclatante qui s'étendait de la terre au ciel. Les glorieuses phalanges des martyrs reçurent, comme des compagnons bien-aimés, deux frères qu'une même charité avait unis pendant leur vie, et qu'une même couronne glorifia après leur bienheureux trépas. »

E. L.

La vie de saint Lugle et de saint Luglien dont on vient de lire la fin est faite d'après celle que contenait un très-ancien manuscrit de l'église de Lillers, et qui est imprimée dans le sixième volume des *Acta sanctorum Belgii*, de Ghesquière. Cette vie a été collationnée sur celle qu'a publiée, en 1597, André Herbi, chanoine de la Cathédrale d'Arras, et dont Malbrancq s'est surtout servi pour tout ce qu'il a dit des deux saints dans son ouvrage sur les Morins. Ferry de Locre a parlé aussi des saints Lugle et Luglien dans sa Chronique de Belgique, page 82, ainsi qu'Arnoul de Raisse, chanoine de Saint-Pierre de Douai, dans son *Auctarium ad Natales sanctorum Belgii*, fol. 227.

Une petite chapelle fut construite (par saint Bain, à ce que l'on pense), à l'endroit où les saints furent mis à mort, et c'est là que dès lors, ils furent vénérés par de nombreux pèlerins. Près de cette chapelle était une fontaine miraculeuse. C'était surtout le vendredi de chaque semaine que l'on venait invoquer les deux saints; on les priait pour être délivré de la fièvre et de la peste, de l'incendie, du tonnerre et de la tempête. On ne sait pas précisément à quelle époque les reliques furent transportées à Lillers, parce qu'on ne les crut point assez en sûreté où elles étaient. On pense que ce fut vers le milieu du Xe siècle; elles furent d'abord déposées dans l'église paroissiale, puis dans l'église collégiale, qui fut bâtie vers le milieu du XIe siècle. C'est le 20 du mois de mai que se célébrait la mémoire de cette translation. La ville de Lillers a pris dès lors les deux saints Lugle et Luglien pour ses patrons secondaires, son patron principal étant déjà auparavant Saint-Omer.

Montdidier, en Picardie, rendit aussi un culte spécial à ces deux saints, à cause d'une translation qui y fut faite d'une partie notable de leurs corps, les deux chefs et plusieurs ossements. Cette translation, ou plutôt cette soustraction de reliques eut lieu au Xe siècle,

« Ferfay, nous dit M. Parenty, a pour Patron les saints Lugle et Luglien.

» Cette commune est traversée par l'ancienne route romaine, actuellement connue sous le nom de Chaussée Brunehaut.

» La partie Nord appartenait, avant 1790, à la paroisse d'Ames, et celle Sud, était administrée par le curé d'Amettes.

» Le vicaire d'Ames desservait une chapelle bâtie, en 1551, par l'un des comtes d'Hismisdal à côté du château, qui était alors flanqué de tours et bien fortifié. Cette chapelle servait de sépulture aux seigneurs du lieu. En 1804, un vicariat indépendant fut établi pour les deux sections de commune, et en 1826 Mgr l'évêque d'Arras obtint du gouvernement son érection en succursale.

» La chapelle du château qui jusqu'à ce moment avait tenu lieu d'église paroissiale étant trop petite, Madame la comtesse d'Hinnisdal et ses trois enfans, Monsieur le comte Herman d'Hinnisdal et Mesdemoiselles Camille et Rozoline, ses sœurs, firent construire entièrement à leurs frais une nouvelle église ; cette noble famille voulut en outre décorer et meubler ce monument de sa piété. Toute la menuiserie est en chêne de Danemark. Les trois autels ont chacun un tableau. La chaire de vérité est élégamment faite et les fonts baptismaux sont de marbre. Le chœur est éclairé par des vitraux peints.

» Cette église possède une relique de la vraie croix, récemment donnée par l'archevêché de Paris et reconnue authentique par l'autorité diocésaine; Ferfay appartenait au diocèse de Boulogne. »

Sur Ferfay, M. Coquelet s'exprime ainsi qu'il suit :

« 73 feux situés dans une plaine élevée où se trouvent des prairies et de belles eaux ; ce village est sur la route romaine d'Arras à Thérouanne, à une lieue et demie de Norrent, à une demi-lieue d'Ames et Amettes, à trois de Béthune, avant la Révolution, la moitié du village qui se trouve avec le château au delà de ladite route et où est une chapelle castrale dépendant de Ames, l'autre partie d'Amettes. Ce château, depuis longtems converti en maison de campagne, est habité par M. d'Hinnisdal, ancien seigneur du lieu.

» La chapelle de Ferfay, sous l'invocation de saint Pierre, fut bâtie en 1441, elle est près du château et encore solide, excepté la voûte; elle avait été annexée à la succursale d'Amettes ; mais, par un décret du 18 août 1803, Monseigneur l'évêque l'érigea en annexe indépendante. On s'occupe d'établir un cimetière.

» Il y avait une maison vicariale bâtie dans l'enclos du château, elle est démolie; M. d'Hinnisdal en a acheté une autre avec jardin pour servir de presbytère.

» Près de Ferfay, au Sud-Est, se trouve la vallée de Syrendaël, où furent massacrés sur la route romaine qui y passe SS. Lugle et Luglien (VIIIe siècle). Les eaux pluviales transportèrent leurs corps jusqu'à Hurionville. »

Donnons maintenant quelques renseignements sur la famille qui a été pour Ferfay une source de bonheur depuis près de trois siècles.

La famille de Hinnisdael est très-ancienne. Elle est originaire du pays de Liége et du Limbourg où on la trouve alliée à d'autres familles déjà connues au XIV° siècle. Nous n'avons pas à faire ici l'histoire complète de cette maison, qui ne s'est établie en Artois que vers le commencement du XVII° siècle ; citons seulement les alliances suivantes, qui rappellent des noms devenus aussi Artésiens vers la même époque, fin du XVI° et commencement du XVII°.

Denis de Hinnisdael, seigneur d'Otrange, voué de Guthschoven, épousa, le 5 juillet 1541, Catherine Gotans, morte le 27 juin 1558. Il épousa en secondes noces Anne de Hulsbergh, fille de Richard de Hulsbergh, dit Schaloen, et d'Anne van den Kerckove.

Il eut du premier mariage : 1° Guillaume..., 2° Denis...., 3° Cécile..., 4° Marie..., 5° Jeanne, qui épousa Conrard van der Waerden, seigneur et voué de Liers.

Melchior de Hinnisdael, 1541, épousa Marie van den Cruys, dont quatre enfants. Le second, Léon, avait épousé Judith van der Heyden, puis Marie van der Hulst, dite Taxis, décédée en 1600.

Du premier mariage il y a : Chrétien de Hinnisdael, écuyer, qui épouse Ide van der Waerden, de Waterscheyd près de Sittard ; dont Chrétien, qui épousa Hélène Honinx ; dont Chrétien, qui épousa Marie-Agnès Haywegen. De ces derniers est né Mathias de Hinnisdael, qui épousa Jeanne van der Heygen ; dont Marie-Catherine de Hinnisdael, qui épousa Jacques-Guillaume de Matthys, de Hasselt.

La famille de Hinnisdael, avons-nous dit, est originaire du pays de Liège. On trouve, comme mort en 1418, Herman de Hinnisdael, qui avait épousé Catherine de Gutschoven, dont il eut deux fils : Gilles et Herman. Ceux que nous avons cités plus haut font partie de la descendance de Gilles, première branche, dont on peut voir l'histoire dans les recueils de généalogies. Herman est l'auteur de la seconde branche, celle qui s'est établie plus tard en Artois.

Herman, chef de cette seconde branche, épousa Isabelle de Ryckel, dont il eut :

Herman de Hinnisdael, marié à Marguerite Schroots. dont :

Herman de Hinnisdael, marié à Elisabeth de Laugen, dont :

Herman de Hinnisdael, mort en 1548, qui avait épousé Marie de Corswarem, dont :

Robert de Hinnisdael, marié à Barbe de Roost, ou Rosut, dame de Danicken, dont :

Nicolas de Hinnisdael, seigneur de Danicken, puis de Fumal ou Fymal, par sa femme Antoinette dame de Fumal, qu'il avait épousée en 1608.

De ce mariage vint Philippe-Herman, auquel commence l'histoire de cette famille en Artois. En voici la suite, dressée par M. Am. de Ternas, qui a bien voulu nous donner ce travail.

Hinnisdael, famille très-ancienne originaire du pays de Liége et de Namur établie en Artois vers le commencement du XVII° siècle.

I. Philippe-Herman *de Hinnisdael*, baron de Fumal, colonel de cavalerie et lieutenant-général au gouvernement de Namur, épousa, en 1637, Barbe *d'Ostrel de Lières*, fille d'Antoine, seigneur de Ferfay et Marles en partie, et de Jacqueline Tackoen, dame de Zillebeck et de Montargon.

Dont :

II. Philippe-Herman-Dominique *de Hinnisdael*, baron de Fumal, seigneur de Cratzen, Cannars, etc., capitaine d'une compagnie de hauts allemands, épousa, en 1673, Charlotte-Catherine *de Walenrode*, fille d'Ernest, baron *de Walenrode*, et de Catherine-Charlotte *de Bertholet*.

Dont :

III. Jean-Herman *de Hinnisdael*, baron de Fumal, seigneur de Ferfay, Cauchy à la Tour, Montergon, Wez-à-Marles, Zillebeck, Cannars, chevalier de Saint-Louis, colonel d'infanterie en 1719, puis brigadier des armées du roi, marié, en 1714, à Marie-Claire-

Eugénie *de Carnin,* chanoinesse de Maubeuge, fille de Maximilien François de *Carnin,* marquis de Nédonchel, seigneur de Lillers, Bonrecourt, et de Alexandrine-Charlotte *de Béthune Hesdigneul.*

Dont 8 enfants :

1° Louis-Joseph-Herman *de Hinnisdael,* baron de Fumal, mort sans alliance au service en Italie, en 1735, était né le 2 juillet 1715;

(*) 2° Louise-Charlotte-Gilette *de Hinnisdael,* née le 30 juillet 1716 ;

(*) 3° Marie-Philippine-Aldégonde *de Hindisdael,* née le 16 juillet 1717 ;

4° Adrien-Eugène Herman, qui suit ;

5° Camil-Joseph *de Hinnisdael,* né au château de Lillers, le 2 décembre 1719, baptisé le lendemain à l'église de ce lieu ;

6° François-Maximilien-Herman-Druon *de Hinnisdael,* dit le chevalier de Fumal, chevalier de Saint-Louis, capitaine au régiment des grenadiers de France, était né le 2 avril 1721.

(*) 7° Dorothée-Claire-Françoise *de Hinnisdael,* née le 12 août 1722 ;

8° Philippe-Joseph-Herman *de Hinnisdael,* dit l'abbé de Fumal, abbé commendataire de Beaufort, en Bretagne, puis prévôt de la métropole de Cambrai, était né le 26 septembre 1723.

IV. Adrien-Eugène-Herman *de Hinnisdael,* baron de Fumal, seigneur de Ferfay, etc., capitaine au régiment de la Marck, infanterie, né le 3 août 1718, épousa, en 1747, Marie-Philippine *de Bournel,* fille de Jean-Charles, baron de Monchy, Thienbrone, etc., lieutenant-général des armées de France, commandeur de l'Ordre de Saint-Louis, maître de la garde-robe du duc de Berry et de Marie-Catherine *de Forcadel.*

Dont 4 enfants :

1° Marie-Eugène-François-Herman, qui suit ;

2° Louis-Maximilien-François-Herman *d'Hinnisdael,* de Fumal, colonel d'infanterie allemande au service de France, gouverneur

---

(*) Une de ces trois filles était chancinesse à Bourbourg.

de la ville de Lillers, maréchal de camp en 1791, puis gouverneur, de l'île de Saint-Domingue, mort sans postérité en 182...;

3° Demoiselle *d'Hinnisdael*, née en 1753;

4° Demoiselle *d'Hinnisdael*, née en 1756.

V. Marie-Eugène-François-Herman, *comte d'Hinnisdael*, baron de Fumal, et de Monchy, mousquetaire du roi à l'âge de 15 ans, capitaine des dragons de Conty, en 1771, conseiller d'Ambassade à Lisbonne, accompagna, en 1776, à Naples le marquis de Clermont d'Amboise, devint colonel commandant de régiment d'Alsace et mourut revêtu de ce grade à Paris, le 19 mai 1786 : il avait épousé Catherine-Louise-Silvine *de Seiglière de Belleforière de Soyecourt*, qui mourut victime du tribunal révolutionnaire, à Paris, le 24 juillet 1794. Le roi Louis XVI, pour récompenser le comte d'Hinnisdael, avait accordé à chacun de ses fils une pension de 1000 livres et à sa veuve une pension de 2000 livres.

Dont : 1° Joachim-Louis-Ernest, qui suit ;

2°

VI. Joachim-Louis-Ernest, comte *de Hinnisdael*, baron de Fumal, né en 1779, mort en 1814, marié en 1800 à Joséphine-Mélanie de *Villeneuve-Tourotte*, fille de N..., comte *de Villeneuve-Tourette*, et de N... *de Villeneuve de Vence*.

Dont :

VII. Raimond-Joachim-Ambroise-Herman, comte *d'Hinnisdael*, encore membre du Conseil général de la Somme, en 1868, habitait le château de Régnier-L'Ecluse, par Bernay-Ponthieu (Somme). Il est né le 20 avril 1808 et a épousé, en juillet 1839, Marie-Françoise-Gabrielle *de Bryas*, née le 25 août 1818, morte à Paris le 28 mars 1846, fille de Alexandre-François, comte de Bryas, et de Marie-Thérèse de *Hunolstein*.

Dont 2 enfants :

1° Marie-Joseph-Henri, comte *de Hinnisdael*, né en avril 1841 ;

2° Marie-Thérèse de Hinnisdael, née en juillet 1843.

Armes : *De sable, au chef d'argent, chargé de 3 merlettes de sable.*

N.-B. — Les armes de Fumal se blasonnent ainsi d'après

l'armorial général de Rietstap : *De sable, au chef d'argent chargé de trois flanchis du champ, surmontés chacun d'une merlette aussi de sable.*

HAM.

Dans une description qu'il a donnée de quelques débris d'architecture vraiment remarquables qui se voient encore à l'ancienne abbaye de Ham, M. l'abbé Parenty a étudié d'une manière sommaire, mais exacte, l'histoire de cette abbaye et de ce village. C'est ce travail que nous reproduisons ici, d'après les *Bulletins de la Commission des Monuments du Pas-de-Calais,* tome II, pp. 103 et 104.

« J'ai visité, en 1850, ce qui reste de l'abbaye de Ham. A l'intérieur de l'église, l'ogive se trouve mêlée au cintre roman. C'est donc un monument de transition. Il avait primitivement la forme d'une croix latine, mais l'un des bras a été supprimé, probablement à l'époque de la reconstruction de la tour et du chœur. Les nefs divisées par des colonnes cylindriques ne sont pas voûtées. D'après les données architectoniques on peut, sans témérité, faire remonter cette construction à la fin du XIe siècle, ou à la première période du XIIe.

» L'abbaye de Ham dut sa fondation, vers 1080, à Enguerrand, seigneur de Lillers. Elle eut lieu à la suite d'un pèlerinage qu'il fit avec Bauduin, Ier du nom, comte de Guînes, à Saint-Jacques de Compostelle. Au retour de ce pieux voyage, nos deux chevaliers s'arrêtèrent en Poitou, dans l'abbaye de Charroux. Ils furent tellement édifiés de la bonne discipline et de la haute piété qui régnaient dans cette retraite, qu'ils résolurent d'en détacher des religieux pour les amener dans leurs terres. Ce fut ainsi qu'on vit s'élever, près de Guînes, l'abbaye d'Andres et celle de Ham, près de Lillers. Il fut stipulé que les religieux de ces deux monastères éliraient leurs abbés parmi les moines de Charroux.

Mais ils obtinrent du Saint-Siége, au XIII° siècle, l'autorisation de les choisir *in gremio capituli*. On peut consulter à ce sujet la chronique d'Andres.

» Enguerrand de Lillers reçut la sépulture dans l'église dont il était le fondateur. Voici l'épitaphe qui fut gravée sur son tombeau :

Hic flos militiæ, Paridis gena, sensus Ulyssis
Æneæ pietas, Hectoris ira ; jacet.

» Ces vers, puisés dans les réminiscences du paganisme, ont donné lieu à la composition de ce quatrain :

Cy gist un chevalier, la fleur des chevaliers,
Il rassemblait en lui tous les dons singuliers ;
La Beauté de Paris, d'Ulisse la prudence,
La piété d'Enée et d'Hector la vaillance.

» L'ancienne abbaye de Ham est située sur un monticule qui forme une légère saillie entre deux marais, près du ruisseau de Saint-Hilaire, qui verse là ses eaux dans celui de Fontes. Ce riche et plantureux manoir, que sa tour octogone fait apercevoir de loin, n'est éloigné de la ville d'Aire que de sept kilomètres et touche à celle de Lillers par le hameau d'Orgiville.

» Les lieux claustraux furent démolis en notable partie, pendant la Révolution de 1793, mais l'église fut respectée. Le chœur de cet édifice fut reconstruit en 1680 sous la prélature de Jean Dubois, 18° abbé. L'abside est revêtu d'un riche lambris qui s'élève jusqu'à la voûte où il prend la forme d'un baldaquin. Cinq niches pratiquées dans ce rétable monumental, de style corinthien, renferment des statues d'une grandeur plus que naturelle. Elles représentent les quatre évangélistes, et une ascension du Sauveur. Cette majestueuse sculpture se compose, en outre, de guirlandes et de médaillons qui offrent divers sujets en relief, où l'artiste a représenté les principaux fondateurs des ordres religieux. Ce chœur reçoit le jour par un fenestrage haut et étroit à cintres surbaissés. La voûte est à plein berceau et à nervures croisées. La tour, placée entre les nefs et le chœur, est aussi de construction moderne.

» Le rétable qui vient d'être décrit fut construit sous l'abbé Michel Rogeau, qui siégea de 1748 à 1757.

» Le village de Ham, faisant partie du bailliage de Lillers, appartenait au diocèse de Thérouanne, et plus récemment à celui de Saint-Omer. La cure était séculière, mais l'abbé du lieu y nommait.

» Les religieux suivaient la règle de Saint-Benoît. Le monastère était dédié au Sauveur et en portait le nom.

» Les abbés de Ham siégeaient de droit aux Etats d'Artois. Ils avaient obtenu du Saint-Siége l'autorisation de porter les insignes de la prélature, c'est-à-dire la crosse et la mitre. Cette abbaye fut administrée depuis 1180 jusqu'en 1791 par quarante deux prélats, dont quelques-uns appartenaient à des familles hautement recommandables en Flandre et en Artois. Nous citerons Jean de Ham, né à Furnes, Jacques de Rosembois, Jean de Wallon-Capelle, tous trois du XVe siècle. Julien Bournel, de la maison de Calonne alliée à celle de Licques, Jean de Pradelles, Robert d'Audrehem, neveu du précédent, François d'Aussy, né à Béthune, au XVIe siècle ; Maximilien d'Outreleau et Antoine de Vignacourt, au XVIIe. La liste des abbés est close par Dominique Verdevoy, né à Saint-Omer d'une famille honorablement connue. Il refusa, en 1791, de prêter le serment à la Constitution civile du clergé, chercha un asile sur la terre étrangère, et vint, après la tourmente révolutionnaire, se fixer à Aire, où il mourut en 1805, à l'âge de 82 ans. »

ORDRE DE SUCCESSION DES ABBÉS DE HAM. — « Etienne Lepez, religieux de Saint-Vaast, nous apprend, dans une manuscrit coté fol. 28, conservé en la bibliothèque de son monastère, que Gérard ou Gérold, religieux de Charroux, diocèse de Poitiers, a été le premier abbé de Ham, en 1080 ou 1081. On conserve à Saint-Vaast des lettres de cet abbé, de l'an 1104, où il se nomme le dernier des moines. Il souscrivit, en 1697, à la charte de Lambert, évêque d'Arras pour l'abbaye de Saint-Amand. Otger, Prévost de

Saint-Omer, puis chanoine régulier du Mont-Saint-Eloy, souscrivit à une charte de Thierry, d'Alsace, pour confirmer la donation de cent sous faite à l'Abbaye, par Roger, économe de la maison de ce comte, l'an 1138, du tems de Ranulphe ou Radulphe, troisième abbé ; Godescalcq, cinquième dans cette dignité, souscrivit en 1151, aux lettres de Godescalcq, évêque d'Arras, en faveur de l'Abbaye de Saint-Bertin, en l'an 1156, à une transaction entre les religieux de Saint-Vaast d'Arras, et Robert, avoué de Béthune. Guntner, huitième abbé, fut témoin, avec d'autres abbés, aux lettres données par Odon, seigneur de Ham, pour les abbayes d'Arrouaise et de Margelle. Elles sont datées de l'an 1182, et on les conserve dans le trésor des chartes de Corbie. Bernard, dixième abbé, qui gouvernait en 1189, obtint quelques bienfaits, pour son monastère, l'an 1190, de Robert, avoué d'Arras, seigneur de Béthune. En 1193, Hugues de Malanoy. Il fit, en 1195, un accord avec Simon, abbé d'Anchin, par la médiation d'Hugues, abbé de Cercamp.

» Sous David, seizième abbé, il fut décidé, par un commissaire du Pape, en 1249, que les religieux de Ham ne seraient plus obligés de choisir un abbé dans la communauté de Charroux (Carrofensis) à la charge que la maison ou grange, sise à Divion, diocèse d'Arras, qui appartenait à l'abbaye de Ham, serait cédée à celle de Charroux, par droit d'indemnité ; ce jugement a été porté sous Innocent IV.

» Pierre, vingt-troisième abbé, fit une transaction avec un abbé d'Arrouaise, en 1450, comme on peut le voir dans les archives de Corbie : il eut pour successeur Jacques de Rosembois. François d'Aussy, né à Béthune, trente-deuxième abbé, nommé par Philippe II, roi d'Espagne, le 7 décembre 1595, confirmé par Jean de Vernois, évêque de Saint-Omer, le 23 du même mois et an. Antoine de Wignacourt, trente-quatrième abbé, était chantre de ce monastère, quand il fut élu, le 10 septembre 1635, nommé par Philippe IV, roi d'Espagne, prit possession, l'an 1637, et gouverna jusqu'en 1657.

» Jean Dubois, natif de Pas-en-Artois, élu trente-huitième abbé, par ses confrères, en 1697 ; nommé au mois d'août même année par le roi Louis XIV ; confirmé le 23 octobre suivant, par Louis-Alphonse de Valbelle, évêque de Saint-Omer, de qui il reçut la bénédiction abbatiale, le 27 du même mois, assisté de Benoît de Béthune Desplanques, abbé de Saint-Bertin, et de Joseph Maillard, abbé de Clairmarais, titulaire du prieuré de Pas, sa patrie, par la résignation d'un bénédictin irlandais, religieux de Saint-Martin-des-Champs, à Paris, sorti de ce monastère pour quelques mécontentements et réfugié à Ham. Député ordinaire, en 1723, des Etats d'Artois pour le clergé. Il l'avoit été, en 1711, vers les Etats généraux des provinces unies à la Haie pour les villes de Béthune et d'Aire, et leurs bailiages, lorsque les alliés en étaient maîtres, Louis XIV, décréta prise de corps contre lui et l'accusa de félonie ; il se purgea de cette accusation et du décret et fut rétablit dans les bonnes grâces du souverain.

» Michel Rogeau, son disciple, fut son successeur à la crosse de Ham, l'an 1748. Il fut béni, le 29 septembre, dans l'église du monastère, par Joseph-Alphonse de Valbelle, troisième du nom, évêque de Saint-Omer.

» L'abbé de Ham nommait dans le diocèse d'Arras à la cure de Sus-Saint-Léger. » (*Dict. du P. Ignace.*)

« Michel Rogeau fit construire un dortoir et procura le magnifique rétable qui décore l'abside de l'église. Il mourut le 18 décembre 1757. Il eut pour successeur Jean Ducrocq, mort en 1770. Charles Roussel, qui le remplaça, mourut en 1774. Il eut pour successeur Dominique Verdevoy, qui, ayant refusé le serment, s'émigra et revint à Aire où il mourut à l'âge de 82 ans. »

NOTES SUR LA MÊME ABBAYE. — « L'an 1715, un anonyme fit imprimer un petit livre, sous ce titre : *Coutumes locales du bailliage de Ham au pays et comté d'Artois*, dépendant de l'abbaye de Saint-Sauveur, du dit Ham. Homologuées par Philippe, roi d'Espagne, le 9 avril 1570, enregistrées au conseil d'Artois, le 15 décembre 1571 et à la gouvernance d'Arras, le 16 décembre de la même année. L'auteur met ensuite ce passage de Gosson sur la rubrique des coutumes générales d'Artois, n° 5.

» *Curavit suas leges promulgari et observari.*
» Il a eu soin de faire publier et de faire observer ses lois.

» Cet écrit commence par une lettre de M... à son .. ami... ou il dit qu'il a ramassé les faits historiques concernant l'abbaye de de Ham ; entre autres Locrius *Chronicon Belgicum* de l'édition d'Arras, 1616.

» L'auteur se plaint ensuite que la chronologie des abbés de ce monastère est obscure, il la rectifie plus bas : mais auparavant, il fait certaines réflexions sur l'homologation des coutumes d'Artois. Celle de la province qui y fait le droit coutumier a été homologuée pour la deuxième fois, le 3 mai 1544.

» De toutes les coutumes locales, celles du bailliage de Ham a reçu la première son homologation le 9 avril 1670, c'est-à-dire 25 ans après la coutume d'Artois.

» Ce petit ouvrage, qui contient 55 pages, n'est point muni d'approbation ni de privilèges ; le nom de la ville, ni celui de l'impression ni sont point marqués. On y voit seulement en lettres initiales. par L. S. T. D.

» L'auteur commence ensuite par les faits historiques concernant l'abbaye de Ham. Il dit entre autres, qu'Ingelram, seigneur de Lillers et de Ham, et Emma, son épouse, dame riche, en sont les fondateurs, vers l'an 1080 : que Robert, avocat d'Arras, c'est-à-dire Robert de Béthune, avoué de l'abbaye de Saint-Vaast, comme aussi le seigneur Jean de Ray devaient aussi en être reconnus comme fondateurs.

» L'an 1135, il y eut plusieurs incendies dans les abbayes de la province d'Artois : selon de Locre, celle de Ham fut brûlée, il ne dit pas comment. L'anonyme nous donne ensuite deux chronologies d'abbés toutes disparates. Voici ce que j'y trouve convenable à notre sujet, je veux dire au diocèse d'Arras.

» L'an 1163, l'abbé Godescalc succéda à Léonius dans l'abbaye de Saint-Bertin à Saint-Omer. (V. Léon. au dictionnaire).

» L'an 1190, Robert, avoué d'Arras et seigneur de Béthune fit à l'abbé Bernard, deuxième du nom, une donation à son monastère.

» Jacques de Rosembois ou Roisembos, selon la première liste, était abbé l'an 1455 ; mais, selon la deuxième qui paraît la plus vraisemblable, il est le trente-et-unième abbé de Ham, sous le nom de Jacques troisième, de Rosimbois, élu l'an 1410. Il était fils de Jean du Mesnil, chevalier, et de dame Marie-Jeanne Warin. Cet abbé vivait encore en 1455.

» Julien Bournel, fils de Guillaume et de Jeanne de Calonne, fut élu en 1543 et mourut en 1550. La première liste le fait le vingt-huitième abbé de Ham et la seconde le trente-sixième. Cet abbé descendait de l'illustre maison de Monchy-Bournel et de celle de Calonne-en-Artois.

» François d'Aussi, natif de Béthune, fut élu, le 23 décembre 1595 et décéda en 1597. Il est le trente-et-unième abbé dans le premier catalogue et le trente-neuvième dans le second.

» L'an 1626, Maximilien d'Entreseau, ou Doutreseaux et d'Outreleau obtint du pape Urbain VIII, l'usage de la mître, et du bâton pastoral appelé crosse.

» Antoine de Wignacourt, élu le 10 septembre 1635, mourut le 25 août 1657. Il est le trente-quatrième abbé, selon la première liste, et quarante-deuxième selon la seconde ; celle-ci lui donne le titre de Dom comme à ses deux prédécesseurs, Maximilien et Nicolas Lefebvre, d'Aire, successeur d'Aussi.

» Maur Fautrel a été fait le trente-sixième abbé de ce monastère le dernier février 1674, selon la première chronologie, et, selon la deuxième Dom Maure Fautrel fut élu le quarante-quatrième abbé de Ham, le 30 octobre de la même année. Il était d'Arras, ce fut lui qui le premier fut nommé par la France. Après la prise d'Arras, en 1640, il suivit son père, François Fautrel, qui se retira à Saint-Omer. Maur, ayant fait ses études, se fit religieux en l'abbaye de Ham. Il fut pourvu de cette abbaye, par Louis XIV, le dernier jour de février 1674, attendu que Ham, étant de la dépendance du bailliage de Lillers qui était pays de nouvelle conquête, le roi crut avoir le droit de nommer à la crosse de ce monastère. Les religieux de l'abbaye, informés de cette nomination, ne voulurent point perdre leur droit. Ils firent une nomination en faveur du même Maur Fautrel, le 30 octobre suivant. Cependant les ministres d'Espagne, qui étaient à la cour de Bruxelles, prétendirent l'élection et la nomination nulle (Aire et Saint-Omer étaient alors sous la domination espagnole), et ils empêchèrent Fautrel de prendre possession de l'abbaye. Théodore de Bryas, évêque de Saint-Omer, supérieur du monastère, refusa d'abord de confirmer l'élu. L'abbé Fautrel se pourvut en cour et il obtint de Louis XIV un brevet pour autoriser Gui de Sève, évêque d'Arras, de lui accorder des lettres de confirmation à la charge qu'elles seraient enregistrées au conseil d'Artois, séant à Arras. (Il y en avait un autre, alors séant à Saint-Omer).

» Maur Fautrel engagea, à peu près dans le même temps, son père à quitter la ville de Saint-Omer pour venir demeurer avec lui dans son abbaye. Il le fit, et transféra dans ce monastère tous ses papiers. Comme ce François Faustrel avait sollicité à la cour de Bruxelles une seconde nomination en faveur de son fils, l'abbé de Ham fut accusé, à la cour de France, ou du moins soupçonné d'être attaché aux intérêts de l'Espagne. Le ministère envoya une commission au conseil d'Artois pour en informer. Le conseiller Henri-Antoine le Carlier, accompagné d'André Bataille, commissaires du roi, furent mettre le scellé, escortés de quatre archers, sur les papiers, non-seulement de François Fautrel père, mais sur ceux de l'abbé son fils : on crut y trouver les preuves pour causer à celui-ci les chagrins qu'il essuya dans la suite. L'abbé Maur Fautrel assista aux états d'Artois tenus à Arras pendant huit années consécutives et jamais il ne s'est trouvé à ceux assemblés à Saint-Omer, pour la partie de l'Artois qui était encore sous la domination d'Espagne. Il fut nommé commissaire de la part du roi, avec le comte de Montbron, gouverneur d'Arras et Scarron, président du conseil d'Artois, pour l'élection d'un abbé à Auchy-les-Moines. Malgré tout cela, soit prévention, soit indiscrétion de de la part de Fautrel, la cour avait toujours des soupçons graves sur sa fidélité. Il fut décrété d'ajournement personnel au conseil d'Artois ; il y comparut en la deuxième chambre nouvellement créée par suite de l'assignation à lui donnée le 28 mars 1688 ou l'année suivante. Il subit quelques interrogatoires, puis il fut retenu à Arras à la suite de la cour jusqu'au 1er avril suivant, auquel jour un huissier du conseil fut, à cinq heures du matin, en la maison où il logeait, et là, étant accompagné de deux ou trois adjoints l'a constitué prisonnier de la part du roi, en vertu d'une commission de prise de corps dont il était garni. Cette dépêche avait été ordonnée par le conseil d'Artois. L'huissier le mena ès prisons de la cour le Comte : on le mit dans un lieu infect avec défense de parler à qui que ce fut, pas même à ses religieux ; cette liberté ne lui fut accordée que le 10 du même mois d'avril. Il fut transféré de cette prison en l'abbaye du Mont-Saint-Michel, en Normandie, où il demeura deux ans ; il obtint ensuite sa liberté et revint mourir dans son abbaye, l'an 1695, le 20 mai. On fit imprimer un mémoire pour la justification de cet abbé en faveur de qui les Etats d'Artois se sont intéressés : mais ses ennemis ou envieux prévalurent longtemps. Son indiscrétion y donna peut-être quelquefois occasion.

» Maur Fautrel fut pourvu de l'abbaye de Ham le dernier jour de février 1674, c'est-à-dire qu'il y fut nommé pendant que les couronnes de France et d'Espagne étaient sur le point de se brouiller de nouveau. Cependant, cet abbé fut béni, le 4 août 1675, par Jacques-Théodore de Bryas, évêque de Saint-Omer, assisté de François-Louis Bomaut, abbé de Saint-Bertin, et de Jean de Robaert, abbé de Chocques. Les deux premiers prélats n'étaient pas encore sujets de la France, ils ne le furent que deux ans après : cet abbé fut titulaire de Ham pendant onze ans, ou environ, passés au milieu d'une procédure criminelle et presque continue. On l'inhuma devant le grand autel du chœur sous cet épitaphe :

D O. M.

Hic jacet reverendus admodum Dominus
Dominus Maurus Fautrel
Hujus loci abbas meritissimus
Religionis cultor eximius
Gregis sui norma

In adversis invictus
In pastorali munere vigilantissimus
Ærarii officio quadraginta annis laudabiliter
Functus est.
Successoribus suis codices censuales
Propria manu conscriptos reliquit.
Chorum et turrim magnifice extruxit
Alia hujus monasterii ædificia reparavit
Sacram suppellectilem abundè procuravit
Tandem meritis plenus obiit
Ætatis 64, dignitatis abbatialis 20,
Die Vigesima Maii, anni 1695.
Viator bene precare.

(Le P. IGNACE. — Add. aux *Mém.*, t. V, *passim.*)

LAMBRES.

« Lambres, bourgade de 997 habitans, à une demi-lieue d'Aire, sur la chaussée d'Aire à Béthune, reçoit encore, à son entrée du côté sud, l'embranchement de l'ancienne chaussée de Saint-Pol à Aire. La fertilité de son terrain et la facilité de ses communications, y ont donné lieu à l'établissement de trois sucreries. Cette bourgade n'a pas de hameau; cependant deux fermes, par le nom particulier qu'elles portent, semblent que chacune d'elles constitue seule un hameau. L'une au Nord, par rapport à l'église, et à l'extrémité de la paroisse convertie maintenant en sucrerie, se désigne par le nom de Trézenne; l'autre, au Nord-Ouest, s'appelle Mathoit.

» Considérée comme commune, cette bourgade est riche, elle a un marais ou plutôt une pâture grasse de deux cent quatre-vingts arpens environ dont le rapport annuel est toujours de trois à quatre mille francs. On prétend que cette propriété communale vaut un demi-million. Comme paroisse, son église est remarquable : elle est la plus belle des environs. Pour patron, elle a saint Lambert, martyr-évêque, elle n'en possède aucunes reliques. Un autel de ce saint, dans le fond duquel se trouve enchassée l'image de son martyre, c'est là ce qui fait son pèlerinage. Ce pèlerinage était bien célébré autrefois ; mais, depuis 1830, il va toujours en décroissant ; il commence le 17 septembre. Encore à présent, il n'y a pas moins de quatre mille personnes qui, pendant cette octave, viennent implorer l'intercession du saint, ce n'est plus le quart de ce que c'était autrefois. En outre, chaque jour de la semaine, chaque dimanche, chaque fête surtout il s'en trouve un assez grand nombre. Tout cela ne se fait plus que de loin en loin.

» Lambres était de la seigneurie de M^r d'Halluin (Liettres) ; la cloche, les fonts baptismaux portent les armes de cette ancienne maison, les fonts montrent la date de 1593.

» Je finis par la description de l'église.

» Le corps de ce bâtiment, selon toute apparence, ayant été construit à plusieurs fois, présente un aspect peu régulier. Voici les principaux points qui frappent.

» Le portail, placé à la droite de la tour qui le devance, est surmonté d'un léger fronton orné de quelques arabesques.

» Deux pilastres, placés l'un à droite et l'autre à gauche, sont chacun surmontés d'une niche qui a été autrefois la place de quelque saint.

» Le bâtiment est flanqué d'une tour en plate-forme, construite d'après l'ordre toscan de Vignolle : elle a pour ornement des cordons et des pilastres. Sa hauteur est de 35 mètres, et pour parvenir à la sommité on monte 140 marches ; elle porte la date de 1604.

» Les deux faces latérales de cet édifice présentent des piliers montant, au nombre de vingt, qui ornent et décorent ces deux faces ; et au frontispice qui surmonte la corniche, on aperçoit d'un côté une date de 1560, et de l'autre, une autre de 1584.

» Les arcs rampans des piliers sont simples et servent à contrebuter la poussée des voûtes.

» L'église compte 41 mètres dans l'œuvre et 48 mètres hors-d'œuvre. La largeur est de 15 mètres ; la voûte s'élève sous clé à 10 mètres.

» Les deux voûtes sont soutenues sur six piliers d'une assez belle proportion et de l'ordre composite.

» L'entrecolonnement est de 3 mètres. Chacune des travées entre les piliers est surmontée d'une arcade ogive reposant sur imposte.

» Le chœur et la nef reçoivent le jour par quinze fenêtres et sont séparés pas une balustrade de l'ordre corinthien. » — (*Renseignements adressés à l'évêché par M. Doye, curé de Lambres, en 1840.*

« L'église fut érigée en paroisse sous l'épiscopat de Lambert, évêque de Thérouanne, mort en 1207. Il lui donna des reliques de son patron, saint Lambert, qu'il avait obtenu de Liége, où était son corps. C'est depuis lors qu'on a vu la dévotion des peuples pour honorer ces reliques à Lambres. On y venait de toutes parts, dévotion qui continue encore présentement. » — (DENEUFVILLE, t. Ier, f° 129.)

« Cette paroisse et celle de Planques vint en procession au calvaire d'Arras, après le miracle opéré en 1738, sur la personne d'Isabelle Legrand. Ces paroisses étaient précédées de 5 à 600, tant enfans que jeunes gens des deux sexes, qui tous étaient ornés différemment. On y voyait de petits garçons habillés en jacobins, en carmes, en récollets, en trinitaires, en jésuites et même en abbés et en évêques. Des filles étaient habillées en religieuses de toutes les façons, en bergères, en saintes Vierges, en saintes Hélènes. Les uns étaient habillés à la romaine, les autres à la française, ceux-ci à la persanne, ceux-là à l'espagnol.

» Cette note vient, dit le Père Ignace, de l'auteur des nouvelles
» ecclésiastiques, qui a cherché à déverser le ridicule sur les pro-
» cessions multipliées qui eurent lieu à Arras, après le miracle
» dont il s'agit. » — (Le P. IGNACE. — *Mém.*, t. VII, p. 747.)

N'est-il pas question ici de Lambres près de Douai? Cette paroisse, voisine de Planques, était alors du diocèse d'Arras.

LESPESSE.

(*Voyez ci-dessous* LIÈRES).

LIÈRES.

LIÈRES. — « Terre du bailliage de Lillers qui a donné son nom à une ancienne maison qui ne subsiste plus. Les descendans de Philippe d'Ostrel, qui acheta la terre de Lières en 1490, prirent le nom et les armes de Lières. Philippe était issu de la maison d'Ostrel; originaire du Luxembourg, suivant quelques auteurs et des mémoires domestiques assez suspects. Mais, sans sortir de l'Artois, on trouve ce nom dès l'an 1186. Gérolde d'Ostrel ou d'Hostiel autorisa son témoignage, en ce tems là, d'un titre scellé du sceau de Hugues, seigneur d'Auxi. Cette maison est considérable.

» Jacques de Lières, doyen de Saint-Omer, fut nommé à l'évêché d'Ypres, qu'il remit volontairement entre les mains du roi. Jacques-Théodore de Lières, comte de Saint-Venant, chef de cette maison, est dans le service. Il possédait Avion, Biache, Auchel, Lières, Liérette et Nédon, terres qui sont dans sa maison depuis 1500. Il a vendu la première à Enlart d'Arras. Gilles de Lières, baron de Bernieulles, est de la même branche. Il possède Isbergue. Pierre d'Ostrel, ayant eu en partage Frélinghen et quelques autres terres dans le Boulonnois, s'y établit vers 1560 ; ses enfans portent le nom d'*Hostrel*. Le baron de Flers, seigneur de Cambligneul, est aussi de cette maison. » — (Le P. IGNACE. — *Mém.*, t. IV, p. 142.)

« Gilles de Lières, chevalier, vicomte de ce lieu, seigneur du Val, de Berneville, etc., était fils de Jacques de Lières, chevalier, seigneur du dit lieu, baron du Val, gouverneur des villes de Lillers, Saint-Venant et Malannoy, et de Marguerite de Mailly. Il fut créé vicomte de Lières en 1627, et fut pourvu des états et offices de capitaine et bailli de Saint-Omer, par lettres-patentes du roi d'Espagne, données à Bruxelles, le 5 août 1633.

» C'est de son temps que la ville de Saint-Omer fut assiégée, le 27 mai 1636, par le maréchal de Châtillon, et secourue le 16 juillet de la même année, par le prince François-Thomas de Savoie, qui fit lever le siége.

» En 1640, le vicomte de Lières étant sorti des portes de Saint-Omer, tomba entre les mains d'une troupe française qui le fit prisonnier.

» Étant élargi de sa prison et revenu à Saint-Omer, les Français voulurent surprendre cette ville en 1648 ; mais, ayant découvert la trahison, il déjoua ce projet.

» Il épousa N. de Framery, dame de Neuville-Saint-Vaast, dont l eut Maximilien de Lières, qui lui succéda comme bailli de Saint-Omer, en 1650. » — (DENEUVILLE. t. II, f° 291.)

« Il y a deux endroits du nom de Lières, l'un est un village près Aire, du diocèse de Boulogne, au doyenné d'Auchy-au-Bois, dont la cure est à la collation de l'évêque et qui a pour dépendance Liérettes. L'autre est un fief, à Lens ou aux environs. » (*Recueils* t. IV, f° 66.)

« Lespéche ou Leppesse est un village du diocèse de Boulogne, Artois, bailliage de Lillers, au doyenné d'Auchy-au-Bois. La cure est à la nomination de l'évêque de Saint-Omer. » —(*Recueils*, t. IV, f° 70.)

« 1678. Le 8 septembre, le roi Louis XIV nomma, pour la première fois, à l'évêché d'Ypres, l'abbé de Lières, gentilhomme d'Artois, et doyen de la cathédrale de Saint-Omer. » —(*Additions aux Mém.*, t. II, f° 279.)

LIETTRES

LIETTRES. — « Commune de 73 feux, situés dans un vallée profonde, sur le ruisseau de Laquette et sur la route romaine d'Arras à Thérouanne, à une lieue et demie de cette ancienne ville, autant de Norrent-Fontes et à 5 de Béthune. Le château de Crimenil à un demi-quart d'heure vers l'Orient est fort beau ; il renferme une chapelle, de saint Louis, mais sans aucun bénéfice connu. L'église était du diocèse de Boulogne et sous l'invocation de saint Vaast ; elle est vieille mais bien conservée, elle a un clocher avec une flèche de pierre. Il y a là un pèlerinage célèbre et très-fréquenté en l'honneur de saint Blaise, qu'on nomme la saint Nanci, par corruption du mot Esquinancie, maladie pour laquelle on invoque saint Blaise ; il est représenté avec l'instrument qui sert à préparer les laines.

» Le desservant habite provisoirement le château de Crimenil, le presbytère est vendu et menace ruine. Les pauvres ont conservé 50 fr. de rentes. »

« 45 feux dans la même vallée et sur le même ruisseau, au-dessous d'Estrée-Blanche et à un quart de lieue au midi, est un ancien château-fort et à l'opposé une grande maison de campagne. Le hameau de La Couture où sont 17 maisons est à une demi-lieue près de Rely.

» L'Église était paroissiale et appartenait au diocèse de Boulogne, elle est sous la vocable de la chaire de Saint-Pierre, à vingt minutes de celle d'Estrée-Blanche, elle a un clocher. Le cimetière est clos. On a conservé le cimetière. » — (*Notes de M. Coquelet.*)

« On remarque, au sud du village, un château qui était une place forte, avant l'usage du canon, et au nord, une maison de campagne. Pendant le siége d'Aire par les Français, en 1641, les Espagnols voulant secourir cette place s'avancèrent jusqu'à Liettres, mais ils furent repoussés et perdirent 400 charriots de vivres et de bagages. » — (*Note de M. le sous-préfet Podevin.*)

« Du diocèse de Boulogne et du doyenné d'Auchy-au-Bois. La cure est à la collation de l'évêque. La Seigneurie appartient au comte de Saint-Venant, de la branche de Béthune-Pénin. » — (Le P. IGNACE. — *Recueil*, t. IV, f° 20.)

« Il y a plusieurs tenans hostes qui tiennent du seigneur en Franc-Alleu, lesquels sont tenus de comparoir et eux présenter par trois fois l'an au jour du plaid sur le Beaumont du dit lieu de Liestres, sous peine de 3 sols d'amende. Les dits plaids se tiennent par le bailly et hommes du seigneur le prochain vendredi après la close pasques les primes, les secondes, le vendredi après le vingtième de Noël, le tout aprez le soleil couché et à l'heure que on voit les estoiles au chiel. Les saisines et dessaisines des Francs-Aleux se donnent par les baillis et hommes féodaux sur le dit Beaumont. — On y fait toutes prinses calenges et autres manières de justice. — Quand les dits tenans se dessaisissent de leurs héritages sur le dit Beaumont un jour de plaid, ils paient au bailly et hommes 8 deniers, en autre temps ilz paient 14 sols. » — *Rapport de M. Bouthors d'Amiens sur les coutumes au Congrès scientifique de Douai, 1835.*)

LIGNY-lez-Rely et Westrehem.

(Ligny se nomme aussi : LIGNY-LEZ-AIRE.)

LIGNY-LEZ-RELY-EN-ARTOIS. — « Diocèse de Boulogne, doyenné de Bomy et archidiaconé de Flandre, cure à la nomination du chapitre de la cathédrale de Boulogne. Il est de deux juridictions : la principale est mouvante du bailliage d'Aire, l'autre partie est enclave du Boulonnois en Artois. On y jouit, dans cette partie, des exemptions sur les boissons, dont les droits sont considérables en Artois. C'est un lieu franc. » (Le P. IGNACE. — *Dict.*)

« Commune de 128 feux, dont 96 sont au centre et 31 au hameau de Tirmande, éloignés d'un quart d'heure au nord-ouest; la population est éparse dans la vallée. Ligny est à une lieue et demie de Norrent et d'Aire, à quatre lieues et demie de Béthune et douze de Boulogne. L'église était du diocèse de ce nom et a pour patron saint Pierre. C'est un antique bâtiment bien restauré, le chœur surtout où sont des stalles et un bel autel. Le clocher est en pierres de taille; il se trouve entre la nef et le chœur, comme sont ordinairement les clochers dans ce canton. Le cimetière est clos de murs.

» La presbytère fut vendu, on espère en racheter la moitié avec une portion de jardin. Les pauvres ont 342 fr. de revenu qu'ils partagent avec ceux de Westrehem.

» Il y avait à Tirmande une chapelle bénéficiale et une maison pour le chapelain. Tout est vendu, à l'exception de quelques mesures de terre. » (*Notes de M. Coquelet.*)

« Westrehem a 66 feux, sur un lieu élevé, à un quart d'heure de Ligny, vers le midi. Cette annexe appartint d'abord à Auchy, on la remit avec Ligny, comme autrefois.

» Ligny-Westrehem et la plus forte partie de Tirmande, appartenaient au Boulonnois, par exception, c'est-à-dire, quoique ces localités fussent hors des limites du territoire, il y avait trois autres villages voisins, réunis à ceux-ci. » — (*Notes de M. Coquelet.*)

LINGHEM.

Linghem, annexe de Rely et Rombly.

Linghem, *Lelingehem* en 1083, *Lilingehem*, *Linguehem*, *Leghem* est repris dans Guimann. L'abbaye de Saint-Vaast y avait en effet des rentes, que le pape Alexandre III lui confirma en 1164. Ce village avait sa coutume en 1507.

Linghem est aujourd'hui annexe de Rely. Il appartenait autrefois au diocèse de Boulogne ; c'était une paroisse du doyenné d'Auchy-au-Bois, avec Rombly pour secours. Le saint titulaire était, comme aujourd'hui, Saint-Vaast ; le patron ou collateur du bénéfice était l'abbé de Saint-Vaast d'Arras.

Au rôle des vingtièmes de 1757 on trouve : M. Delannoy d'Estrée, propriétaire de la terre dudit lieu et d'un autre fief produisant en censives et droits seigneuriaux des revenus de 31 livres 18 sols 6 deniers ; le sieur Dassenoy, propriétaire des fiefs de Gransard, etc.

Sur Linghem, M. Coquelet s'exprime ainsi :

« 46 feux sur le penchant d'une petite élévation, à une demi-lieue de Rely, vers le nord, et autant de Norrent-Linghem, était avec Rombly, du diocèse de Boulogne ; cette commune réclame un desservant pour elle seule.

» Le presbytère est vendu, mais il est aisé de le racheter.

» L'église, sous le vocable de saint Vaast, est petite et vieille, mais bien ornée et bien réparée. »

LOZINGHEM.

Lozinghem, paroisse de 374 habitants, fait partie du doyenné de Norrent-Fontes : elle est à 35 kilomètres d'Arras, et à 13 de Béthune. L'auteur du *Mémorial historique du Pas-de-Calais* dit qu'au XI° siècle, ce village portait le nom de *Lothinghem*, et que Clerbault, chevalier et fondateur du prieuré de Rebreuves, en était seigneur en 1097. Il ajoute que l'abbaye de Saint-Vaast y avait des rentes en 1344.

Au XVI° siècle, la terre de Lozinghem était la propriété de la famille Desplancques-Béthune.

Vers 1580, Barbe Desplancques-Béthune, épousa Antoine de Guiselin, écuyer, seigneur de Lossignol, Lavaultet-Lozinghem. Son fils, Antoine II de Guiselin, seigneur de Lozinghem, épousa le 17 juin 1634, Marie-Jacqueline de Croix, la Movarderie.

Marie-Jacqueline de Guiselin, sa fille, dame de Lozinghem, porta cette terre à Robert-Dominique de Nelle, écuyer, par contrat de mariage du 28 janvier 1669.

La famille de Nelle siégea aux Etats-Nobles de la Province d'Artois, comme seigneur de Lozinghem, jusqu'à la révolution de 1789.

Marie-Louise-Camille de Nelle, derrière de ce nom, épouse de M. François-Guislain le Jay de Massaire, décédée à Lozinghem, le 12 février 1852, laissa cette terre à M. Amédée Louis de Beugny d'Hagérue, son petit-fils (1).

L'ancienne église de Lozinghem était une chétive construction sans caractère architectural, à laquelle on ne saurait assigner une date avec quelque vraisemblance.

Plusieurs fois restaurée avant et après la Révolution française, ce n'était plus pour ainsi dire qu'une ruine, lorsque M. de Beugny d'Hagerue, père du propriétaire actuel de cette ancienne seigneurie, prit la généreuse résolution de doter la paroisse d'une nouvelle Eglise, que Mgr Lequette, évêque d'Arras, Boulogne et Saint-Omer, a consacrée le 20 juillet 1871, en présence d'un nombreux clergé, où l'on voyait Mgr Scott, camérier de Sa Sainteté, et M. l'abbé Topping, curé-doyen de Norrent-Fontes. Une foule considérable de fidèles, accourus des villages voisins, assistaient à cette auguste cérémonie, avec les heureux habitants de la paroisse.

Nous allons essayer de donner une idée de cette charmante église.

La première pierre de l'église de Lozinghem, sous le vocable de saint Riquier, abbé, a été placée, le 8 juillet 1866, par M. Topping, curé-doyen de Norrent-Fontes. Le procès-verbal en langue latine, signé de tous les assistants, et soudé dans une

---

(1) Famille de Nelle : — *De gueules semé de trèfles d'or à deux bars adossés de même.*

Famille de Beugny d'Hagerue : — *D'argent à l'aigle à deux têtes ployées, de sable au pairie d'or brochant sur le tout.*

boîte de plomb, a été placé dans une pierre, derrière le maître-autel.

L'église se compose d'une seule nef éclairée par treize fenêtres, géminées et deux roses ; elle est précédée d'une tour, sous laquelle s'ouvre le porche, surmonté de la tribune destinée aux orgues.

La forme de croix est indiquée par deux chapelles, de la sainte Vierge et de saint Riquier. Ces chapelles sont couronnées à l'intérieur d'élégantes pyramides de pierres.

L'entrée du chœur, se resserrant par une grande arcade ogivale, nommée arc triomphal, prend la forme octogonale.

C'est incomparablement la plus belle partie de la construction. A droite se trouve la sacristie, à gauche la chapelle particulière de la famille de Beugny d'Hagerue. Cette chapelle s'ouvre sur le chœur par deux arcades.

Le style ogival, de la première moitié du XIIIe siècle, a été choisi pour la construction de cet édifice, élevé entièrement en pierres de taille. Il a 36 m. 70 de longueur hors d'œuvre, 9 m. de largeur et 11 m. d'élévation sous voûte.

Le clocher, dont la hauteur est de 36 m., a quatre étages. La porte s'abrite sous de profondes voussures, soutenues par des colonnettes : le tympan est découpé à jour, et décoré de vitraux peints. Dans le second étage s'ouvre la grande rose enrichie de vitraux ; puis viennent les vastes baies lancéolées, destinées à recevoir les abat-son des cloches ; enfin la partie supérieure du clocher se termine par une flèche d'une grande hardiesse découpée à jour, et cantonnée de quatre clochetons. Toute cette flèche est construite en pierre de Creil.

La partie inférieure de ce monument se fait remarquer par d'heureuses proportions, pleines de délicatesse et d'harmonie. Les voûtes sont légères et hardies, celle du chœur découpée par de nombreuses nervures prend la forme d'une étoile, et au milieu, dans un ovale, une peinture sur fond d'or représente la Trinité sous la forme d'une tête à trois figures.

Le pourtour du chœur est décoré d'arcades trilobées ; il est séparé de la nef par un beau balustre de pierres.

Les trois fenêtres de l'abside sont décorées de vitraux peints, œuvre remarquable de M. Lusson, de Paris, restaurateur des verrières de la Sainte-Chapelle.

La verrière centrale, placée derrière l'autel, est une vaste composition qui représente le Christ couronnant la Vierge dans les cieux au milieu du concert des anges. La fenêtre de droite renferme deux grandes figures, saint Paul et saint Charles Borromée ; à gauche, deux patrons, saint Louis, roi de France et saint Georges.

Dans le tympan de ces trois fenêtres, les attributs de la Trinité ; la croix triomphante représentant le fils, la main bénissant sur un nimbe crucifère, attribut du Père, au XIII° siècle, le Saint-Esprit sous la forme d'une colombe.

Ces vitraux sont décorés des écussons de leurs donateurs.

Les deux autres fenêtres du chœur n'ont reçu que de belles grisailles.

Les huit tympans des fenêtres de la nef, ont été réservés pour les litanies de la Sainte-Vierge.

A droite, le trône de la sagesse, le vase d'élection, la Rose mystérieuse, la tour d'ivoire.

A gauche, la maison d'or, l'Arche d'alliance, la porte du ciel, l'Etoile du matin.

Le Maître-Autel est une donation de Madame la baronne d'Haubersart. Il s'élève sur trois marches de marbre noir, et a été exécuté par M. Poussielgue, bronzier et orfèvre à Paris.

Le tombeau, en marbre blanc et grillotte rouge d'Italie, est orné de chapiteaux, rosaces, et croix de bronze dorés. Mais la partie vraiment remarquable est le rétable de bronze couvert de dorures et d'émaux. Au centre le tabernacle représente, dans une ellipse, l'agneau de Dieu couché sur le livre aux sept sceaux, entouré des quatre animaux évangéliques. Cette composition s'abrite sous une arcade élégante, soutenue par des colonnettes. Au-dessus un riche baldaquin de bronze doré est destiné aux expositions du Très-Saint Sacrement.

Des deux côtés du Tabernacle, des bas-reliefs de la plus belle exécution se détachent sur un fond d'émail bleu.

L'adoration des Rois mages du côté de l'épître, la sainte-cène du côté de l'évangile.

Ce rétable est couronné de six chandeliers et de deux belles châsses dorées dans le style du xiii° siècle.

Les pavés du chœur et de la chapelle de M. d'Hagerue sont en terre cuite incrustés de diverses couleurs, sortant des ateliers de M. Boulanger, près Beauvais.

Les statues polychromées de la sainte Vierge et de Saint-Riquier ont été commandées à l'institut de l'art chrétien de Munich.

Un grand nombre d'artistes et d'entrepreneurs, ont contribué à l'érection de ce beau sanctuaire. M. Grigny, architecte à Arras, auquel nous devons de si beaux édifices, en a tracé les grandes lignes, mais il est mort au moment où les fondations se terminaient; son plan a été depuis profondément remanié.

M. Verpraët de Lillers en a dirigé la maçonnerie, M. Martin, d'Ourton en a fait le ravalement avec précision et netteté.

M. Chovet de Paris a exécuté la chaire et les petits autels. On doit à M. Buisine, de Lille, les stalles et le confessionnal. M. Faubon aîné, d'Arras, a été chargé de toute la sculpture de l'église. Il l'a faite souvent avec bonheur ; pas un chapiteau, pas un pendentif ne se ressemblent, et il règne cependant entre eux une parfaite harmonie de lignes qui contribue à la beauté de l'ensemble.

Après avoir lu ces quelques lignes sur cette gracieuse construction et sur son ornementation aussi riche qu'intelligente, on ne nous demandera pas sans doute le chiffre de la dépense qu'elle a nécessité, on le devine facilement. Mais ce que nous dirons, c'est que peu de paroisses de la campagne possèdent une église aussi belle de style et d'ornements, grâce à la muificence de son bienfaiteur.— (*Ext. de l'Ann. du diocèse, par M. Robituille, 1872.)*

MAZINGHEM.

Mazinghem, Mazingahem, habitations des enfants de Maz, où Mas, telle est le nom de cette vieille résidence saxonne, assez peu importante quant à la population, puisque le dénombrement de 1846 porte : garçons 88, hommes mariés 68, veufs 7, filles 93, femmes mariées 54, veuves 14, total 318 habitants : 73 maisons en tout.

Un document de 1790 nous dit que l'église de cette petite paroisse est en bon état et que la construction remonte à 800 ans. En effet, cette église est bien romane, et l'une des plus anciennes de nos contrées. Mazinghem était du diocèse de Saint-Omer, du doyenné d'Aire, et secours de Molinghem. Après la Révolution, M. Coquelet nous décrit ainsi ce village :

« Il n'a que 42 feux, dont 10 sont près de l'église et de la route royale de Béthune à Aire. Les autres sont vers le château Bleu et une autre ancienne forteresse près du marais de Ham, ces habitations sont à un quart de lieue de l'église qui autrefois était *succursale* de celle de Molinghem à la distance d'une demi-heure. Elle est dédiée à la Vierge, vieille, mais solide, décorée d'un beau clocher. Le desservant habite la maison vicariale qui ne fut pas vendue, elle est située dans l'angle du cimetière. »

Jean de Mazinghem fait une donation à l'abbaye de Saint-Bertin, en 1195. Le sire Louvelet de Massinghem et son frère furent tués à la bataille d'Azincourt en 1415. Au rôle des vingtièmes de 1757, on trouve M. le Mercier de Wamin qui possède en partie la seigneurie dudit lieu, consistant en une maison seigneuriale, jardin et dépendances. Les rentes foncières et droits seigneuriaux, compris deux fiefs de Grine en Lillers et celle en Burbure qui sont membres de Mazinghem, du revenu de 250 livres. Du 4 août 1757 : sentence en faveur de Maximilien-Joseph Le Mercier, écuyer, sieur de Mazinghem, demeurant à Aire. L'honorable famille Le Vasseur de Mazinghem existe toujours : elle habite, tantôt ce village, tantôt la Picardie.

Dans le document de 1790, cité plus haut, on trouve encore ce qui suit : Il y a une petite rivière en fort mauvais état. Un moulin à usage de faire huile à brûler, est dans un état médiocre : il appartient au sieur Philippe Commer, demeurant à Aire.

La chapelle de Mazinghem en ladite église était à la collation de l'abbé de Ruisseauville.

MOLINGHEM.

Molingahem, Morlengehem en 1083, *Molenguehem-en-Régale, Molinghem,* tels sont les noms de cette vieille résidence saxonne : *Habitations des enfants de Mol.* Les noms de *Mas* ou *Maes* et de *Mol* sont encore connus et n'ont cessé de l'être à aucune époque dans la contrée : viennent-ils de l'une des invasions saxonnes ? Ce n'est pas impossible. Au reste ces mots s'expliquent très-bien par le théotisque ou flamand.

En 1254, Grars et Robiers de Molinghem, écuyers, furent de l'expédition d'Oisy. Molinghem était de la Régale de Thérouanne au XIV° siècle. Nous trouvons aux registres de l'élection d'Artois de 1676 à 1714, folio 147, une sentence de noblesse rendue au profit de Jean de Flahaut, écuyer, sieur de Molinghem. Cette sentence est du 23 décembre 1683.

Au rôle des vingtièmes de 1757, M. le comte de Bryas est cité comme propriétaire de la seigneurie dudit lieu, consistant en une ferme et 112 mesures de manoir et terre, etc. On y trouve le sieur Delupré, propriétaire du fief de la Bretagne, consistant en censives du revenu de, etc.; le sieur Houdouart de Fomaine, propriétaire du fief de Molinghem consistant en une petite dixme, censives et droits seigneuriaux affermés à François Nocez.

Les renseignements pris en 1790 nous montrent l'église en

bon état, solide, bien ornée, munie de belles cloches. Le presbytère venait d'être reconstruit. Après la Révolution voici les renseignements que nous donne M. Coquelet :

« Commune de 100 feux espacés sur une rue d'une demi-lieue presque, et le long d'un marais, à une lieue de Norrent, une lieue et demie de Lillers et quatre de Béthune. Eglise de l'ancien diocèse de Saint-Omer, sous l'invocation de saint Maur, assez bien réparée; elle renferme un autel, un chœur et deux confessionnaux. Le clocher est en pierres, le cimetière est clos de murs.

La maison curiale est vendue et convertie en cabaret, la vicariale subsiste, on la destine au desservant qui n'a pas de quoi l'occuper. »

Molinghem était du diocèse de Saint-Omer, doyenné d'Aire.

NORRENT-FONTES.

Norrent, en latin *Norremum*, est nommé *Norrem* en 1211, et *Norenc*, en 1240, dans une donation à l'abbaye de Mont-Saint-Martin.

Dans le second projet de dictionnaire historique et chronologique de Flandre et d'Artois, manuscrit de l'Académie d'Arras tome IX, *Norent* est cité comme village dans le bailliage d'Aire, à deux lieues au sud de cette ville. Il relève du Roy à cause de son château d'Aire, appartient au marquis de Traisignies. Diocèse de Saint-Omer. Personat.

Au rôle des vingtièmes, on trouve M. le marquis de Trezignies, propriétaire de la terre dudit lieu, consistant en une maison seigneuriale et dépendances, avec 72 mesures de manoir, 35 mesures de terre, une dixme et un droit de terrage, le tout affermé à Antoine Dupont, 1,550 livres. Madame la marquise de Wamin y est également reprise comme propriétaire de la seigneurie de Fontenne et deux fiefs consistant en rentes foncières estimées 52 livres. *Item,* le sieur Teneur, propriétaire d'un fief, consistant en censives estimés suivant les cueilloirs, 7 livres 15 s.

Le dénombrement de 1846 porte 1,433 habitants ; en 1879, le chiffre des habitans est de   .

Autrefois, Norrent et Fontes appartenaient au diocèse de Saint-Omer ; ils sont ainsi désignés dans le Pouillé : Doyenné d'Aire, Norrent et Fontes, personnat dépendant de l'évêque de Saint-Omer.

Dans la nouvelle organisation qui a suivi le concordat de 1801, Norrent-Fontes est devenu un des doyennés du diocèse actuel d'Arras.

Voici la note donnée par M. Coquelet sur Norrent-Fontes :

« Commune de 300 feux en deux localités, savoir : Norrent qui en renferme 75 et Fontes 225, qui se touchent et sont situés dans la partie inférieure de la commune, sur diverses sources et sur le bord d'un marais tourbeux vers le Nord. La route royale traverse Norrent vers le haut. Il s'y fait un commerce de lin et de tourbe. Le rouissage du lin corrompt souvent l'air et cause des maladies. La plupart des rues ne sont praticables en hiver et dans les temps pluvieux qu'au moyen de pierres. Il y a dans les champs des maisons éloignées de plus d'un quart d'heure, le moulin dit de Warenghem et le hameau de la Goutée sont plus rapprochés.

L'église, qui était du diocèse de Saint-Omer, est dédiée à Saint-Vaast, elle est solide ; il y a dans le clocher une horloge. Cette église est située à l'entrée de Norrent, vers Fontes, le cimetière est adjacent, il est trop petit.

» Le presbytère fut vendu et déjà la commune l'a racheté, la maison vicariale subsiste.

» Il y avait à Fontes un hermitage où se trouvait une chapelle qui est vendue et convertie en grenier, les bâtiments de l'hermitage sont aussi aliénés.

» Norrent est à une lieue et demie d'Aire et autant de Lillers, à quatre de Béthune. »

« Chœur et nef de même largeur, voûtés avec des cordons ou arceaux en dedans, terminés par des rosaces.

» La tour est carrée, renferme un escalier et est surmontée d'une flèche en bois, couverte d'ardoises.

» On remarque, à l'église, une date de 1624, et au clocher celle de 1772. » — (*Renseignements fournis par M. Roger, janvier 1845.*)

« A Fontes, les eaux de dix puits artésiens font tourner les meules d'un grand moulin et mettent en action les soufflets et les marteaux d'une clouterie. » — (*Notice sur Béthune, par M. Lequien*, p. 38.)

« Fontes est remarquable par ses sources, qui produisent d'excellent cresson, dont une seule verge est affermée jusqu'à six livres. » (HENNEBERT, t. I*er*, p. 47.)

QUERNES.

Ce village n'est qu'une annexe de Witternesse ; mais il a une certaine importance historique et il nous semble, à ce titre, mériter une notice sous un titre séparé.

Donnons d'abord les renseignements transmis, il y a longtemps, à l'évêché d'Arras, par M. Paris, curé de Witternesse : nous les complèterons ensuite par quelques pièces qui ont un assez grand intérêt au point de vue de l'histoire de l'attachement à la foi et de l'orthodoxie dans nos contrées du Nord.

« QUERNES. — Le village de Querne, annexe de Witernesse au midi et à cinq minutes de cette paroisse, est arrosé aussi par la Laquette qui le traverse et y fait tourner un moulin.

La population est de 315 habitants ; elle est agglomérée et groupée à peu près sur les deux rives de la rivière. Avant la révolution, ce village était une paroisse du diocèse de Boulogne, quoique touchant à Witernesse, qui était de Saint-Omer.

L'histoire nous a conservé l'origine de Querne, et comment ce village s'est formé peu à peu. Querne, en latin *Quernus*, qui veut dire chêne, pays de chênes, a eu le bonheur de donner un saint à l'église et un pontife au second siége de la France. Fumers, 6° comte de Tervanne (aujourd'hui Saint-Pol), ayant succédé à son père Robert, en 600, eut un fils nommé Valbert, qui lui succéda en 630.

Valbert eut quatre enfants, qui furent saint Vulmer, abbé de Samer (en latin *Vulmarus*, 20 juillet) ; Robert, comte de Renti, qui devint garde-des-sceaux du roi Clotaire III ; Albert et Fumers.

Fumers épousa, en 639, Erlebert, seigneur de Querne, et de cette union naquit saint Lambert, né au château de Querne. En effet, Butler dit que saint Lambert naquit au pays de Thérouanne, à l'endroit où se joignent la Basse-Picardie, la Flandre et l'Artois. Cette indication paraît désigner la position de Querne. Locrius dit encore : *Sanctum Lambertum ex artesia agro, non procul Teruannâ, patre Aleberto, oriundum*. En effet, Querne a toujours été village d'Artois, et sa distance de Thérouanne, n'est que d'une lieue et demie, c'est bien le *non procul*.

Il n'entre pas dans le plan de cette notice de faire la vie de saint Lambert, mais je dois donner en un coup d'œil les principales époques de sa vie qui le feront connaître assez pour qu'il ait droit à la vénération de ses compatriotes.

Saint Lambert, se sentant du goût pour la retraite, quitta sa famille et son pays, et suivit saint Vandrille à l'abbaye de Fontenelle, au pays de Caux, diocèse de Rouen, en 666.

Quoique très-jeune, il fut élu abbé de Fontenelle, et succéda ainsi au saint fondateur, saint Vandrille. En 678, il fut nommé archevêque de Lyon, et y mourut le 14 avril 688 âgé de 48 ans.

A la naissance de saint Lambert, vers 640, Querne n'était que le château (I) du seigneur Erlebert ; saint Omer était alors évêque

---

(1) Ce château, paraît avoir été situé au sommet de la légère côte, sur le sentier de Witernesse à Querne, appelée aujourd'hui La Couture.

de Thérouanne. Ce saint évêque gouvernait son vaste diocèse, avec autant de sagesse que de sollicitude, lorsqu'il fut appelé à Querne, endroit peu éloigné d'Aire, dit la chronique du temps. Le seigneur Erlebert, désirant transmettre à sa famille un monument de sa piété, avait fait bâtir, en 659, une église au bas de la colline, non loin du Château ; ses vassaux y avaient contribué ; saint Omer lui-même, dans sa pieuse libéralité, avait voulu pourvoir à la dépense des choses relatives au culte ; il fit, entre autres choses, présent de fonts baptismaux. On vint donc annoncer au prélat, que la dame de Querne était accouchée d'un enfant aveugle. « Que Dieu soit béni, dit-il à deux reprises.» Le père, tenant son fils nouveau-né entre ses bras, vint se jeter aux pieds du pontife ; il le conjura de conférer le baptême à son enfant, espérant que ce sacrement de régénération, administré par des mains si saintes, pourrait attirer sur son fils des grâces mêmes temporelles.

Mais l'eau convenable manquait (je dis convenable parce que la rivière coulait alors comme aujourd'hui au bas du château). Omer, plein de confiance en Dieu, comme autrefois Moïse au désert, frappe la terre de son bâton pastoral, et il en jaillit une source d'eau vive. Ce prodige en présageait un autre. En effet, pendant que le souverain pontife fait l'immersion de l'enfant, et que l'âme de l'aveugle-né s'ouvre à la grâce, ses yeux s'ouvrent à la lumière. Ce double miracle saisit d'admiration le père et tous les spectateurs, et ils retournent en bénissant le nom d'Omer.

Erlebert, reconnaissant d'un bienfait si signalé, fit présent au saint pontife du château de Querne et de toutes ses dépendances. Peu à peu des maisons se groupèrent autour de l'église et du château, surtout le long de la rivière. Le château, dans la suite, tomba en ruines, et aucune trace ne le découvre aujourd'hui. Cependant le titre du Seigneur de Querne ne se perdit pas ; on croit que la propriété du domaine de Querne passa dans la maison de Berghes ; en effet, un membre de cette illustre maison portait le titre de marquis de Berghes, seigneur de Querne.

Le dernier seigneur de Querne était député aux États d'Artois. La première église étant aussi tombée en ruine, on en rebâtit une autre, qui fut dédiée à saint Omer, lequel est encore aujourd'hui le patron de Querne. C'est ainsi que les habitants attestèrent leur pieuse gratitude envers le saint pontife.

On croit que la fontaine qui se trouve au bas de la colline et du cimetière, près de la rivière, est celle que saint Omer fit jaillir miraculeusement.

L'église de Querne est petite, mais très-décente ; elle n'a qu'une seule nef ; sur le pignon est un petit clocher. Les revenus consistent dans la location des chaises et dans une quête faite à domicile ; les dépenses absorbent les deux tiers de ces revenus. »

M. Paris dit ensuite un mot de l'aventure arrivée à Querne, en 1720, au prélat janséniste, alors évêque de Boulogne, Pierre de Langle. Nous y substituons le récit complet de cet événement d'après les mémoires et pièces du temps.

« La conduite bizarre de Pierre de Langle et son opiniâtreté si grande à persister dans des sentiments erronés et à en poursuivre la propagation au détriment même des besoins spirituels de ses diocésains, n'étaient pas propres à lui attirer de leur part une bien grande somme de respect. Aussi les histoires du temps nous ont-elles conservé le récit de bien des scènes fort désagréables qu'il eut à essuyer dans divers endroits de son diocèse. Reproduisons entre autres celle de la fameuse *lapidation* de Quernes, dont font mention tous les livres qui parlent de P. de Langle. Nous laisserons Scotté de Vélinghen nous la dire lui-même, en omettant toutefois certains traits par trop amers.

« M. de Langle étant de retour à Boulogne d'un voyage qu'il fit et dont il pouvait se passer, le 23 août 1720, ne l'ayant en partie fait que pour se dispenser d'officier pontificalement dans sa cathédralle, le jour de l'Assomption de la Sainte Vierge ; étant donc de retour de ce voyage qu'il fit en la ville d'Ardres, à l'abbaye de Saint-Augustin, près de Thérouanne, et au village de Quernes, à une lieue de la ville d'Aire en Arthois, dans le dessein de confirmer et de porter la paix par tout, comme il l'avait portée à Calais, suivant son discours ambitieux.

» En arrivant à ce village de Quernes, étant dans une rue

creuse, on ne lui sonna pas les cloches comme il voulait qu'on lui fît partout, mais environ cinquante femmes s'étant attroupées sur les bords de cette creusée, chargées de pierres et de cailloux cornus, se mirent à les jeter sur la litière où il était, dans le dessein de l'assommer et lapider, et le nommant hérétique, jansèniste, quénéliste ; ces femmes jettèrent des pierres en si grande quantité, que la litière en fut très-endommagée, et M. l'évesque faillit d'y être écrasé, son aumônier, nommé Griboval, en reçut un coup dangereux aussi bien que son valet de chambre nommé Legendre, de sorte que le muletier qui menait la litière, fut obligé de faire doubler le pas à ses mulets, et rebrousser chemin au lieu d'aller à ce village pour en faire la visite comme il l'avait projetté, et ces femmes après avoir fait leur expédition, voyant qu'elles n'en pouvaient faire d'avantage, ayant eu dessein d'assassiner monsieur l'évêque et sa trouppe, s'en furent à l'église de Quernes avec des pierres et des bâtons, et y trouvèrent le curé de cette parroisse qui achevait de dire sa messe ; et se mirent à le maltraiter de coups de bâtons et lui jetter des pierres, de sorte qu'il fut obligé, tout revêtu qu'il était de ses ornements, de sauter par la fenêtre de la sacristie pour chercher un refuge où il pût être en sureté, et ces femmes criant toujours après lui, et le nommant hérétique, janséniste, à cause que le curé suit la doctrine de M. l'évêque, et qu'il est son adhérent. Cela arriva le dimanche 18 août 1720 ; il y eut un paysan qui donna un coup de bâton sur le bras de ce curé, étant encore à l'autel...

» Environ la mi-novembre 1720, sur la plainte de M. de Langle faite à M. le régent, de l'insulte à lui faite par ceux de Quernes, M. le régent donna ordre à cinquante grenadiers d'aller au village de Quernes, et y vivre à discrétion chez tous les particuliers de ce village, avec ordre d'y tuer toutes les poules et volatiles de ce village, et les habitans de ce lieu obligés de payer chaque jour à chacun de ces dragons vingt sols, et vingt livres à chaque officier ; les habitans de ce village, tant les coupables que les innocens de cette insulte, se voyant ainsi maltraités, députèrent trois ou quatre des principaux de leur village vers M. l'évêque de Boulogne, et y étant, ils se jettèrent à ses pieds, et lui demandèrent pardon de cette insulte pour tout le village, et le prièrent de vouloir donner ordre que ces cinquante grenadiers se retirassent ; il leur ordonna de se relever, et leur dit qu'il leur pardonnait.....»

A ce récit, tiré de l'*Histoire des évêques de Boulogne*, publié en 1852 (1), nous pouvons joindre plusieurs pièces que vient de publier M. l'abbé Haigneré dans le *Bulletin de la Société Académique de Boulogne*.

La première est un extrait d'une sorte de *Poème héroïque*, intitulé : *La division du chapitre de Boulogne à l'occasion de la bulle Unigenitus*.

L'épisode de Quernes y est narré comme il suit :

> Il va de bourg en bourg, de hameaux en hameaux,
> Il débite partout ses préceptes nouveaux ;
> Il arrive, en un mot, au village de Querne (2) ;
> Mais, bien loin qu'à ses pieds le peuple se prosterne,
> Tous les enfans émus le traitent de magot,
> D'infâme janséniste et de vieux huguenot.
> Les femmes, à ces cris, pires que des mégères,
> A pas précipités sortent de leurs chaumières,
> Les unes dans les mains tenant de gros cailloux,
> Les autres des bâtons, ferrés par les deux bouts ;
> Elles bloquent l'église, et dans le cimetière,
> Les yeux étincelants, attaquent la litière.

---

(1) *Histoire des évêques de Boulogne*, par M. l'abbé E. Van Drival... approuvée par Mgr Parisis, 1 vol. in-8°. Boulogne, 1852.

(2) Quernes, aujourd'hui annexe de Witternesse, dans le canton de Norrent-Fontes, était alors une cure du district d'Auchy-au-Bois. L'attentat dont Pierre de Langle y fut victime eut un grand retentissement et fut très-exploité dans le parti. Il m'a paru intéressant d'en publier le *procès-verbal* en appendice, d'après l'imprimé qu'en fit faire l'évêque lui-même. On peut encore consulter une *Lettre pastorale* que Pierre de Langle adressa aux habitants de cette paroisse, le 10 septembre 1720, en 8 pp. in-4°, dont il y eut une seconde édition en 4 pp. in-f°, et qui fut critiquée par Languet de Gergy, évêque de Soissons. Voir le catalogue des imprimés de la Bibliothèque de Boulogne (1ᵉʳ suppl., T. I., n° 309, art. 2, 3, 4, p. 73).

En vain il les bénit d'un air modeste et doux,
Il eut été sans doute accablé par les coups,
Si, sa valeur cédant à sa haute prudence,
Il n'eût gagné le large en toute diligence.
Il s'agenouille alors, en louant le Seigneur
De l'avoir préservé de ce sexe en fureur,
Qui vouloit, disoit-on, pour venger le Saint-Père,
Repaître les corbeaux du corps d'un téméraire
Qui, de Pierrot premier, par son sçavoir profond,
Prétendoit être un jour nommé Pierre second ;
Mais d'un épais pavé, lancé d'une main sûre,
Gribeauval dans les reins reçut une blessure,
Et de l'horreur du choc les valets palpitants,
Qui de ça, qui de là, couroient à travers champs.

Dans la ville aussitôt la nouvelle en arrive ;
Et l'on entend partout la cabale plaintive
Accuser hautement les partisans Romains,
D'avoir aux villageois mis les armes en mains.
Flahault, comme un lion hérissant la crinière,
Vouloit faire l'essai de sa vertu guerrière ;
Mais le sage Aubriot, Fabius tonsuré,
Dans ses retranchements resta toujours serré,
Et crut devoir attendre une saison plus belle,
Pour tenir la campagne et vider la querelle.

Cependant, il survient des ordres souverains,
Pour mettre à la raison les paysans mutins,
Et l'on ne parloit plus que de feux, de potence (1) ;
Mais le benin prélat, écoutant sa clémence,

---

(1) On lit dans l'*Histoire du Livre des Réflexions morales sur le nouveau Testament et de la Constitution Unigenitus, servant de préface aux Hexaples*, (5 vol. in-4°, Amsterdam, chez Nic. Potgieter, 1723, 2ᵉ édition), que le duc d'Orléans, informé du désordre, envoya dans la paroisse de Quernes une compagnie de grenadiers pour les mettre à la raison. (T. II, p. 488), avec ordre de vivre à discrétion chez les habitants.

Et leur faisant à tous un généreux pardon,
Se mit plus que jamais en réputation (1) ;
Et quoiqu'à quelques-uns sa douceur fût suspecte,
Cela n'empêcha pas qu'il ne grossit sa secte,
Tandis que les Romains, accablés de douleur,
Voyoient journellement diminuer la leur.

La seconde pièce est le *Procès-verbal* du fait de Quernes, dressé par l'évêque de Boulogne lui-même. Voici ce procès-verbal :

Nous, Pierre, par la permission Divine, évêque de *Boulogne*, conseiller du Roy en tous ses Conseils d'Etat et Privé. Ce jourdhuy vingt-et-un du mois d'août mil sept cent vingt, étant parti vers les huit heures du matin de l'Abbaye de Saint-Augustin lès Terouane pour aller faire la visite que Nous avions indiqué à ce iour dans la Paroisse de *Quernes* de notre diocèse, distante de deux lieues de ladite Abbaye, nous avons aperçu dès l'entrée de la rue dudit Village qui conduit à l'Église, un grand nombre de Femmes et de Filles, que nous avons crû d'abord attendre notre arrivée, pour assister à la visite de l'Église et à l'instruction que nous y devions faire..... Mais nous avons été bien surpris en approchant de voir toutes ces Femmes et ces Filles, au nombre de plus de cent, armées de pierres, de bâtons et de fourches, qui nous attendoient pour nous empêcher l'entrée de l'Église et insulter à notre Personne même. Cette disposition où nous les avons vues, ne nous a pas empêché d'avancer, espé-

---

(1) Pour se délivrer d'une garnison aussi incommode et aussi ruineuse, les habitants de Quernes députèrent au prélat quelques-uns des leurs, chargés de lui faire amende honorable. L'évêque les reçut le 14 novembre, en compagnie du chanoine Dacquebert et du P. Champion. Pierre de Langle accepta leurs excuses, s'engagea à faire des démarches auprès du Roi pour obtenir l'éloignement des grenadiers, et fit rédiger du tout un *Procès-verbal*, dont un exemplaire est à la bibliothèque de Sainte-Geneviève, sous la cote D. 1580, 26. Voir aussi l'*Hist. du Liv. des Réflex. mor.* (vol. cité, p. 489) : « Peu » de temps après, M. le Régent fit retirer la compagnie de grenadiers qui » étoit à Quernes, et la paix fut rétablie dans cette paroisse. »

rant les pouvoir calmer, en leur parlant avec douceur et avec charité. Cependant, quelque chose que nous ayons pû dire dans le peu de tems qu'il nous a été libre de parler à quelqu'unes d'elles, il ne nous a pas été possible d'arrêter leur furie ; elles nous ont dit d'abord qu'on leur avoit envoyé un Curé gueux, parpaillot, hérétique, damné et Janséniste (1) ; et les ayant assurées du contraire, une d'elles nous a répondu que nous l'étions nous-mêmes : sur quoy s'animant les unes et les autres, elles se sont mises en état de nous assommer à coups de pierres, et l'auroient en effet exécuté, si ceux qui nous accompagnoient ne les eussent pas empêchées d'approcher. Plusieurs occupoient le Cimetière d'où elles jettoient continuellement contre nous de grosses pierres qu'elles détachoient des Murs dudit Cimetière en proférant les juremens et les injures les plus atroces, sans crainte de Dieu, et sans respect pour notre caractère. Une de ces pierres ayant atteint le Sr Griboual, Prêtre et Chanoine de notre Cathédrale, notre Aumonier et secrétaire ; et l'ayant frappé dans les reins, nous avons pris le parti de nous retirer, de peur de plus grands désordres : mais la fureur de ces Femmes n'étant pas assouvie, elles ont commencé à nous poursuivre hors de la Paroisse à grands coups de pierres et de bâtons, dont presque tous nos Domestiques ont été atteints : l'un d'eux, notre Valet de Chambre, blessé considérablement au bras droit, et notre Litière enfoncée et notablement endommagée, ce qui a continué près d'une lieue, ces Femmes ne nous ayant quitté qu'à la Paroisse de *Blessy*, diocèse de Saint-Omer, dont nous sommes Seigneurs en partie, et nous n'avons encore évité pendant tout le chemin

(1) Le curé ainsi incriminé était Jacques-Boniface Dubois, né à Saint-Pol en 1689, prêtre du 10 juin 1713. Le grand-vicaire Monnier lui avait donné la cure de Quernes le 11 novembre de l'année précédente, sur la présentation du chapitre de la cathédrale, et il venait de lui donner, en outre, un canonicat de Saint-Pol (10 mai 1720). On voit assez dans quels termes il était avec ses paroissiens, aussi, malgré la paix que fit conclure le départ des grenadiers, ne resta-t-il pas dans ce poste. Il obtint le 3 mai 1722 la cure de Rinxent, où il mourut le 27 septembre 1729, ayant été enterré dans son église, avec une épitaphe qui subsiste encore et qui rappelle son passage à Quernes.

d'être blessez dans notre Litière, que par l'attention de ceux qui nous accompagnoient, à les empêcher d'aprocher des Portières. Il ne s'est jamais vû une fureur et un acharnement pareil à celui de ces Femmes. Ce qu'il y a de plus étrange c'est qu'on prétend que cette fureur leur a été inspirée par des Prêtres et des Religieux de ces quartiers là..... Tout étoit tellement concerté qu'il ne s'est trouvé dans toute cette mêlée que des Femmes et des Filles, sans qu'il y ait paru aucun Homme, si ce n'est qu'on en apperçut dans les Maisons et au coin de quelque Hayes, avec des Instrumens à la main pour venir au secours desdites Femmes si on avoit été résolu à se défendre de leurs insultes par la violence; Mais nous n'avions garde d'employer pour notre défense, d'autres armes que celles qui conviennent à un Ministre de J.-C. : l'exhortation, la patience, la fuite d'un lieu à un autre, la prière pour les Persécuteurs, c'est tout ce que nous nous sommes crûs permis..... Notre dessein étoit encore de faire la visite de l'Eglise Paroissiale de *Recy* (1) où nous savions que les Paroissiens s'étoient aussi révoltez contre le Curé sous prétexte qu'il étoit Janséniste : Mais ayant sçu qu'on nous y attendoit avec les mêmes dispositions, nous sommes revenus vers le midi dans l'Abbaye d'où nous étions partis, et où nous avons apris à notre retour que le jour précédent, les Habitans de *Quernes*, étoient entrez dans l'Eglise comme des forcenez tandis que leur Curé y célébroit les Saints Mistères, et (ce qui demande des larmes de Sang) que le Curé n'avoit point trouvé d'autre moyen d'échaper de leurs mains sacrilèges, qu'en interrompant le Sacrifice, consommant promptement les deux Espèces, jettant la Chasuble dans la Sacristie, se sauvant chez luy en Aube, Etole et Manipule, et qui n'étant pas encore en sûreté dans sa Maison, quoique fermée, il avoit été obligé de s'enfuir par une Porte de derrière, ses Paroissiens le poursuivant toujours pendant près d'une lieue, d'où il avoit été dans la ville d'Aire faire sa Dénonciation par devant le Juge de ce lieu..... Fait en l'Abbaye de *Saint-Augustin* lès Téroaune,

(1) Lisez *Rely*.

en présence de nos Domestiques, les jours, mois et an susdit. (Signé) Pierre, Evêque de *Boulogne*; Et plus bas : *par Monseigneur*, de Griboüal.

RELY.

Ce village, dit M. Harbaville, a donné son nom à une famille qui, pendant quatre siècles, a joui d'une grande considération. En 1100, Williamme, sire de Rely, était banneret d'Artois. Un de ses successeurs fut de l'expédition d'Orsy, en 1254. Jean de Rely, évêque d'Angers, était grand aumônier de France, sous Charles VIII, en 1488. Son petit neveu, possesseur de cette terre, était inscrit dans l'ordre équestre sous le règne de l'Empereur Charles-Quint.

« Gilles de Mailly, deuxième du nom, seigneur d'Authuille et d'Adinfer, se trouva, en 1348, à la bataille de Saint-Omer, où il combattit pour le roi Philippe de Valois. Il est nommé entre les pairs du chastel d'Encre en Picardie, en 1357. Il épousa Jeanne de Rely, fille de Guillaume, seigneur de Rely, dont il eut Gilles de Mailly qui fut marié trois fois, et eut 25 enfans de ses trois femmes : Louis qui surprit le château de Montpaon sur les Anglais, en 1371 ; Simon, mort des blessures qu'il reçut à la bataille de Rosebecque, en 1382; Jean et Jacques, morts à la bataille de Nicopolis, en Hongrie, en 1396; et Marie de Mailly, alliée : 1° à Robert de Nédonchel, seigneur de Rebecq ; 2° à Hugues de Sailly. » — (*Généalogie de Mailly. Mém.*, t. VI, p. 277-278.)

» Derely, nommée communément Rely, est une commune de 70 feux réunis dans une plaine élevée à droite de la route romaine; huit maisons sur cette route, sont de Rely; celles à gauche, sont de Ligny, il y a vingt minutes de distance de l'une à l'autre église. Une lieue de Norrent, deux de Lillers et quatre et demie de Béthune.

» L'église, qui était du diocèse de Boulogne, est sous l'invocation de saint Martin ; elle est vieille, obscure, réparée, mais pauvre ; elle n'a qu'un autel, un clocher, point de chaire ni de confessionnal. Le presbytère est vendu et démoli.

» Le desservant demeure à Lacouture, hameau de Liestres, distant de cinq minutes, il est à une demi-lieue de Liestres. — (*Note de M. Coquelet.*)

Rely était autrefois une cure du diocèse de Boulogne, doyenné d'Auchy-au-Bois. Le collateur était l'évêque de Boulogne ; le titulaire était, comme aujourd'hui, saint Martin. Elle possédait 28 mesures, tant manoir que terre à labour, et une petite dîme. Les terres et manoirs étaient affermés, en 1790, pour la somme de 516 livres 5 sols, la dîme 150 livres, ce qui faisait 666 livres 5 sols par an.

Au rôle des vingtièmes, on trouve : M. Delannoy, propriétaire de la seigneurie dudit lieu ; le chapitre de Saint-Omer en Lillers, possède une seigneurie, consistant en censives et droits seigneuriaux ; le sieur Déprez, bénéficier de la chapelle de Pélican, un autre fief ; plus le fief de Cocqueval, consistant en rentes foncières et biens seigneuriaux ; l'abbaye du Mont-Saint-Eloy est propriétaire d'un autre fief.

L'histoire de la famille de Rely offre plusieurs alliances importantes : on peut la voir dans les notes spéciales de M. Godin.

Une notice sur Jean de Rely, évêque d'Angers, a été publiée par M. le chanoine Proyart, dans les *Mémoires de l'Académie d'Arras.*

ROMBLY.

Rombly, dit M. Coquelet, est une commune nouvelle de 15 feux à douze minutes de Linghem, il y avait une chapelle et des fonts baptismaux, ainsi qu'un cimetière ; c'était un secours de Linghem. Elle subsiste mais elle est aliénée.

Rumelio, dit M. Harbaville, existait avant l'an 871. Il s'est appelé, dans le moyen âge, *Rumelia comitis*. La tradition donne à ce village une origine romaine, cantonnement de soldats. L'abbaye de Saint-Vaast y possédait des rentes, confirmées par le pape Alexandre III en 1164 : elles sont mentionnées par Guimann.

Au rôle des vingtièmes, nous trouvons que l'abbaye de Ham possédait à Rombly une ferme avec dépendances.

SAINTE-ISBERGUE.

L'histoire du village de Sainte-Isbergue est toute entière dans celle de la sainte dont il porte le nom et qui fut illustre à plus d'un titre, comme fille de Pépin, sœur de Charlemagne, riche elle-même de talents et d'œuvres qui lui ont donné une grande influence en la contrée où elle passa presque toute sa vie.

Le nom réel et primitif de sainte Isbergue était *Giselle*, en latin *Gisla*, *Ghysela* ou *Gislana*. C'est ainsi que la nomment toujours les écrivains ses contemporains, notamment les Souverains-Pontifies; c'est ainsi, du reste, qu'elle se nomme elle-même dans les différents écrits (lettres et testament) qu'elle nous a laissés (1). On l'a aussi appelée sainte Gisle ou Gille, en traduisant littéralement ce nom du latin *Gisla*, et c'est sous cette dénomination que nous la trouvons désignée dans sa vie écrite en détail, et conforme à toutes nos traditions, dans le grand ménologe des saintes, bienheureuses et vénérables vierges, par le P. François Lahier, de la Compagnie de Jésus (2). Les historiens l'appellent généra-

---

(1) Voir la *Patrologie* de M. Migne, tomes 97 et 98 ; *ibid.*, tomes 90 à 95.

(2) Cet ouvrage rare renferme une *Vie de sainte Gille, autrement Isbergue*, fort détaillée et conforme en tous points à nos traditions; pages 473-480. Entre autres autorités que cite l'auteur, il parle d'une *vie manuscrite* de la sainte, et des *Mémoires d'Aire*. Ce livre a été imprimé à Lille, chez N. de

lement *Giselle*. On verra plus loin comment et pourquoi elle est cependant beaucoup plus connue dans ce pays sous le nom de sainte Isbergue.

Sainte Isbergue était fille du premier de nos rois de la seconde race, Pépin le Bref, et de la reine Berthe ou Bertrade ; elle était sœur de Charlemagne.

Elle naquit peu de temps après l'élévation de Pépin sur le trône de France, et probablement vers l'époque où il fut sacré dans l'église de Saint-Denys, avec ses deux fils Charlemagne et Carloman, par le Souverain-Pontife en personne. C'était alors Étienne II. La tradition constante de ce pays porte qu'elle eut pour père spirituel au saint baptême le Pape dont on vient de parler, soit qu'il ait été représenté comme parrain par un légat, quelque temps avant son voyage en France, soit même qu'il l'ait baptisée lors de son séjour à Saint-Denys, en l'an 754. Quoi qu'il en soit, il est certain qu'à dater de cette année, le pape Étienne donne toujours, dans ses lettres, au roi Pépin, le titre de *compère spirituel* (nostro spiritali compatri) (1).

En l'an 757, le pape Paul Ier ayant succédé au pape Étienne son frère, Pépin, dans l'intention de resserrer de plus en plus le lien que sa famille avait contracté avec le Siége apostolique, demanda à ce nouveau chef de l'Église de vouloir bien être, lui aussi, le père spirituel de sa fille, et il lui envoya le linge qui avait servi à la recevoir au sortir du bain sacré, linge bénit auparavant par le pape Étienne, ainsi que le disent encore nos traditions (2). C'est

---

Rache, 1645. Un autre ouvrage, également rare, et intitulé : *Bref narré a. madame sainte Isbergue, vierge, et de saint Venant, son directeur spirituel...* recueilli par M. IAN D'OFFAIGNE, pasteur de l'église de Sainte-Isbergue, Saint-Omer, vefve Charles Boscart, 1629, nous a beaucoup servi dans nos recherches sur sainte Isbergue. Ce livre est antérieur à celui, bien connu, du P. Malbrancq, *de Morinis et Morinorum rebus*, tome 2.

(1) Voir le *Codex Carolinus* dans les Œuvres de Charlemagne, publiées par M. Migne, tome 98 de la *Patrol.*; *ibid.*, tome 89.

(2) Voir l'histoire de la sainte, par le P. Lahier, page 473 du grand ménologe cité plus haut.

alors que le pape Paul écrivit au roi Pépin une belle lettre que nous avons encore, et dans laquelle il exprime toute sa joie.

« O roi très-chrétien, lui dit-il, roi victorieux par la Providence de Dieu, nous avons un double sujet de grande joie (1), en ce que, selon l'ardent désir de notre cœur, nous voilà, nous aussi, attaché à vous par les liens d'une alliance spirituelle. En effet, votre illustre envoyé nous a apporté un présent du plus grand prix, un gage de votre amitié, de vos faveurs suprêmes, le linge (2) dans lequel, après sa régénération dans le bain sacré, notre très-douce et bien-aimée fille spirituelle a été reçue. Aussi, nous avons assemblé le peuple, et, avec la joie la plus vive, au milieu des pompes solennelles de la messe, nous l'avons reçu avec allégresse près de l'autel où repose le corps sacré de votre patronne, sainte Pétronille, lieu désormais dédié à la louange éternelle et à la mémoire de votre nom ; et, à la réception de ce linge précieux, nous avons éprouvé autant de joie que si réellement et présent en personne nous l'avions levée des fonts sacrés. Aussi, puisque l'amour de la foi a inspiré à votre bon cœur l'ardent désir de nous être uni par les liens d'une alliance spirituelle, selon ce que vous aviez promis à mon seigneur et frère le très-saint pape Étienne, d'heureuse mémoire, nous rendons de grandes actions de grâces à Votre Excellence que Dieu protège, nous implorons souvent la divine miséricorde pour que longtemps et heureusement elle vous conserve et vous défende sur le trône royal ; qu'elle vous permette de jouir de la grande joie de voir arriver à l'âge parfait notre fille spirituelle, pour l'exaltation de son Église sainte. »

Ainsi, dès sa naissance, cette fille de roi, qui devait être aussi une grande sainte, se trouvait unie d'une manière intime à la chaire apostolique. Les successeurs de Pierre la prenaient sous leur pro-

---

(1) Gemina... gaudia ;... in vinculo spiritalis fœderis *pariter* sumus adnexi. Voir le texte, loc. citat.

(2) Ce linge est appelé *sabanum* dans la lettre de Paul Ier. On le désignait aussi sous le nom de *sabarium* : c'est sous cette dernière dénomination qu'il est encore mentionné dans les prescriptions de saint Charles Borromée, *Actes de la province ecclésiast. de Milan*, 4e partie.

tection spéciale, et contractaient envers elle des devoirs particuliers, devoirs que nous les verrons accomplir plus tard avec une sollicitude toute paternelle. Sainte Isbergue devenait elle-même, dès ce moment, un lien puissant entre Rome et la France, car, c'est en son nom, c'est en sa qualité de parrain de cette fille du roi que le pape Paul s'adresse ensuite à Pépin, dans cette même lettre, pour solliciter sa protection, pour le supplier de venir au secours de l'Église opprimée.

Les mémoires anciens nous la montrent, dès son enfance, assidue à la prière et au travail : elle recevait en même temps une instruction étendue, dont nous avons la preuve dans plusieurs écrits qu'elle a laissés.

Aire avait été choisi par Pépin comme une de ses résidences royales. Il y construisit et fit orner un château que les anciens historiens du pays nomment *Sala*, et dont l'emplacement porte aujourd'hui encore le nom de *la Salle*, près de l'église actuelle de Saint-Pierre (1). C'est là que sainte Isbergue passa une partie notable de sa jeunesse; c'est là que plus tard est passa la dernière partie de sa vie.

Cependant le roi son père avait dessein de construire une église en l'honneur de saint Pierre, afin de remercier Dieu de ses victoires nombreuses et de témoigner une fois de plus son attachement à l'Église romaine. Il choisit pour cela l'emplacement le plus convenable qu'il put trouver dans les environs de sa demeure, c'est-à-dire le sommet d'une petite montagne qui s'élevait au-dessus de la forêt de Wastelau. A cause de cette position (1), cette église prit le nom de *Saint-Pierre-sur-la-Mon-*

---

(1) Ce nom s'appliquait à des constructions situées dans l'emplacement compris entre la Lys, la rue des Clémences et l'église actuelle de Saint-Pierre. Ce qu'il y a de remarquable, du reste, c'est que ce terrain, qui avait servi de demeure à sainte Isbergue, fut, jusqu'à la Révolution, tout entier consacré à des établissements religieux : un béguinage, une communauté de religieuses, la chapelle de Sainte-Isbergue.

(2) Cela est si vrai, qu'un village voisin, situé sur un monticule moins élevé, porte le nom de *Berguette*, ou *petite montagne*, diminutif de *bergue*. Au reste, les auteurs déjà cités et les manuscrits sont d'accord sur cette étymologie.

tagne; Pépin y établit un cloître attenant à l'église, avec quelques religieux pour y célébrer l'office divin en son nom (1), et bientôt le village qui vint à s'élever autour de ce pieux établissement ne fut connu que sous le nom de village de Saint-Pierre-sur-la-Montagne, ou *Peeterberg.* Cette église fut de plus enrichie de faveurs spirituelles, entre autres d'une relique de saint Pierre, le prince des apôtres (2). Aussi sainte Isbergue avait-elle un attrait tout particulier qui la portait à aller souvent prier dans cette église, bâtie par son père, et si spécialement favorisée des grâces du siège apostolique !

Ici se placent les circonstances extraordinaires dont nous avons parlé plus haut, dans la notice sur Saint-Venant : l'histoire de ce saint personnage, les épreuves auxquelles la pieuse Giselle fut soumise, la résolution qu'elle prit de mener une vie toute consacrée au service de Dieu.

On ne s'est pas toujours bien rendu compe des motifs qui avaient fait choisir par Pépin, pour lui et sa famille, la résidence d'Aire. Aux raisons qui pouvaient résulter de l'agrément du lieu, de la tradition du séjour des grands administrateurs du Pays, il faut en ajouter une autre qui a une grande valeur politique. Le dernier roi de la première race était enfermé à quelques lieues de là, à Saint-Bertin : n'était-il pas naturel que Pépin ne confiât à

(1) Cette circonstance, d'une communauté de clercs attachée à l'église de Saint-Pierre-sur-la-Montagne, est attestée formellement par les vers qu'on lisait sur un très-ancien tableau, dans la chapelle de Sainte-Isbergue, au palais de la Salle. Cette chapelle fut restaurée et embellie par Isabelle, duchesse de Bourgogne, au xv° siècle ; les vers portent le cachet de cette époque. Au reste, on ne faisait guère alors de fondation d'église un peu importante sans y ajouter un cloître et quelques clercs ou religieux pour la desservir.

(2) Le P. Malbrancq nous dit que Christophe de France, évêque de Saint-Omer, fit la reconnaissance des reliques contenues dans une châsse, et dont l'inscription disait qu'elles étaient de saint Pierre. Il pense que ce sont celles-là mêmes qui furent envoyées de Rome au roi Pépin. — Aujourd'hui encore on voit dans l'église de Sainte-Isbergue un ossement attribué à saint Pierre, et pourtant son nom inscrit sur la châsse où il est renfermé. Il serait on ne peut plus intéressant de remonter à l'origine de cette relique, que tout porte à faire regarder comme parfaitement authentique et remontant à cette donation du vIII° siècle.

personne d'autre qu'à lui-même le soin de surveiller ses démarches ? Assurément ceci est bien conforme à ce que l'histoire nous apprend du caractère profondément politique et habile de Pépin-le-Bref.

Après la mort de ses parents, qu'elle avait dû accompagner en divers autres lieux, après diverses péripéties dont nous avons parlé dans sa biographie, sainte Isbergue prit le voile et vint habiter à Aire le palais de Pépin, qu'elle changea en monastère, et où elle vécut habituellement jusqu'à sa mort, c'est-à-dire environ trente ans, entourée d'une foule nombreuse de pieuses compagnes consacrées comme elle au Seigneur. Ce monastère était situé en deçà de la Lys, dans l'enceinte de la deuxième ville, laquelle était enfermée entre les trois cours d'eau : la Lys, la Laquette et le Madicq. Il existait encore en 857, et donnait encore son nom à cette partie de la ville qui s'appelait *Arie-Munster*, tandis que l'autre, située au-delà du *Pont du Castel*, s'appelait *Aria-cum* (1). Plus tard il fut détruit, sans doute par les hordes barbares qui vinrent envahir le pays. Cependant une chapelle fut conservée ou rétablie en l'honneur de la sainte ; on en voit encore aujourd'hui des restes en assez mauvais état dans le jardin du bâtiment qui sert d'entrepôt pour les tabacs, et qui, avant la Révolution, était une maison de religieuses (2).

C'est là que sainte Isbergue se consacra toute à Dieu et se sanctifia de plus en plus par la pratique des œuvres de piété et de charité. Souvent Charlemagne la visitait, car il l'aimait comme

---

(1) Voir le *Privilegium Adalardi Abbatis, de cellâ Domini Salvatoris in Steneland*. — Cette charte précieuse est la 88º du *Cartulaire de Saint-Bertin*, manuscrit de la bibliothèque de Boulogne (nº 146), édité pour la première fois en 1840, par M. Guérard, membre de l'Institut. Les Bollandistes avouent qu'ils n'ont pu se procurer cette pièce si décisive. Les deux parties qui formaient alors ce qu'on appelle maintenant Aire y sont désignées séparément ; l'une s'appelle *Aria-monasterium*, l'autre *Aria-cum*. Saint Humfride, évêque de Thérouanne, est un des signataires de cette pièce.

(2) Cette chapelle offre quelques parties qui portent le caractère du xve siècle. — Les religieuses dont nous parlons ici portaient à Aire le nom de Sœurs-Grises.

sa mère (1), et quelquefois aussi elle ne se refusait pas à l'aller trouver, et elle édifiait la cour, et la grande piété de la *très sainte sœur du roi* (ainsi que l'appelle Théodulfe, de qui nous tenons ces derniers faits), attirait vers elle tous les respects, tous les hommages (2).

Elle avait alors des rapports avec le célèbre Alcuin, qui alla aussi lui faire visite en 796, elle entretint même avec lui un commerce de lettres dans lesquelles respire au plus haut point l'esprit de science et de piété. Afin de faire voir jusqu'où allaient les connaissances de sainte Isbergue dans l'étude des livres saints, dans la lecture des Pères de l'Eglise et dans l'intelligence des choses de la religion, nous allons traduire ici l'une de ces lettres, celle dans laquelle, de concert avec Rectrude sa parente, elle prie l'illustre docteur de composer un commentaire sur l'Evangile de saint Jean. Alcuin composa immédiatement cet ouvrage, qu'il dédia à notre sainte Isbergue et à sa pieuse compagne (3)

« *A notre Vénérable Père,*
« *à celui que nous devons entourer d'un suprême honneur,*
« *à* ALBIN *le Maître,*
« *les très-humbles servantes du Christ*
« GISELLE *et* RECTRUDE
« *souhaitent le salut d'un bonheur sans fin.*

---

(1) C'est Eginhard lui-même qui nous l'apprend : Erat ei unica soror, nomine Gisla, a puellaribus annis religiosæ conversationi mancipata, quam similiter ut matrem magnâ coluit pietate ; quæ etiam, paucis ante obitum illius annis, in eo quo conversata est monasterio decessit.

(2) *Charlemagne et sa cour*, par B. Hauréau, page 55 ; Hachette, 1854.

(3) Cette lettre délicieuse se trouve en tête des livres d'Alcuin, sur l'Evangile de saint Jean. Lecointe (*Ann. Eccl. Franc*, tome 6, page 624) prouve fort facilement qu'elle est de Gisla, sœur de Charlemagne, et non point de Gisla sa fille. Quant à la date de ce document, Lecointe dit qu'il est de peu de temps postérieur à la visite que fit Alcuin à Giselle, en 796, dans le monastère où elle était abbesse, et il précéda l'exposition d'Alcuin sur saint Jean, exposition dont il dédia les cinq premiers livres à Giselle et Richtrude, et les deux derniers à Giselle et Colombe. La lettre fut écrite par Giselle et

« Après avoir, Vénérable Maître, grâce à l'exposition que nous fit votre grande pénétration, goûté quelque chose de la connaissance de la sainte Écriture, connaissance qui est bonne et douce comme le miel, nous brûlions, avouons-le, de jour en jour davantage, du désir de nous livrer à cette très-sainte lecture, où l'on trouve la purification de l'âme, la consolation de notre condition mortelle et l'espérance de l'éternelle béatitude. L'homme heureux, au dire du Psalmiste, est celui qui chaque jour s'exerce à la méditer, qui comprend que cette science est préférable à toutes les richesses du siècle, et qu'il n'y a de vraie sagesse que celle que la grâce céleste a administrée au genre humain, selon la dispensation de la Providence divine. C'est là cette manne qui rassasie sans causer de dégoût, qui nourrit sans jamais manquer. Ce sont là les grains de la moisson divine, froissés dans les mains des Apôtres et présentés par eux pour être servis au banquet des âmes fidèles.

« Mais il y a deux choses qui nous font beaucoup de peine et qui chaque jour fatiguent l'extrême faiblesse de notre esprit. L'une, c'est que nous avons eu trop tard la notion de cette excellente étude; l'autre, c'est que, maintenant que nous avons pour cette même étude le plus grand zèle, l'éloignement où vous êtes de nous s'oppose à la réalisation de nos désirs.

« Mais, nous en supplions votre piété, ô très-cher Docteur, ne nous privez pas de la consolation de vos lettres. Vous pourrez par le moyen des lettres vous faire voir à nous qui vous cherchons, et votre voix se fera entendre dans le secret désir de notre

---

Richtrude, la même année 796, et le commentaire ou exposition, l'année suivante 797. — Les autres lettres de la correspondance d'Alcuin et de sainte Isbergue renferment les détails les plus intéressants sur les occupations de sainte Isbergue et de ses filles dans leur monastère. Elles sont adressées à la sainte et à sa nièce, tantôt sous leurs noms propres, tantôt sous leurs noms de convention à l'école du palais. C'est ainsi que Giselle, sœur de Charlemagne s'appelle alors *Lucie*, tandis que Giselle, sa fille se nomme *Délie*, et Rothrude ou Richtrude, une de ses autres filles, s'appelle *Colombe*. Alcuin donne toujours à notre sainte Isbergue le nom de *sœur*, tandis qu'il donne à sa nièce le nom de *fille*.

cœur. En effet, la plume de celui qui écrit est pour l'œil de celui qui lit, ce que la langue de celui qui parle est pour l'oreille de celui qui écoute, et la pensée de celui qui dirige de loin parvient à l'intérieur du cœur aussi bien que les paroles de celui qui enseigne de vive voix.

« Ainsi donc, ô très-heureux Père, ne vous refusez pas à nous, arrosez de l'eau de la fontaine salutaire les cœurs desséchés de notre petitesse. Nous savons qu'en vous est une fontaine d'eau vive, qui, selon la parole du Seigneur, jaillira pour la vie éternelle. Nous ne voulons pas qu'on puisse vous appliquer ce que dit Salomon de ceux qui ont coutume de cacher leur sagesse : (à quoi servent en effet ces deux choses : un trésor enfoui ou une science ignorée ?) mais bien plutôt ce que dit le Seigneur par le Prophète : ouvrez votre bouche et moi je la remplirai.

« Oui, ouvrez avec confiance votre bouche pour nous faire, par l'inspiration de l'Esprit-Saint, la très-sacrée exposition du Bienheureux Jean l'Évangéliste, et développez-nous les vénérables explications des saints Pères. Recueillez les perles que beaucoup ont mises en dépôt dans la chambre de votre trésor spirituel, et faites servir ce trésor à la nourriture des pauvres du Christ. Ne nous renvoyez pas à jeûn, de peur que nous ne venions à défaillir dans le chemin.

« Nous avons, il est vrai, les *explanations* du très-illustre docteur Augustin, sous forme d'homélies, sur le même évangéliste, mais dans bien des endroits elles sont fort obscures, entourées de trop de circonlocutions pour que le faible génie de notre petitesse puisse y pénétrer. Il nous suffit à nous, de boire l'eau des petits ruisseaux de votre dévotion, et nous ne pourrions exposer nos barques aux gouffres si profonds des grands fleuves. Vous savez très-bien qu'il faut peu de chose pour ceux qui sont petits et que la foule des pauvres est tout à fait impropre à s'asseoir à la table des grands. Ce n'est point à nous de monter au sommet le plus élevé des cèdres, mais bien de nous tenir sur le sycomore avec Zachée, comme il convient au peu d'élévation de notre taille, et regarder Jésus passer à le prier sans cesse avec larmes, afin qu'il nous juge dignes d'assister à ses festins, et de chanter avec vous autres, ce doux modèle de chant nuptial : Le roi nous a introduites dans ses celliers, nous nous réjouirons et sauterons de joie à cause de lui.

« Souvenez-vous qu'un très-illustre de la sainte église en l'écriture divine, le très-heureux Jérôme, n'a qas du tout méprisé les prières que lui adressaient de nobles femmes, mais qu'il a consacré, sous leurs noms, plusieurs opuscules sur les obscucurités des prophètes, et que souvent, du château de Béthléem consacré à la naissance du Christ, Notre-Seigneur, on vit vers les citadelles romaines voler à leur demande les feuilles contenant ses lettres, et que, ni le long espace de terres, ni les flots tempêteux de la mer Adriatique, ne l'effrayèrent, ni l'empêchèe'accéder aux demandes des vierges saintes. Le fleuve de la Loire est guéable, et sa largeur est moins dangereuse à traverser que celle de la mer Tyrrhénienne ; le porteur de vos papiers ira beaucoup plus facilement de Tours en la cité parisienne, que celui des écrits de Jérôme n'allait de Bethléem à Rome.

« Veuillez ne pas nous soustraire la science de votre dévotion, veuillez ne pas mettre sous le boisseau, la lumière brillante qui est en vous, ou la cacher dans le repos d'un lit qui engourdit, mais posez-la au contraire sur un chandelier élevé, afin qu'elle luise pour tous ceux qui sont dans la maison de Dieu. Entrez dans le trésor où l'on garde les richesses des saints Docteurs, et, semblable au scribe savant et très-loué par le Seigneur, tirez-en pour nous des choses nouvelles et des choses anciennes. Vous aurez près de vous dans la route de ce labeur la grâce de celui qui se donna pour compagnon aux deux disciples qui marchaient dans le chemin, et qui leur ouvrit l'intelligence pour qu'ils pussent comprendre les saintes Ecritures. Comment pourrez-vous vous excuser de la faute de taciturnité auprès de celui qui a dit : Donnez à tous ceux qui vous demandent, surtout quand, en donnant, vous ne diminuez en rien vos possessions, mais vous les augmentez au contraire par la communication que vous en faites ?

« Que l'esprit consolateur remplisse votre cœur de toute doctrine de vérité et de toute science de parfaite charité, ô notre très-doux maître (1). »

Nous avons encore d'autres écrits de sainte Isbergue, mais ce qui précède suffit pour faire voir quelle était sa science et avec quels soins sérieux elle se livrait à l'étude des choses de Dieu.

Sa charité nous est connue entre autres pièces, par une charte de donations diverses qu'elle fit au monastère de Saint-Denys, où Pépin était inhumé. Ce sont des terres nombreuses, situées aux territoires d'Arras, de Vermand (1), d'Amiens et de Cambrai. Cette pièce est datée du palais d'Aix-la-Chapelle, ainsi que la confirmation qu'en fit Charlemagne, en 799 (3).

Charlemagne, avons-nous dit, vénérait sainte Isbergue comme sa mère; il la visitait, elle le visitait, elle était son conseiller fidèle et toujours sûr. Dès lors n'est-il pas permis de croire que c'est à ses conseils que sont dues, en partis du moins, tant d'œuvres admirables opérées par le grand Empereur pour le bien de l'église? N'est-il pas permis de voir dans cette humble vierge, à à l'intelligence si grande, au cœur si droit et si élevé, l'instrument caché, dont Dieu a voulu se servir peur arriver à ses fins, qui n'étaient rien moins que ce qu'il y a eu de plus beau jusqu'à ce moment dans l'histoire de l'église, l'établissement du Saint-Empire, de cette merveilleuse organisation de l'Europe du moyen âge (4), dont Charlemagne fut le fondateur et l'instrument appa-

(1) Voir le texte latin dans Lecointe, à l'endroit cité dans la note précédente. Id. dans les Œuvres d'Alcuin, *Patrol.* de M. Migne.

(2) Vermand, capitale du Vermandois, aujourd'hui les environs de Saint-Quentin.

(3) La première se trouve dans *Mabillon, de Re diplomaticâ*; la seconde dans *D. Bouquet, Recueil des historiens de Gaules*.

(4) Il suffit de lire les titres seuls de certains capitulaires de Charlemagne pour comprendre que c'est vraiment alors que s'accomplit le grand triomphe de l'église sur la société civile, qu'elle vient pénétrer de sa vie, sanctifier en s'unissant à elle d'une manière intime. Alors l'Europe devient tout à fait chrétienne; le paganisme est tué, et l'on peut avec raison répéter ces belles paroles si usitées au moyen âge : *Christus vincit, Christus regnat, Christus imperat*. C'est vraiment Jésus-Christ qui est vainqueur, c'est Jésus-Christ qui est roi, c'est Jésus-Christ qui est empereur : tout se fait en son nom.

rent? Dieu aime à se servir de ce qu'il y a de plus faible, pour produire les plus merveilleux effets, et pouvons-nous dire avec certitude que norre glorieuse sainte n'a pas été étrangère à l'accomplissement des grandes choses qui se firent à cette belle époque, et à ce titre nous pouvons la considérer comme une des grandes bienfaitrices, à qui la France et l'Europe soient redevables de la plus vive reconnaissance.

C'est vers l'an 806 et le 21 du mois de mai, que sainte Isbergue termina sa vie mortelle pour naître à une vie meilleure et pleine de gloire. Elle voulut être inhumée dans l'église de Saint-Pierre-sur-la-Montagne, et, suivant ce pieux désir, on déposa sa tombe au-dessus de celle de Saint-Venant (1).

Jusqu'à la mort de sainte Isbergue, avons-nous dit plus haut, l'église bâtie sur la petite montagne voisine d'Aire se nommait église de Saint-Pierre, et aujourd'hui encore l'autel principal est sous l'invocation de ce saint Apôtre. Après sa mort, et surtout quand on sut qu'elle y était inhumée, les pèlerins, qui se rendirent bientôt en foule à son tombeau, s'accoutumèrent à dire : Allons à la montagne de Giselle, à *Giseleberg*, ou *Gisle-berg*, au lieu de dire à la montagne de Saint-Pierre, à *Peeterberg*, comme ils avaient fait jusqu'alors. Peu à peu le nom même de la sainte se confondit avec le nom de l'église où elle reposait, ainsi que cela est arrivé bien souvent et d'une manière plus extraordinaire encore, et l'on se mit à appeler indifféremment notre glorieuse patronne, ou *sainte Gisle*, ou *sainte Gisle-berg*. Enfin la lettre *g*, qui n'est qu'une aspiration fort peu articulée pour ceux de ce pays qui parlent le dialec *flamand* (l'ancien Teutonique ou bas-allemand), la lettre *g* disparut dans l'écriture sans disparaître positivement dans la prononciaton, et on se mit à écrire : *Isle-berg*, *Islbergh*, *Isberghe*, et même quelquefois *Ibergue*. L'orthographe *actuelle* est Isbergue.

Le pèlerinage de Sainte-Isbergue a toujours été fort fréquenté.

(1) Près de la première colonne de la grande nef, du côté de l'épître, à l'endroit où fut plus tard l'autel érigé en son honneur.

Toujours les reliques de la sainte ont reposé dans l'église qui porte son nom ; on en sait les diverses reconnaissances authentiques, qui en ont été détachées à plusieurs époques pour aller enrichir des églises jalouses d'avoir part à la puissante protection de cette grande amie de Dieu. A une époque assez reculée déjà, on leva de terre la tombe de pierre qui renfermait le corps de sainte Isbergue. On la plaça contre le premier pilier de la grande nef du côté de l'épître, au-dessus de l'endroit même où elle était dans la terre, et on construisit un autel vis-à-vis de ce tombeau. C'est là que fut l'autel de Sainte-Isbergue jusqu'en l'an 1608, date de sa translation dans l'emplacement qu'il occupe aujourd'hui, à l'extrémité de la nef du côté du midi (à droite en entrant dans l'église par le grand portail).

Quand l'autel de Sainte-Isbergue était ainsi placé vis-à-vis du premier pilier de la grande nef et assez près du sanctuaire (à l'endroit occupé en partie aujourd'hui par le banc-d'œuvre), son tombeau de pierre était adossé au pilier lui-même et supporté par deux petits murs qui l'élevaient à la hauteur de la table d'autel. Au-dessous de ce tombeau, entre le derrière de l'autel et le pilier, il y avait un vide ou sorte de couloir, qui permettait de circuler autour de l'autel (comme cela est du reste prescrit pour tous les autels en général, règle autrefois toujours observée), et quand les pèlerins passaient par ce couloir ils avaient coutume de dire qu'ils étaient *entre deux corps saints*, c'est-à-dire sainte Isbergue au-dessus, et saint Venant, dans la terre, au-dessous. C'est surtout là qu'ils obtenaient l'effet de leurs prières, à cette place sanctifiée par la présence des reliques de ces deux grands serviteurs de Dieu. Les fièvres ardentes cessaient, les maladies de la peau les plus invétérées étaient subitement et radicalement guéries, les infirmités de toute espèce disparaissaient, et des *ex-voto* sans nombre attestaient la réalité et la durée de ces guérisons miraculeuses. On ferait facilement un gros volume des récits authentiques de ces miracles, conservés en grande partie dans les archives de cette église ; la lecture de ces intéressantes histoires est on ne peut plus attrayante et offre les détails les plus édifiants (1).

Sainte Isbergue est honorée dans plusieurs autres endroits de France et de Belgique ; mais c'est surtout au village qui a le bonheur insigne de porter son nom et de posséder ses reliques précieuses, que les pieux pèlerins aiment à venir la servir. Autrefois elle était fort honorée dans l'église collégiale de Saint-Pierre d'Aire, où elle avait une belle chapelle, des peintures murales et les ossements de Pépin et de Berthe, transférés de Saint-Denys à Aire vers le règne de saint Louis (2) Outre cette chapelle, sainte Isbergue en avait une aure érigée en son honneur, à quelques pas de là, sur le bord de la Lys, dans l'ancienne demeure des gouverneurs d'Aire et logis des comtes d'Artois (aujourd'hui le jardin de l'entrepôt des tabacs, rue des Clémences), cette cha-

---

(1) On les trouve dans les pièces relatives au procès des reliques de saint Venant, de 1608 à 1612, archives de l'église de Sainte-Isbergue.

(2) Telle est la tradition formelle de ce pays, et jusqu'à la Révolution on put voir ces ossements de Pépin et de Berthe dans l'église collégiale de Saint-Pierre, avec inscriptions, dates, chronogrammes. Jean d'Ipres (Iperius, quatorzième siècle) dit très-clairement que de son temps les chanoines d'Aire possédaient ce précieux dépôt. (*Thes. anecdot.* du P. Martène, tome 3, page 396.) On croit que la translation de ces ossements de Saint-Denys à Aire eut lieu au treizième siècle. Il est certain qu'il y eut à cet époque une translation générale des restes des rois antérieurs à saint Louis, translation faite par ce prince et nécessitée par la reconstruction de l'église ; les monuments furent renouvelés dans le style de l'époque, tout fut changé et classé dans un nouvel ordre.

Nos traditions ne sont donc pas opposées aux faits de l'histoire de la célèbre abbatiale. Elles ne sont pas opposées non plus au texte du procès-verbal des actes de profanation des tombes royales de Saint-Denys, procès-verbal rédigé sur les lieux par l'ex-bénédictin Dom Poirier, et inséré en entier dans la *Monographie* de Saint-Denys déjà citée. En 1812, un cercueil de pierre fut découvert devant la façade occidentale de l'église, dans l'axe de la grande porte (ainsi que cela nous a été expliqué et montré sur les lieux mêmes), mais il a été prouvé que ce n'était qu'une sépulture ordinaire de moine ou de laïc, comme on en découvre chaque fois qu'on fouille au pied des murs de l'église.

La translation du treizième siècle est formellement attestée par la petite chronique de Saint-Denys, et les *Cénotaphes* de Pépin et de Berthe se trouvaient depuis lors dans le chœur de l'église. C'est là qu'on les a ouverts et profanés. On a trouvé dans celui de Pépin, dit D. Poirier, un peu de fil d'or. Il ne mentionne pas d'ossements. Peut-être en avait-on laissé une partie et transféré l'autre partie à Aire,

pelle était enrichie de faveurs apostoliques, dont nous avons encore toutes les pièces authentiques; elle était fort fréquentée. Aujourd'hui elle se trouve dans un état de délabrement voisin de la ruine complète.

Le Pèlerinage de Sainte-Isbergue n'a jamais subi d'interruption : il se continue de plus en plus nombreux et fervent. La fontaine de Sainte-Isbergue est particulièrement célèbre et aussi fort fréquentée par les pèlerins. On s'y rend processionnellement chaque année, pendant la neuvaine. Elle est à cinq ou six minutes de l'église, sur la *voyette* de Sainte-Isbergue, petit sentier tracé à mi-côte, ou presque au bas de la montagne sur laquelle est bâtie l'église, et qui va jusqu'à l'endroit encore nommé Wastelau, lieu présumé de la grotte ou ermitage de saint Venant. Le canal d'Aire à la Bassée coupe aujourd'hui cette *voyette*, par laquelle Giselle aimait à se rendre d'Aire à l'église de Saint-Pierre-sur-la-Montagne, et à la rencontre de son père spirituel. Une petite chapelle, ombragée de deux grands arbres séculaires, est au-dessus de la fontaine, à laquelle on descend par un double escalier dont les degrés, partie en terre et partie en pierre, forment avec la fontaine, située tout au bas derrière la chapelle, un demi-cercle autour de cette même chapelle. Cette fontaine ne tarit jamais. Elle a environ un mètre de profondeur; elle est entourée d'un mur circulaire très-convenable, avec une ouverture sur le devant, et dans le fond une petite niche pour une statue de la sainte. C'est un endroit délicieux de fraîcheur et de recueillement, à l'ombre du mur du fond de la chapelle et des deux grands arbres, au bas des deux quarts de cercle en escalier, à la naissance d'un tout petit ruisseau qui s'échappe silencieux jusqu'au bas de la côte. En avant de la chapelle est une belle pelouse en forme de carré long, où le peuple assiste en grande foule à la messe qui se célèbre dans la chapelle pendant la neuvaine de la fête de sainte Isbergue. Dans la chapelle même sont plusieurs bâtons et béquilles, témoignages populaires des miracles et guérisons obtenues par l'invocation des deux saints. Au-dessus de l'autel, à droite de la statue du milieu, sont les statuettes de saint Venant et de saint François d'assise, sujets très-convenablement traités. A gauche on voit celles de sainte Isbergue et de saint Fiacre. Saint Venant est représenté tenant un livre à la main, dans l'attitude d'un homme qui réfléchit profondément et qui donne des explications; c'est un docteur qui enseigne. Sainte Isbergue, d'autre part, est dans la position d'une personne qui écoute avec admiration et reçoit avec avidité les choses sublimes qui lui sont transmises(1).

En se rendant de cette fontaine à l'église de Sainte-Isbergue, on aperçoit cette église entourée de la plus belle ceinture d'ormes que l'on puisse voir. Ces ormes, disposés en forme de double et par endroits de triple couronne, sont très-élevés, tous semblables et de la même hauteur. On ne peut s'empêcher de penser à la noble fille du roi, à la sainte vénérée, en voyant cette magnifique couronne qui s'élève si grande, si majestueuse et si belle autour de l'église qui renferme ses restes vénérables.

Une grande et belle chapelle de style roman a été construite depuis quelques années en avant de cette fontaine. C'est un hommage digne de la Sainte et en rapport avec le culte extraordinaire dont elle est l'objet.

La seigneurie du village de Sainte-Isbergue a, de temps immémorial, appartenu à la famille de Nédonchel.

SAINT-HILAIRE-COTTES.

Dans le Pouillé du diocèse de Saint-Omer on trouve, au doyenné de Lillers, *Saint-Hilaire et Cottènes*. *Cottènes* ou *Cottenes* est le vrai nom ancien dont on a fait Cottes en supprimant la lettre *n* dans la prononciation.

(1) Cette dernière statue est beaucoup moins bien exécutée que la première.

Le P. Ignace a laissé les lignes suivantes sur ces deux localités :

Saint-Hilaire et Cottennes (secours). — « Deux villages du diocèse de Saint-Omer, bailliage et doyenné de Lillers. La cure est à la collation de l'abbé de Ham. » — (*Recueils*, t. IV, fol. 72.)

« La seigneurie de l'un et de l'autre village a passé par défaut d'hoirs mâles, de la maison de Melun-Cottènes, dans celle de Guines-Souastre, dite *Bonnière-Cottènes* où est la résidence primaire des seigneurs propriétaires et un des beaux châteaux modernes de la province. Il a été bâti par le dernier marquis de Cotènes du nom de Melun (V. Pomiers.) » — (*Ibid.*)

On a, du 11 janvier 1620, des lettres du chevalier en faveur d'Adrien de Meleun, sieur de Cottènes et de Saint-Hilaire. (*Cinquième registre aux commissions, fol. 198, verso. Archives du Pas-de-Calais.*)

Item. De février 1700, lettres patentes du Roi, portant érection de la terre et seigneurie de Cottènes en faveur de M. Frédéric de Melun, sieur dudit lieu. Enregistrées le 8 mai 1700. (*Douzième registre aux commissions, p. 575. Ibid.*)

On trouve aussi aux mêmes archives départementales, titres féodaux, sur la seigneurie de Cotte-Saint-Hilaire, un terrier du XVIe siècle, in-folio, bonne conservation.

Voici enfin ce qu'en a dit M. Coquelet :

SAINT-HILAIRE et COTTES. — « Ce sont deux villages antiques, le dernier est sur la côte d'une petite montagne le premier est au bas de cette côte, sur la route royale de Béthune à Aire et sur une autre route qui part de là pour se diriger vers Hesdin, à un gros quart d'heure de Norrent. Ces deux lieux ne font qu'une commune de 140 feux. L'église de Saint-Hilaire était de l'ancien diocèse de Saint-Omer, a Saint-Hilaire pour patron ; elle est bâtie près d'une large fontaine, dite la Cressonnière à cause de la quantité de cresson qu'elle produit, ce qui occasionna un grand procès à cette église ; cette source et celles de Norrent et de Fontes causèrent le circuit qui se fait remarquer sur la route de Lillers à Aire. L'église est neuve, élégante, ornée de lambris ; elle est la plus belle de tout le canton, elle a trois autels, une chaire magnifique, deux confessionnaux, un clocher ; le cimetière est clos en partie par une haie et d'autre part par la fontaine. Le presbytère fut vendu.

» L'église de Cottes, autrefois succursale de Saint-Hilaire, est bien restaurée, mais couverte en chaume et non pavée, elle a un clocher fort élevé; elle est à douze minutes de celle de Saint-Hilaire. Il y avait près de cette église, dont les biens sont aliénés, un château récemment détruit et à la place duquel passe la charrue. Entre l'un et l'autre lieu, est une maison isolée qui était autrefois vicariale et servait d'école, on la destine au desservant, car elle ne fut pas vendue. Les pauvres ont 30 fr. de revenu. »

La terre de Cottènes était possédée, en 1533, par Jean de Willerval. Il y fonda un obit en cette même année. (*Archives de la Fabrique.*)

M. l'abbé Parenty nous a aussi laissé sur ce même sujet quelques renseignements :

« Saint-Hilaire-Cotte, patron saint Hilaire ; population 645 ; étendue, 1,750 mesures. L'arrondissement paroissial est demeuré, depuis le concordat, tel qu'il était autrefois, car Cotte n'était qu'un secours de Saint-Hilaire; aujourd'hui ces deux localités ne forment plus qu'une commune ; les deux églises, toutefois, furent conservées, et le culte s'y exerce depuis le concordat comme avant la Révolution.

» Celle de Cotte avait un revenu de 120 fr. en biens fonds ; une mesure de terre lui fut restituée, c'est tout ce qu'elle possède. On pense que le bâtiment de l'église est de 1736 ; il n'eut rien à souffrir pendant la Révolution. On y trouve une châsse qui renfermait des reliques du patron ; on ignore ce qu'elles sont devenues.

» La cure était du diocèse de Saint-Omer.

» L'église de Cotte était desservie par un vicaire : on pense généralement qu'elle fut construite par l'un des anciens comtes de Guînes. La voûte du chœur est d'un style gothique très-pur. On remarque dans cette antique chapelle un tombeau de marbre élevé à la mémoire de quelque personnage de la maison de Guînes ; il supporte deux anges pleureurs bien sculptés.

» On venait autrefois vénérer à Cotte des reliques de saint Hubert, patron de l'église; il ne reste plus que la châsse qui les renfermait. Une Confrérie avait été établie en l'honneur de ce saint. Les fidèles qui en faisaient partie s'obligeaient à jeûner pendant la neuvaine qui se faisait chaque année et un jour à chacune des saisons de l'année.

» Des pèlerins viennent encore honorer saint Hubert. »

WESTREHEM

Ce village est le *Westringhes*, compris, sous le n° 26 dans la donation de Gontbert, à l'abbaye de Saint-Bertin, en 827. Il est nommé *Westrihem* en 1089.

Aux vingtièmes de 1757, on trouve M. le comte de Fruges propriétaire de la seigneurie du lieu, consistant en une ferme bâtie sur 13 mesures de pâture, 150 mesures de terres à labour, 21 mesures et 25 verges de prés flottés.

WITTERNESSE

Witrinio, Witres, Witre, Witternesse, Biterne. Ce village existait avant l'invasion des Normands de la fin du IX° siècle. Il était au nombre des possessions de l'Abbaye de Saint-Bertin. Le nom de *Biterne* se trouve dans Froissart. Cet historien nous dit que l'armée anglaise, commandée par le duc de Buckingham, logea en ce lieu au mois de juin 1380.

Les notes qui suivent, sur Witternesse et sur le Prieuré de

Saint-André, nous ont été communiquées par M. Paris, curé de cette paroisse.

« Le village de Witernesse, situé au nord-ouest et sur les limites de l'arrondissement de Béthune, arrosé par la Laquette, rivière dont les sources sont à Febvin, à Boncourt et à Bomy, est une commune du canton de Norrent-Fontes. Ce village, assis dans une plaine basse et humide, mais saine, traversé par la Laquette, qui y fait tourner un moulin, se compose de trois rues bordées de maisons, et d'un groupe d'habitations qui entourent de vastes prairies. Le terroir est gras et fertile ; on n'y voit aucun caillou, on n'y connaît pas la jachère ; il produit toute espèce de céréales ; les graines oléagineuses, telles que le lin, l'œillette, le colza, la cameline et même le sénevé y viennent abondamment. Mais si le terroir est riche par son sol, et rafraîchi par des eaux salubres, qui fournissent une rivière et nombre de petits ruisseaux, si des prairies et des oseraies agréablement variées viennent ajouter encore à la richesse du sol, d'un autre côté, le pays est privé de bois. La population de Witernesse est de 605 habitants. Après cette topographie de la commune que j'ai cru nécessaire pour bien se faire une idée de ce village, nous allons décrire la paroisse dans son état ancien et actuel.

» L'église de Witernesse, dédiée à saint Martin de Tours, était, avant la Révolution de 1790, une paroisse dépendante du prieuré de Saint-André-sur-Laquette, et du diocèse de Saint-Omer. Le curé était toujours un religieux de ce prieuré ; il ne résidait pas dans la paroisse. Un vicaire séculier, résidant dans la paroisse, remplaçait le curé régulier dans les détails du ministère pastoral. La maison vicariale était dans l'emplacement du presbytère actuel. Le prieur nommait un de ses religieux à la cure vacante, et le choix était confirmé par l'évêque de Saint-Omer.

» Aujourd'hui, depuis le Concordat de 1802, la commune de Witernesse et celle de Querne forment une succursale, faisant partie du canton de Norrent-Fontes. La population de la paroisse est de 980 habitants, aujourd'hui confiée à un seul prêtre, et avant la Révolution, à trois prêtres, comme on le verra dans la suite.

On a déjà vu que Witernesse avait un curé régulier et un vicaire, sans parler des autres religieux du prieuré, qui venaient assister le pasteur à certaines occasions.

» L'église de Witernesse, d'après une pierre insérée dans un mur latéral, paraît avoir été bâtie ou au moins restaurée en 1630 ; elle n'a pas de nefs latérales ; l'unique nef est assez large, et est éclairée par huit fenêtres, mais la voûte est basse. La Révolution de 1792 avait épargné l'église, mais la main du temps fut plus impitoyable que celle du vandale moderne. Le clocher, qui était une flèche en pierre blanche sans jour, assis sur le chœur de l'église, s'écroula subitement dans les dernières années de la Révolution, et, dans sa chute, écrasa le chœur et la sacristie. Le chœur fut reconstruit avec simplicité, peu après le Concordat ; il est éclairé par deux fenêtres de chaque côté, terminé par un plafond et bâti de forme cintrée. Le clocher n'est pas encore relevé de ses ruines, rien ne l'a remplacé, une cloche forte et sonore est restée ensevelie dans le grenier de l'église.

» La sacristie n'a pas encore reparu, de sorte que l'église de Witernesse est sans clocher et sans sacristie. Un cimetière couvert d'ormes entoure l'église.

» L'intérieur de l'église est bien dégagé ; on n'y voit rien de remarquable ; il y a deux autels latéraux de la Sainte Vierge et de saint Nicolas ; l'église possède une relique de saint André.

» Il y a en outre, dans l'église, deux statues de bois : l'une de saint Antoine, abbé ; l'autre, de saint Quentin, martyr. La dévotion des fidèles et même des pèlerins y fait brûler des chandelles journellement.

» Il n'existe aucun monument qui indique pourquoi l'église est dédiée à saint Martin ; il y a seulement, près du cimetière, une source, qu'on nomme : Fontaine de saint Martin.

» Quant aux revenus de l'église, ils peuvent s'élever à 280 fr. par an ; sur cette somme, on doit prélever les frais ordinaires du culte. »

PRIEURÉ DE SAINT-ANDRÉ-SUR-LAQUETTE. — Avant la Révolution de 1789, il existait sur la paroisse de Witernesse, un prieuré d'hommes, nommé Saint-André, dont la Laquette arrosait l'enclos. Ce prieuré était de l'ancienne congrégation de l'abbaye d'Arrouaise, près Bapaume, sous la règle de saint Augustin, de la province d'Artois, du gouvernement d'Aire, soumis à l'évêque diocésain de Saint-Omer, mais indépendant de toute abbaye.

Vers l'année 1202, sous Lambert, évêque de Térouane, l'évêque diocésain, un noble et puissant seigneur, nommé Robert, seigneur de Chresèques, aujourd'hui Crecques, hameau et annexe de Mametz, possédait une terre, près Witernesse, appelée alors Maugré (1), qu'il tenait en fief dudit évêque. Il y fit bâtir une maison, non loin d'une chapelle dédiée à l'apôtre saint André, et qui était déjà ancienne, et entourée d'un petit cimetière. Il est vraisemblable qu'il existait là, dans ce temps, un petit hameau, dont il ne reste plus aujourd'hui aucun vestige.

Quelques années après, quatre clercs attachés à la collégiale de Saint-Pierre, à Aire, dégoûtés du monde, et voulant se consacrer à Dieu d'une manière toute particulière, prirent la résolution de se retirer en un lieu solitaire. On ne sait si ces clercs étaient prêtres ; le mot *clerici* est employé par l'historien Locrius pour les désigner. Ils choisirent donc cette chapelle de Saint-André, située à une demi-lieue de la ville d'Aire, sur les bords de la Laquette, et alors peu connue et inaccessible, même à la multitude.

Ils obtinrent du seigneur de Crecques un terrain qui entourait la chapelle, sur lequel ils construisirent une maison. Lorsque leur maison fut bâtie, les quatre clercs, la veille de la fête de saint André, 29 novembre, prirent l'habit religieux et firent leurs vœux sous la règle de saint Augustin. Ils choisirent cette règle à l'exemple des chanoines réguliers de Saint-Victor, à Paris, vulgaire-

---

(1) Cette terre porte encore aujourd'hui ce nom ; c'est une ferme tenue en fief, pour me servir de l'expression ancienne, et occupée depuis longtemps par une famille respectable, M. Rolin. On dit encore, comme il y a plus de 600 ans, la ferme de Maugré.

ment appelés Genovéfains, auxquels ils furent longtemps soumis.

Dès l'année 1206, cette maison prit le nom de Prieuré, et Odon en fut le premier prieur. Les registres de l'église collégiale d'Aire de cette année 1206, font mention qu'Odon, prieur de Saint-André, donna au chapitre douze rasières de blé et quatre chapons ; sans doute en reconnaissance du fond de son prieuré, dont le chapitre était le haut-seigneur.

Ce Prieuré acquit bientôt de l'importance par les dons et les largesses des fidèles ; le nombre des religieux augmenta ; et, environ trente ans après sa fondation, le pape Grégoire IX approuva, par un diplôme, cette congrégation naissante.

Pierre de Chrésèques ou Crecques, fils de Robert, fondateur du prieuré de Saint-André, étant devenu prévôt de la collégiale d'Aire, fit un voyage à la Terre sainte et y mourut le 23 juillet 1218. Sa mère fit rapporter son corps en France, et elle obtint qu'il fut inhumé dans l'église du prieuré de Saint-André, sous une tombe de marbre. Les religieux chantaient, chaque année, le 22 décembre, un service solennel pour le repos de l'âme de ce prévôt. Ce service, dit l'histoire du temps, était précédé des vigiles à neuf leçons.

En 1641, pendant le siége de la ville d'Aire, qui fut prise par le maréchal de la Meilleraie, commandant l'armée française, le 27 juillet, ce maréchal destina le prieuré de Saint-André au service des malades et des blessés. Cette destination ne laissa pas de faire quelque tort aux bâtiments du monastère.

En 1710, dans la guerre de la succession d'Espagne, qui replongea la France dans les horreurs de la guerre, l'armée des alliés, commandée par le général Marlborough. Ce célèbre guerrier anglais, dont le nom est devenu si populaire en France, après avoir échoué devant Arras, défendu par le maréchal de Villars, vint faire le siége de Béthune, qui fut forcé de capituler le 29 août. Après la prise de Béthune, Marlborough résolut d'assiéger Aire ; et, dès le 2 septembre suivant, il plaça son quartier-général à Saint-André. Après cinquante-neuf jours de tranchée ouverte, Aire se rendit et la capitulation de la ville et du fort Saint-François fut signée au prieuré, qui était le quartier-général anglais, le 9 novembre.

En 1740, le prieur et tous les religieux du prieuré vinrent processionnellement, en grande pompe, rendre leurs hommages à Notre-Dame-Panetière, dont la statue, encore aujourdhui existante, resta exposée dans la collégiale de Saint-Pierre, depuis le 6 juin jusqu'au 15. Cette procession de Saint-André, dont on n'avait pas eu d'exemple, avait attiré un immense concours.

Dom Lourdel, Gabriel, élu en 1779 à l'âge de 33 ans, gouverna le prieuré jusqu'à sa suppression, en 1789 ; il fut le dernier prieur, et mourut à Saint-Omer, le 2 novembre 1813, âgé de 67 ans.

A la révolution de 1789, le prieuré de Saint-André-sur-Laquette eut le sort de tous les autres monastères ; les bâtiments furent vendus, l'église fut rasée, et le corps de logis est aujourd'hui une maison de campagne. Ainsi a disparu le prieuré de Saint-André, après environ 600 ans d'existence, et avec lui ont disparu les aumônes et les secours multipliés que cette maison répandait sur les pauvres et les infirmes.

Lorsque le calme fut revenu, et que l'église de France sortit de ses ruines, le village de Witernesse, qui était du diocèse de Saint-Omer, et le village de Querne, du diocèse de Boulogne, formèrent une seule paroisse. Mgr Charles de La Tour-d'Auvergne Lauraguais, premier évêque d'Arras depuis le concordat de 1801, nomma à cette paroisse un religieux du prieuré de Saint-André, M. Bonaventure-Jean-Baptiste Roussel, qui la gouverna 29 ans, jusqu'au 1er janvier 1832, époque où des infirmités forcèrent ce bon religieux à se démettre ; il mourut le 11 décembre suivant, âgé de 75 ans, dernier membre du prieuré de Saint-André.

Il fut remplacé par M. Flament (Pierre-Joseph), qui administra la paroisse 4 ans et 7 mois, étant mort le 28 juillet 1836, âgé de 40 ans.

Celui-ci fut remplacé par M. Paris (Louis-Nicolas), ancien desservant de Gauchin.

Cette nomenclature des curés de Witernesse ou d'autres paroisses pourrait d'abord paraître minutieuse, mais je la considère comme intéressante. En effet, ne serait-il pas à désirer d'avoir la chaîne des curés qui ont dirigé une paroisse depuis son origine ou au moins depuis quelques siècles ? C'est pour commencer cette chaîne que j'ai indiqué les noms des curés de Witernesse, depuis la nouvelle organisation de la paroisse en 1802.

Je terminerai cette notice du prieuré de Saint-André par le tableau des prieurs qui l'ont gouverné jusqu'à sa suppression, en 1789.

La communauté procédait à l'élection de son chef avec les mêmes formalités qui se pratiquaient dans les abbayes. Le prieur, élu par la communauté, était nommé par le roi ; il portait la croix pastorale comme les abbés.

1 — Odon, 1er prieur, en 1206 jusqu'en 1226.
2 — 1226 Jean Ier, jusqu'en 1254.
3 — 1254 Foulque, jusqu'en 1267.
4 — 1267 Nicolas de Bergues fut prieur 10 ans, abdiqua en 1277 et entra au couvent des Dominicains de Bergues.
5 — 1277 Gilles.
6 — 1277 Guillaume d'Aire.
7 — Beaudoin du Château.
8 — Guide d'Etrun dit Hannebiert.
9 — Gérard de Mory.
10 — Barthélemi de Cambrai.
11 — Jacques Ier dit Guisard.
12 — Radolphe, mort en 1346.
13 — 1346 André du Bois, mort en 1392.
14 — 1392 Jean II du Bois.
15 — Henri Ier d'Andres, mort en 1420.
16 — 1420 Jacques II de Fontaine.
17 — Bierre Bouberel.
18 — Henri II de Lépine, mort en 1464.
19 — 1464 Roger le Douch.

20 —   Jacques III le Fer.
21 —   Jacques IV Guiselain, mort en 1520.
22 — 1520 Nicolas II Bernard, mort en 1550 (1).
23 — 1550 François Ier, mort en 1571.
24 — 1571 Laurent le Petit, mort en 1581.
25 — 1582 Jean III Bronde, mort en 1596.
26 — 1596 Nicolas III Galiot, jusqu'en 1616.
27 — ✝ Les noms des prieurs depuis 1616 jusqu'à 1729, ne nous sont pas connus.
28 — 1729 Jean IV de la Prouve, nommé par le roi Louis XV le 9 mars 1729, jusqu'en 1763.
29 — 1763 François II Oudermack, jusqu'en 1779.

---

(1) Le 14 février 1542, ce prieur fut choisi comme témoin de la limitation des paroisses de Saint-Pierre et Notre-Dame, à Aire.

APPENDICE

DES PUITS ARTÉSIENS

Les premières recherches sur les fontaines jaillissantes paraissent avoir été entreprises dans l'étendue de terrain que comprend le département du Pas-de-Calais, composé de l'ancienne province d'Artois, du Boulonnais, du Calaisis, de l'Ardrésis et d'une très-petite portion de la Picardie. Au moins, cette opinion est générale, et ce qui paraît la confirmer, c'est la dénomination donnée aux fontaines du même genre établies dans d'autres pays. Leur découverte, dans l'Artois, provient sans doute de l'approfondissement peu difficile de quelques puits creusés dans les environs de Béthune, et dans lesquels l'eau se sera élevée jusqu'à la surface du sol; mais depuis ces premières données, on a recherché ces eaux à l'aide de travaux moins dispendieux que ceux qu'exigent les constructions de puits ordinaires, et l'on est arrivé peu à peu, par l'invention de divers instruments, à traverser des terrains d'une grande épaisseur. Maintenant on fait jaillir à la surface du sol, lorsque les circonstances locales le permettent, et d'une profondeur de plus de trois cents pieds, des eaux si limpides et si pures, qu'elles sont presque seules, dans certains pays, employées aux usages ordinaires de la vie.

En examinant avec attention les différentes coupes des terrains que l'on a traversés dans les communes d'Ardres, Choques, Annezin, Aire, Merville et Blengel, on reconnaîtra que les eaux, ramenées au jour par la sonde, sont toutes contenues dans les fissures des roches craïeuses que recouvrent des couches horizontales de terre végétale, de sable, de cailloux roulés et d'argile plus ou moins grasse. Toutes les fontaines creusées dans les environs de ces communes ont de même indiqué des successions de couches semblables à celle-ci. Elles ont en outre appris que plus on s'éloignait, vers le nord-est, des communes d'Aire, Saint-Venant, Merville, etc., et plus l'épaisseur de ces couches horizontales augmentait, plus par conséquent le calcaire craïeux s'enfonçait au-dessous de ces mêmes couches. On en a donc conclu qu'il ne fallait que très-peu s'éloigner de la ligne ponctuée, (1) pour se procurer, sans de grands travaux, des fontaines jaillissantes.

En considérant sous le rapport géologique le terrain du département du Pas-de-Calais, nous pourrons facilement expliquer, et d'une manière générale, les raisons qui tendent à prouver que les travaux qu'exige la découverte de ces eaux, sont beaucoup plus difficiles à exécuter que ceux que l'on entreprend près de cette ligne.

Si l'on examine le terrain du département du Pas-de-Calais, en partant de Doulens, on remarquera qu'il est en tout composé de calcaire craïeux, à l'exception de la partie désignée par la ligne ponctuée passant par les communes de Landrethun, Colambert, Desvres et Neufchatel, formée de roches d'une époque bien antérieure; de plus, que ce calcaire, dont les caractères minéralogiques sont absolument semblables à ceux qui distinguent la craie du bassin de Paris, n'est que le prolongement du plateau de calcaire qui, sortant de dessous les sables de la Beauce, s'étend dans tous les sens, pour former le sol de la Normandie, de la Picardie et de la Champagne. On voit ce même calcaire, dans le départe-

---

(1) Cette ligne part du cap Blanc-Nez et passe à côté d'Ardres, de Saint-Omer, d'Aire, de Lillers et de Béthune, avec quelques inflexions.

ment du Pas-de-Calais, se présenter, surtout au cap Blanc-Nez, sous l'aspect de très-grands escarpemens verticaux, et en masses qui n'offrent, dans cet endroit, qu'une stratification très-peu distincte. Il ne contient presque pas de silex pyromaques ; mais on y trouve une grande quantité de pyrites ferrugineuses. Dans d'autres endroits, des puits nécessaires à l'extraction de ce calcaire craïeux, nous ont mis à même de reconnaître que sa masse, qui conserve, à peu de chose près, les mêmes caractères minéralogiques, est divisée en bancs horizontaux de deux ou trois pieds, par des lits de silex pyromaques tuberculeux, presque toujours gris noirâtre.. Dans d'autres localités, nous avons de plus remarqué des couches homogènes, composées de la même substance que ces silex, ayant trois ou quatre pouces d'épaisseur, et s'étendant, avec une parfaite régularité, sur un assez grand espace. Ce calcaire craïeux se montre presqu'à la surface du sol dans toutes les parties du département du Pas-de-Calais. Les plateaux les plus élevés qu'il forme sont entrecoupés par de petites vallées sans nombre, qui divisent, pour ainsi dire, en mamelons l'étendue de pays que nous considérons. La terre végétale dont il est recouvert y est presque toujours de peu d'épaisseur, et l'aspect général de cette partie du département, communément appelée *haut pays*, présente parfaitement tous les caractères géologiques d'un terrain secondaire composé de couches de calcaire craïeux, dont la texture et la couleur n'offrent que de très-légères variations.

Si, au lieu de parcourir le pays que nous décrivons, on examine celui qui se trouve au nord-est, on remarque que l'aspect tant intérieur qu'extérieur en est tout différent. Il ne présente, en effet, à partir de Dunkerque, Hasbroug, Lille, etc., qu'une plaine immense, dont l'œil ne peut embrasser les limites, et qui n'est que le commencement de cette vaste étendue de terrains plats qui forment le sol de la Hollande, de la basse Allemagne et de la Pologne. On ne rencontre dans ces terrains, parfaitement nivelés, aucune espèce de roche qui puisse faire établir quelques rapports de formation entre ce pays et celui connu sous le nom de haut épaisses de terre végétale, de sable, d'argile plus ou moins dure, souvent siliceuse, et contenant presque toujours des pyrites ferrugineuses disposées le plus communément par lits de peu d'épaisseur. Ces couches, qui recouvrent immédiatement, comme on a pu s'en assurer dans tous les endroits où des sondages ont été poussés à une grande profondeur, le calcaire craïeux, appartiennent donc à ces terrains de nouvelle formation dus à la destruction de roches préexistantes, et dont les débris, longtemps chariés et tourmentés par les eaux, première cause de cette destruction, se sont sans doute déposés ensuite tranquillement au fond de mers ou d'immenses lacs, pour former les couches horizontales dont nous venons de déterminer la composition.

D'après ces observations, on voit que les terrains de nouvelle formation commencent à paraître, et qu'ils peuvent être considérés comme la limite du haut et du bas pays. Elles indiquent de plus que ces terrains, en s'adossant sur le penchant des collines qui terminent le haut pays, recouvrent le calcaire craïeux, qui disparaît vers cette limite, et s'enfonce, à des profondeurs plus ou moins grandes, sous ces mêmes terrains auxquels il sert de base. La profondeur à laquelle on le rencontre, quoique devenant généralement de plus en plus grande, à mesure que l'on s'éloigne vers le nord-est, paraît être cependant très-variable dans une faible étendue de terrains. Les différents sondages entrepris à Béthune prouvent en effet que ces terrains de nouvelle formation n'ont, dans cet endroit, que soixante-dix à quatre-vingt pieds d'épaisseur, tandis qu'à deux lieues au nord de cette ville, le calcaire que l'on nomme improprement *marne* dans le pays, puisque l'analyse chimique n'y a fait découvrir que des traces imperceptibles d'alumine, est à plus de deux cents pieds au-dessous du sol, qui, cependant, est, à peu de chose près, de niveau avec celui des environs de Béthune. Cette variation dans la position du calcaire craïeux relativement à la surface du sol ne se fait pas remarquer seulement près de cette ville, mais elle a également lieu du côté de Lillers, Aire, Saint-Omer, etc., et l'on doit remarquer ici, comme on l'a fait dans d'autres lieux, que les

pays. Quant aux sondages entrepris dans cette étendue de terrain jusqu'à Gand et Anvers, ils n'ont fait connaître, comme nous l'avons déjà dit, que des couches horizontales plus ou moins épaisses de terre végétale, de sable, d'argile plus ou moins dure, souvent siliceuse, et contenant presque toujours des pyrites ferrugineuses. . . . .
. . . . , ...

D'après la constitution géologique du département du Pas-de-Calais, on doit facilement se rendre compte des raisons qui ont principalement engagé de rechercher les fontaines montantes de fond. Comme il ne s'agit en effet, pour en découvrir, que de percer les couches imperméables d'argile situées à la jonction du terrain de nouvelle formation avec la superficie du calcaire craïeux, il s'ensuit que, dans les endroits où commence l'intersection de ce terrain avec les plans inclinés (ou le penchant des collines de calcaire craïeux) dont est formé le haut pays, on sera presque certain de rencontrer ce calcaire à peu de profondeur ; et c'est ce que l'expérience confirme.

Il ne faut cependant pas croire, d'après ce qui précède, que l'on ne peut rencontrer de fontaines jaillissantes, ou au moins montantes de fond, et en s'avançant vers le nord-est. En effet, les eaux se répandant, comme nous le verrons, dans les fissures du calcaire craïeux, il en résulte que dans le fond des vallées du haut pays on peut de même rechercher avec succès des eaux souterraines : ainsi dans la vallée de la Ternoise, à Blengel, on a exécuté, en 1820, trois sondages très-près les uns des autres : le premier a été poussé jusqu'à la profondeur de cinquante pieds, le deuxième jusqu'à celle de quatre-vingts pieds, et le troisième jusqu'à cent dix pieds. Le premier trou n'a point donné d'eau ; le deuxième n'a pu être continué, parce que les ouvriers, peu habiles, n'ont pas su retirer la sonde qui s'était cassée en s'engageant dans des silex, et quoique approfondi jusqu'à quatre-vingts pieds, il n'a pas non plus donné d'eau ; le troisième, à la profondeur de cent pieds, ne paraissait également donner aucune espérance d'en trouver ; mais ayant été poussé de dix pieds dans une terre bleuâtre très-collante, dont la partie inférieure est jaunâtre et marneuse, on a rencontré de l'eau, qui de suite est remontée jusqu'à la surface du sol. Or, il est évident, dans ce cas, que ces eaux ne se sont élevées au jour que parce qu'on leur a donné la facilité de traverser la couche argileuse qui les retenait captives au-dessous de la masse calcaire traversée par trois sondages successifs.

Cependant, il faut remarquer que l'on ne peut trouver des fontaines montantes de fond dans le haut pays, qu'en établissant les travaux de recherche au fond des vallées qui y ont été creusées par l'action érosive des eaux, parce que s'ils étaient situés au-dessus du plus bas fond de ces vallées, on augmenterait alors, à mesure qu'on s'éleverait sur leurs flancs, la distance qui existerait entre la surface à laquelle l'eau se tiendrait stationnaire, et celle où seraient situés les travaux de sondage.

D'après les différentes coupes de terrains que nous avons fait connaître, et que l'on a traversés dans le département du Pas-de-Calais pour rechercher des eaux souterraines, on voit que l'on a toujours été obligé de poursuivre l'approfondissement des sondages jusqu'au calcaire craieux, et que ce n'est que dans ce seul terrain que se trouvent ces eaux. Les raisons en sont faciles à saisir, en réfléchissant au gisement de ce calcaire, et en le comparant à celui des terrains de nouvelle formation prouvent que, dans le bas pays comme dans le haut, ce calcaire est toujours recouvert par des couches horizontales, composées principalement d'une argile dure, compacte et homogène, qui possède à un haut degré la propriété d'être imperméable à l'eau. Toutes les fois donc que ces couches argileuses s'étendront à une grande distance, les eaux situées au-dessous d'elles seront toujours comprimées, et ne pourront avoir d'écoulement qu'en en suivant la partie inférieure. Or, d'après la configuration du terrain du Pas-de-Calais, les eaux qui proviennent de pluies et des rivières ou de ravins situés dans le haut pays, doivent évidemment se répandre dans les fissures du calcaire craieux qui, s'étendant dans toutes les directions possibles, leur donnent la facilité de s'infiltrer au-dessous des couches des terrains de nouvelle formation dont il est recouvert. Il s'ensuit alors que, ne pouvant trouver d'issue pour s'échapper, au moins en entier, des fissures qu'elles remplissent, elles doivent nécessairement y séjourner, et éprouver, dans la vitesse dont elles peuvent d'abord être douées, un ralentissement d'autant plus grand, que les couches horizontales d'argile superposées au calcaire sont plus étendues, et que les issues par lesquelles ces eaux peuvent se répandre au jour, sont plus éloignées et plus étroites. Il est donc alors évident que si l'on perce les couches argileuses, elles s'élanceront, à partir de l'endroit où elles exercent leur plus forte pression, contre les couches de terrain qui les recouvrent, avec une vitesse dépendante de cette pression, et qu'elles s'élèveront à une hauteur d'autant plus grande, que la différence entre la vitesse qu'elles acquerraient, en raison de la hauteur totale du réservoir, et celle qu'elles ont au moment où elles se répandent au jour par des ouvertures naturelles, sera plus petite (1). Si elles n'avaient aucune vitesse, comme, par exemple, si elles étaient retenues dans le fond d'un bassin, elles s'élèveraient alors à une hauteur égale à celle qui existerait entre les points d'où elles commencent à s'infiltrer

(1) L'élévation des eaux que l'on se procure à l'aide de la sonde du mineur ou du fontainier, n'est évidemment due, d'après les faits que nous avons exposés, qu'à la pression que fait naître le suintement de ces mêmes eaux partant d'un niveau supérieur ; pression dont les effets ne se développent qu'au moment où l'on détruit l'obstacle contre lequel elle s'exerce. On ne doit donc pas attribuer cette élévation à la cause qui produit quelquefois les mêmes effets, en soulevant à des hauteurs plus ou moins considérables certaines eaux minérales. Dans ce cas-ci, l'élévation que l'on remarque ne dépend que de la pression produite par divers gaz, dus à la réaction réciproque qui s'opère entre différentes substances minérales répandues dans le sein de la terre. On peut lire, à ce sujet, les intéressantes observations de MM. Puvis et Berthier, contenues dans les Mémoires qu'ils ont rédigés sur les eaux minérales de Vichy, et insérés dans les *Annales des mines* pour l'année 1820. Ces ingénieurs pensent que ces eaux ne jaillissent au-dessus du sol que par suite de la pression qu'exerce à leur surface, et à une grande profondeur, le gaz acide carbonique qui se développe lors de leur formation. Une cause analogue à celle-ci produit peut-être l'élévation des eaux bouillantes du Geysler, une des plus grandes sources de l'Islande, et dont les effets sont si extraordinaires (*voir les Mémoires de chimie de Klaproth*, t. Ier, pages 309 et 349).

dans le sein de la terre, et ceux d'où elles commencent à s'élancer. D'un autre côté, pour que ces eaux jaillissent à la surface du sol, il faut qu'elles ne puissent pas se répandre toujours en profondeur, soit dans le calcaire craïeux, soit dans d'autres terrains inférieurs. Il faut donc que des terrains compactes se trouvent au-dessous de ce calcaire, ou que les parties inférieures de cette roche ne contiennent plus de fissures : or, c'est ce qui existe dans un grand nombre de localités. D'après de nombreuses observations recueillies dans divers endroits, et particulièrement à Valenciennes et à Monchy-le-Preux, près Arras, on a en effet pu se convaincre que des terres argileuses très-compactes se trouvent au-dessous du calcaire craïeux. M. d'Aubuisson, dans son *Traité de géologie*, les comprend même dans la formation craïeuse qui consiste, à Valenciennes, en une alternative de couches de calcaire et d'argile. Ces argiles sont d'une formation plus ancienne que celles qui existent en bancs horizontaux au-dessus de la craie ; et quoiqu'elles paraissent avoir des caractères presque identiques avec ces dernières, leur gisement leur assigne cependant une place différente dans l'âge relatif des roches, lequel ne pourrait être apprécié, si l'on ne considérait que leurs caractères minéralogiques.

Cette alternative de couches argileuses avec la craie est encore prouvée par la coupe de terrain ; et, en supposant même que la couche que l'on a traversée soit très-marneuse, il n'en est pas moins vrai qu'elle a la propriété de s'opposer parfaitement au passage des eaux situées dans le calcaire qu'elle recouvre.

Nous avons dit que les eaux se répandaient, dans le département du Pas-de-Calais, à partir du haut pays, à l'aide des fissures sans nombre dont sont traversées les couches de craie, et qui, ayant entre elles différents points de communication, facilitent l'infiltration de ces mêmes eaux jusqu'au dessous des terrains du bas pays. Quelques expériences faites à Béthune peuvent ajouter un nouveau degré de certitude à cette opinion, et donner la preuve que les eaux des fontaines jaillissantes des environs de cette ville, de Choques, de Lillers, etc., proviennent du pays situé au sud-ouest. Ces expériences ont été faites sur deux fontaines creusées à Béthune près de la place d'armes, peu éloignées l'une de l'autre, et situées sur une ligne qui passerait par cette ville et celle de Saint-Pol.

Comme elles avaient pour but de déterminer quelle pouvait être la direction de la pente des eaux qui donnent naissance à ces fontaines, l'on a fait donner plusieurs coups de piston dans les buses de celle située au sud-ouest de la seconde. L'eau qu'elle produisit, au lieu d'être transparente, acquit une couleur laiteuse que lui donnèrent les pierres calcaires ramenées par la force d'aspiration. Presque au même instant, les eaux produites par la seconde fontaine acquirent aussi une couleur laiteuse. Or, ce fait très-simple ne peut avoir lieu que parce que les eaux de ces deux fontaines communiquent ensemble, et que leur pente se dirige du sud-ouest au nord-ouest. On remarque, en outre, que si l'ouverture de la première de ces fontaines est réduite de manière à ne laisser qu'une petite issue à l'eau qui tend à s'échapper, avec une certaine force, par l'ouverture qu'on lui donne ordinairement, le volume d'eau produit par la seconde fontaine est, dans un même intervalle de temps, beaucoup plus considérable. Plusieurs fontaines creusées à Lillers, et situées, les unes à l'égard des autres, comme le sont à peu près celles dont nous venons de parler, présentent des résultats analogues, on doit en conclure que la pente des eaux souterraines auxquelles ces fontaines doivent naissance s'opère en allant de Béthune, Lillers, Choques, vers Saint-Venant, Merville, etc., et de plus qu'elles proviennent des terrains situés au sud-ouest de la ligne de séparation du haut et du bas pays. Les enfoncements qui arrivent de temps à autre du côté de Fiefs, Nédonchelles, etc., communes de l'arrondissement de Saint-Pol, et dont on n'a point expliqué la cause, sont sans doute dus à l'infiltration journalière des eaux qui alimentent ces fontaines, infiltrations qui, à la longue, produisent des effets tellement extraordinaires, qu'ils ne paraissent en nul rapport avec la faible cause à laquelle on les attribue ; mais cette cause peut être ici comparée à l'action continue d'une force dont les effets finissent toujours par surpasser ceux produits par une autre force, quelle que grande qu'elle soit, si l'action de cette dernière n'est qu'instantanée.

Nous avons cherché à décrire avec détail la constitution géologique du département du Pas-de-Calais, parce que cette localité nous semble une des plus intéressantes à examiner, pour avoir des idées précises sur les fontaines jaillissantes ; mais afin de faire voir que les faits déduits de cette localité peuvent être généralisés, nous remarquerons que des fontaines jaillissantes, construites dans les environs de Boston, en Amérique, sont, comme celles du Pas-de-Calais, alimentées par des eaux qui proviennent du calcaire craïeux ; et que des travers exécutés à Scheerness, en Angleterre, au confluent de la Medway et de la Tamise, ont de même prouvé qu'il existait, à trois cent cinquante pieds au-dessous de bancs argileux, du calcaire craïeux contenant des eaux très-pures et très-limpides. Aussitôt que l'on a percé la couche argileuse qui les comprimait, elles se sont élevées à la hauteur de trois cent quarante-quatre pieds ; mais ensuite elles sont redescendues, et sont restées stationnaires à cent vingt pieds au-dessous de la surface du sol. Ce mouvement ascensionnel provient sans doute de l'oscillation qu'elles ont éprouvée, lorsqu'on a détruit la pression qu'elles exerçaient contre les couches argileuses superposées au calcaire. L'on peut en effet considérer le puits que l'on a ouvert, comme une des branches d'un siphon, dont les fissures souterraines forment l'autre branche. Le terrain traversé à Scheerness est, comme on sait, rangé dans la classe des terrains de nouvelle formation, et il a beaucoup d'analogie avec ceux qui recouvrent, dans le département du Pas-de-Calais, le calcaire craïeux. En effet, il est principalement composé de sable de diverses couleurs mélangé de terre verte et de silex roulés, d'argile noirâtre très-tenace et semblable à quelques variétés de celles que l'on voit dans les coupes de terrain dont nous avons fait mention. Souvent cette argile est mêlée de terre verte, de sable, et renferme quelquefois avec des pyrites des morceaux de calcaire comme celle traversée à Aire. On remarque donc que ces localités se ressemblent parfaitement sous le rapport géologique, et que les eaux qu'on y rencontre sont renfermées de la même manière dans la roche de calcaire craieux sur laquelle reposent tous les terrains de nouvelle formation que nous avons décrits.

NOTA. — Cette théorie des puits artésiens est prise de l'ouvrage de M. F. Garnier, intitulé : *De l'Art du Fontainier-Sondeur et des Puits artésiens*, in-4°. Paris, Mme Huzard, 1822. Elle avait sa place marquée à la suite de l'histoire des cantons de Norrent-Fontes et de Lillers.

TABLE

DES NOTICES CONTENUES DANS LE TROISIÈME VOLUME

CANTON DE LENS (Suite).

Notices sur Lens, Liévin, Loison, Loos, Mazingarbe, Meurchin, Noyelles-sous-Lens, Pont-à-Vendin, Sallau, Vendin-le-Vieil, Wingles, par M. Dancoisne . . . . 1 à 119

CANTON DE LILLERS

Notices sur Busnes, Calonne-sur-la-Lys, Gonnehem, Guarbecque, Lillers, Mont-Bernanchon, Robecq, Saint-Floris, Saint-Venant, par MM. l'abbé Robert, de Beugny, d'Hagerue, l'abbé Parenty, etc. . . . . 120 à 207

Dissertation sur les noms de lieux qui se terminent en *inghem*, en *thun*, en *hove* et en *zeele*, par M. le chanoine Van Drival. 208 à 215

CANTON DE NORRENT-FONTES

Notices sur Ames, Amettes, Auchel, Auchy-au-Bois, Berguette, Blessy, Bourecq, Burbure, Cauchy-à-la-Tour, Ecquedecques, Estrée-Blanche, Ferfay, Ham, Lambres, Lières, Lespesse, Liettres, Ligny-lez-Rely, Linghem, Lozinghem, Mazinghem, Molinghem, Norrent-Fontes, Quernes, Rely et Rombly, Sainte-Isbergue, Saint-Hilaire-Cottes, Westrehem, Witternesse, par divers auteurs. . . . . 2.6 à 313

Appendice . . . . 314 à 324

Arras. — *Imp. H. Schoutheer.*

ARRAS. — TYPOGRAPHIE H. SCHOUTHEER, RUE DES TROIS-VISAGES, 53

www.ingramcontent.com/pod-product-compliance
Lightning Source LLC
Chambersburg PA
CBHW070623160426
43194CB00009B/1354